아직도 땅이다

아직도 땅이다

역세권 땅 투자

동은주 정원표 지음

경제의 기초 체력 다져진 상태 KTX 확충 일일생활권으로 변모

먼저 밝혀둘 것이 있다. 이 책은 2009년 집필·출간한 『그래도 땅이다』를 수정·보완한 것이다. 이 책을 새로이 다시 쓰기로 마음먹은 것은 뜻밖의 이유에서였다. 부동산업에 종사하는 한 지인과 이런저런 얘기를 나누던 중, 예전에 쓴 부동산 책을 다시 출간하면 어떻겠느냐는 소릴 들었다. 당시에는 굳이 그럴 필요 있느냐며 에둘러 대화를 끝냈다.

그러던 중, 우연히 이 책을 다시 살펴보게 되었다. 책 내용을 살피면서, "10년이면 강산이 변한다"고 했는데, 그동안에 달라진 것은 별로 없었다. 아니, 책을 쓴 2008년 당시의 부동산을 둘러싼 환경과 지금의 상황은 판에 박은 듯 똑같았다.

당시는 집값이 최고점을 찍고 막 하강하기 시작한 무렵이었다. 이후 우리 경제는 10년 넘도록 장기침체기를 거쳤고, 2016년 무렵을 시작으로 집값은 다시 오르기 시작했다. 2018년 현재 집값은 2008년 최고점 무렵의 집값을 회복한 상태이며, 서울 강남 등 일부 지역의 재건축 아파트는 넘치는 유동성에 힘입어 그때보다 조금 더 오른 상태이다.

그렇게 되자, 새 정부는 다시금 고강도 규제책을 쏟아내기 시작했다. 이 역시 당시 상황과 크게 다르지 않다. 필자는 "고장 난 시계도 하루 두 번은 맞는다"라는 말을 즐겨 쓰곤 하는데, 집값은 어쩌면 그렇게도 시간을 흐름을 두고 데자뷰 하는지 모르겠다. 하여, 앞으로의 부동산 가격(집값)의 흐름을 미루어 짐작하는 것은 그리 어렵지 않을 것이다.

물론 달라진 것도 있다. 당시에는 세계 경제 침체로 우리 경제가 덩달아 휘청거렸지만, 지금은 경제의 기초 체력이 많이 다져진 상태다. 하지만 베이비붐 세대의 은퇴가 본격화되고 고령화 시대로 깊게 접어들면서 경제 성장의 동력은 예전 같지 않다. 그 와중에 주택은 계속 건설되었고, 개발사업은 차질 없이 진행되었으며, KTX 노선 확충으로 전국은 일일생활권으로 변모되었다.

한 가지 흥미로운 사실은, 그 당시 연일 목소리를 높였던 부동산전문가들이 이번 부동산 활황기에는 자못 신중하게 시장을 바라보는 태도를 보이고 있다는 점이다. 학습 효과 때문이어서 일까, 예전보다 호들갑 떠는 태도는 많이 줄어들었다. 그렇더라도 다분히 목적 지향적이고 본업에 충실한(?) 이율배반적인 태도는 결코 변한 것 같지 않다. 아! 한 가지 더 있다. 당시 '부동산은 반드시 대폭락한다'며 거품 물어가며 부르짖던 한 부동산전문가가 있었는데, 그분은 이번에는 사설 경제연구소까지 차려놓고서는 경제 전반을 넘나들며 종횡무진 활약하고 있다. 그런 담대한 모습이 이제는 놀랍지도 않다.

***

각설하고, 예전 『그래도 땅이다』를 다시 수정·보완하여 출간할 이유는 분명해졌다. 지금 상황은 그때보다 좀 더 가치 투자를 따져가며 신중하게 투자해야 한다는 점, 제4차 국토계획을 따라 펼쳐지고 있는 부동산개발 사업이 마무리되는 시점에서 투자의 안목을 다시 세울 필요가 있다는 점, 바로 이런 이유 때문에라도 이 책을 다시 손봐야 한다고 마음먹었다. 이것이 이 책을 다시금 출간하게 된 이유이다.

모쪼록 부동산 투자를 염두에 두고 있는 분들께 이 책이 조금이나마 도움이 되기를 바라는 마음이다.

부동산 투자자들의 건승을 빈다.

동은주·정원표

목 차

PART 3
부동산 가치 투자의 포인트-1
개발계획을 보는 눈, 읽는 법

PART 4

부동산 가치 투자의 포인트-2

국토·도시계획을 살펴야 부동산의 내재가치를 알 수 있다

PART 5

부동산 가치 투자의 포인트-3

역세권 땅 투자를 노려라

PART 6

부동산 가치 투자의 포인트-4

꼭 알고 있어야 할 땅 투자 실무 지식 13

투자 원칙이 바로 서야 부동산 고수로 거듭난다

부동산 투자를 말하기에 앞서 반드시 짚어야 할 것이 있다. 바로 투자 원칙과 관련한 것이다. 요즘 같은 불확실성 시대는 투자자 스스로 모든 것을 판단해야 하는 상황으로, 모든 결과론적 책임은 전적으로 투자자 자신에게 귀속된다.

신문과 인터넷에는 매일같이 투자 관련 기사와 정보가 범람하지만, 이는 오히려 투자자들을 당혹스럽게 만들뿐이다. 같은 날 신문을 보더라도 어느 신문에는 경기가 회복되고 부동산 가격이 올랐다는 긍정적인 기사가 실린 반면, 다른 신문에는 우리 경제가 여전히 살얼음을 걷고 있다는 다소 위협적인 기사가 올라온다. 또 불과 얼마 전까지만 해도 우리 경제가 다 죽어가는 것처럼 보도를 하다가, 언제부터인가는 우리 경제의 희망가를 울리고 있다.

전문가의 말 역시 그렇다. 최근의 강남 발 아파트 가격 급등을 놓고 한쪽에서는 부동산 폭등이 시작됐다고 말하고, 다른 한쪽에서는 지난 십수 년 동안 지겹도록 우려먹은 부동산 거품 붕괴론을 다시금 만지작거리고 있는 자칭 부동산전문가도 있다. 이들의 개념 없는 논리를 접하는 투자자들은 그저 혼란스러울 따름이다.

문제는 이처럼 상반된 논리의 충돌 때문이 아니다. 논리 부재는 그렇다 치더라도 그때그때의 경기변동 내지는 시류에 따라 카멜레온처럼 변하는 전문가들의 일관성 부재가 더 큰 문제다. 그들의 말을 그대로 믿고 투자한 사람들은 거의 예외 없이 낭패를 보고 만다. 하여, 그들의 말과 글을 참고는 하되, 어디까지나 자신의 원칙을 고수하는 투자 철학이 요구된다. 그렇다면 어떤 투자 원칙을 지켜야 할까?

첫째, 자신이 잘 알고 또 관심이 많은 분야에 투자해야 한다. 요즘 같은 복잡다단한 시대에는 공부해야 할 것, 알아야 할 것이 너무 많다. 자칫 어설프게 알고 있어 매사에 확실치 않은 상태에서 무언가에 투자할 경우, 그로 인한 실패는 온전히 투자자 몫으로 돌아간다. 자신이 잘 모르는 분야에 투자하지 않는 것, 이것이 현명한 투자의 첫 번째 원칙이다.

둘째, 장기적인 관점에서 투자해야 한다. 날로 복잡해지고 있는 현실에서 단기 예측은 그만큼 어렵다. 투자 시점을 제때 잡지 못하고 막차를 타는 개미 투자자나, 거품이 잔뜩 낀 이후에 뒤늦게 뛰어들어 낭패를 보는 부동산 투자자가 생각보다 많다.

하지만 장기간의 추세를 내다보고, 그리고 부동산 가치를 알아보고 투자하는 것은 투자자의 노력에 따라 얼마든지 가능하다. 장기적으로 모든 자산가치는 내재가치로 수렴된다. 즉, 본질 가치에 비해 지나치게 오른 것은 언젠가는 내려가게 마련이고, 반대로 큰 폭으로 떨어진 것은 다시 올라, 장기적으로 균형을 찾아가는 것이 가치(가격)의 원리이다. 이처럼 시장은 장기적인 흐름에서 항상 옳은 방향으로 진행되기 마련인데, 이 단순하면서도 정직한 원리를 알아야 적정 투자 시점을 예측하고 적정 투자 기간을 제대로 잡을 수 있다. 이것이 현명한 투자의 두 번째 원칙이다.

셋째, 적정 투자 시점과 적정 투자 기간에 주목할 필요가 있다. 많은 사람들이 투자에 실패하는 데는 분명한 이유가 있다. 그것은 투자 시점을 제때 잡지 못했거나, 또는 기다림을 참지 못하고 목표 투자 기간 도달 이전에 던져버렸기 (즉, 투자를 포기했기) 때문이다. 이 역시 자신만의 투자 원칙을 제대로 세우지 못했거나 원칙을 올바로 지키지 않았기 때문에 나타난 현상이다. 투자 원칙을 끝까지 지키는 일은 그만큼 어렵다.

넷째, 투자 포트폴리오의 구성 역시 중요하다. 특히 향후 예상되는 고령화 사회의 도래, 베이비붐 세대의 은퇴와 맞물려 우리나라 가계 자산의 80%에 달하는 부동산 구성 비중은 갈수록 감소할 것이고, 그에 따라 부동산 투자에서 주식, 펀드 등 금융 시장으로 자산의 상당 부분이 이동할 것이 확실하다. 따라서 3~5년 단위로 예금, 주식, 부동산 자산을 효율적으로 배분하는 일련의 과정, 다시 말해 자산 포트폴리오를 주기적으로 재조정할 필요가 있다.

그렇다고 부동산에 투자하지 말라는 얘기가 아니다. 내재가치, 즉 미래의 기대 이익이 큰 부동산을 찾아 그것에 집중하라는 것이다. 이때 앞서 말한 투자 원칙을 지킨다면, 부동산 투자 수익은 고스란히 투자자 몫으로 돌아간다. 부동산이 차지하는 자산 비중은 낮추되, 그 질은 높여야 한다. 이는 똑똑한 땅에 한정해서 집중 투자해야 하는 이유이기도 하다.

여기서 주목해야 할 것이 바로 개발 호재가 있는 지역 안의 땅이다. 시간의 흐름과 함께 도시가 개발되면서 부동산 가치, 즉 땅값·집값도 덩달아 뛰게 마련이다. 그동안 우리나라는 신도시, 산업단지, 역세권 개발 등 대규모 도시개발사업과 정부 개발계획은 쉴 새 없이 진행되었으며, 그에 따라 개발지역 안의 땅은 끊임없이 용도 변경됐다. 그리고 그때마다 부동산 가격(땅값)은 어김없이 큰 폭으로 올랐다. 이를 증명하는 사례를 우리는 곳곳에서 목격할 수 있다.

그럼에도 일반 투자자의 입장에서 볼 때 부동산, 특히 땅 투자는 결코 녹록지 않다. 국토계획·도시계획 등 수많은 개발계획, 농지법·건축법 등 복잡한 관련 법규, 수도권 규제 등 각종 규제가 서로 얽히고설켜 그것들이 의미하는 바를 이해하기 힘들게 만들기 때문이다. 그리고 이는 부동산 투자를 더욱 어렵게 만든다. 개발 호재를 분석해야만 접근할 수 있는 땅 투자는 특히 그렇다.

하지만 반드시 그렇지는 않다. 부동산 투자 분석은 어려운 게 아니라, 복잡할 뿐이다. 오히려 각종 개발계획, 관련 법규 및 규제 간의 상호 연관성을 제대로 파악할 수 있다면 이처럼 단순한 투자도 없다. 모든 사업계획들이 관련 법규와의 분명한 상관성을 갖고 일관되게 추진되고 또 지속적으로 개발되기 때문이다.

다만, 그 계획들이 복잡해 보이는 이유는 그 무엇보다 정부정책이 수시로 바뀌고 오락가락하기 때문이다. 그리고 이는 투자에 결정적인 변수로 작용하면서 투자자에게 절대적인 영향을 미친다. 따라서 정부정책의 진위성과 지속성 여부를 예의주시할 필요가 있다.

이는 부동산 투자, 특히 개발 호재 땅 투자를 고려할 때 가장 어려운 부분이기도 하다. 그렇더라도 이 역시 시간의 흐름을 갖고 냉정히 파악한다면 크게 문제가 되지 않는다.

＊＊＊

이 책은 바로 그런 관점에서 쓴 책이다. 부동산에 투자하기 전에 먼저 생각하고 또 짚어야 할 것들을 살피고, 이어서 개발계획을 보는 눈과 읽는 안목을 기르는 방법을 파악한다. 이어서 국토·도시계획 등 관련 개발계획의 흐름에 대한 이해와 함께, 부동산 가치 투자의 핵심이라 할 수 있는 역세권 개발 사업에 대해 설명한다. 그리고 마지막으로 개발지역 땅에 투자할 때 고려해야 할 관련 법규 및 각종 규제는 물론이고 반드시 알고 있어야 할 부동산 실무 지식에 대한 큰 틀을 살핀다. 대충 이 정도면 부동산 투자자를 위한 기초지식은 얼추 갖춘 셈이다.

이제부터 그 하나하나를 따져가며 살펴보자.

부동산 가치 투자란 무엇인가

부동산 가치와 가격

부동산 가격은 왜 오르는 걸까

모든 투자의 기본 원칙은 '싸게 사서 비싸게 파는' 것이다. 이는 주식이건 부동산이건 모든 투자에 적용된다. 부동산 투자로 돈을 벌기 위해서는 우선 부동산을 '싸게 산다'는 의미를 정확히 이해할 필요가 있다. 이는 어떤 부동산 본래의 '적정가격'보다도 싸게 산다는 뜻이다. 이 적정가격을 그 부동산의 '내재가치' 또는 '본질가치'라고 한다. 부동산 투자로 돈을 벌기 위해서는 먼저 그 부동산이 본래 갖고 있는 '내재가치'를 알아야만 하는데, 문제는 이것이 말처럼 쉽지가 않다는 데 있다.

부동산의 '내재가치'란 그 부동산의 장래 이익을 요구수익률(=위험을 반영한 할인율)로 할인하여 얻어진 현재 가치의 합을 말한다. 즉, 어떤 부동산을 소유함으로써 얻게 될 미래의 수익을 현재 가치로 환산하여 평가한 금액이다.

내재가치에는 장래 이익을 감안한 경제적 가치를 포함하는 개념이다. 일반적으로 부동산의 내재가치가 시장 가격, 즉 실제 거래 가격보다 낮은 경우에는 사람들은 부동산을 매각함으로써 자본 손실(=투자 손실)을 막을 수 있고, 반대의 경우에는 부동산을 적극 매입하여 투자 수익(=자본 이득)을 얻으려 한다.

부동산의 적정 가격 = 내재가치 〉 현재 시장 가격 → 투자 수익 실현

부동산의 적정 가격 = 내재가치 〈 현재 시장 가격 → 투자 손실 발생

싸게 매입한 부동산을 가격이 오른 후에 다시 비싸게 되판다면, 결과적으로 이익을 볼 수 있다. 그런데 여기서 한 가지 의문이 생긴다. '부동산 가격은 왜 오르는가?' 하는 것이다. 부동산 가격이 오르는 것은 실제 본질가치(=내재가치)보다 싼 부동산이 이후 시장의 평가를 받아 그 부동산 본래의 가치에 근접하려는 속성 때문이다.

부동산 가격이 본래의 타당한 가치보다 낮은 상태를 주식의 경우에서처럼 '저평가'되었다고 하는데, 이 저평가된 부동산이 특정 계기나 시간 경과와 함께 시장에서 그 부동산의 본래의 '가치'로 재평가 받음으로써 가격은 오르는 것이다.

위험을 감안하지 않은 가치란 의미 없다

가치란 위험과 수익률로 결정된다. 자산이 1년 동안 창출하는 돈의 가치를 연간 수익률이라고 하는데, 이는 당해 연도의 이익을 자산 가격으로 나눈 것이다. 연 수익률 5%의 금융 상품이 있다면, 이는 1억 원을 맡길 경우 매년 500만 원을 수익으로 얻는다는 뜻이다.

수익률은 자산별로 차이를 보이는데, 왜냐하면 위험의 크기에서 차이 나기 때문이다. 여기서 말하는 위험은 **투자에 따른 미래의 불확실성의 정도를** 의미한다. 이를 부동산을 예로 들면 다음과 같다. 경제가 위축될 때 부동

산에 대한 임대 수요가 줄어들어 발생하는 시장 위험, 레버리지 타인 자본을 이용할 경우 발생하는 금융 위험, 원하는 시기에 현금화하기 쉽지 않고 경우에 따라서는 낮은 가격으로 급히 처분해야 하는 유동성 위험 등 갖가지 위험이 그것이다.

이러한 여러 위험을 감안하여 책정된 시장 참여자 모두가 타당하다고 생각하는 수익률을 '기대 수익률'이라고 하는데, 이 기대 수익률을 고려한 부동산의 적정 가격이 바로 '내재가치'다. 이를 임대료에 적용하면 다음과 같다.

예컨대 매월 임대료가 1백만 원인 부동산의 적정 내재가치는 얼마일까? 이것을 알아보려면 먼저 적정 기대 수익률(=요구 수익률)을 얼마로 할 것인가부터 결정해야 한다. 일반적으로 은행 이자에 물가 상승률을 더한 이자율로 보면 크게 무리 없는데, 일단 기대 수익률을 10%로 산정해보자. 이것을 셈식으로 표현하면 다음과 같다.

부동산의 가치(?)×기대 수익률(10%)=연간 임대료(1천2백만 원), 따라서 부동산의 가치는 연간 임대료(1천2백만 원)÷기대 수익률(10%)=1억 2천만 원이다. 즉, 이 부동산의 적정 가격(내재가치)은 1억 2천만 원이 된다.

결국 모든 투자 자산의 가치를 결정하는 것은 **'위험'과 '수익률'이라** 할 수 있다. 중요한 것은 위험과 수익률이 반비례한다는 사실이다. 즉, 수익률이 아무리 높은 부동산이라 하더라도 위험이 크면 부동산의 가치는 그만큼 낮고, 이에 따라 시장 가격은 당연히 낮게 형성된다.

따라서 수익률 산정에 앞서 무엇보다 위험의 정도를 파악할 수 있어야 하는데, 문제는 이것이 대단히 어렵다는 것이다. 이는 복잡한 설명을 요하고 또한 각각의 개별적인 요인에 절대적으로 좌우되므로 생략하기로 하고, 다만 **투자수익률을 산정할 때 반드시 위험의 정도를 가산하여야** 한다는 사실을 잊지 말자.

가격과 가치의 차이는 왜 발생할까

만일 '효율적 시장 가설'이 옳다면, 부동산의 가치에는 항상 그것에 합당한 가격이 형성되어 투자자들은 결코 기대한 이익을 챙길 수 없다. 효율적 시장 가설이 성립한다면 그때그때 현재 가치는 가격에 곧바로 반영되어 추가 이익이 발생할 여지를 주지 않는다. 하지만 현실은 그렇지 않다. 왜냐하면 시장은 반드시 효율적으로 움직이는 것은 아니기 때문이다. 이는 크게 다음 두 가지 이유에서 비롯된다.

첫째, **'정보의 비대칭성' 때문이다.** 일부 특정 투자자들만이 어떤 부동산에 대해 그것의 진정한 가치를 꿰뚫어 봄으로써 남보다 한발 앞서 이익을 얻곤 하는데, 부동산 투자와 관련한 정확한 정보 습득과 그 정보를 해석하는 능력 차이 때문에 부동산의 내재가치 평가는 저마다 차이를 달리한다. 그리고 이는 각각의 가격과 가치 평가 차액만큼의 수익으로 연결된다.

둘째, 부동산 시장은 합리성이 아니라 감정에 따라 움직이는 이른바 **'감성 편향'적인 성향에 크게 좌우되기** 때문이다. 특히 부동산 가격이 하락하는 시점에 이르면 이러한 성향은 더욱 크게 나타나는데, 이 때문에 손해를 감수하고서라도 서둘러 부동산을 투매하려는 현상이 벌어진다. 당연히 매도 가격과 매수 가격은 크게 차이 날 수밖에 없으며, 그렇게 해서 매도·매수 가격은 내재가치와 차이를 보인다.

그렇다면 이것이 투자 수익에 어떤 영향을 미칠까? 적어도 부동산 시장에 있어서는 효율적 시장 가설이 적용될 여지는 열기 때문에, 역으로 위의 두 상소점을 잘 이용하면 실제 본질가치(내재가치)보다 낮게 평가된 부동산을 여하히 잘 찾아낼 수 있고, 또한 적정 투자 시점을 정확히 가늠할 수 있을 것이다.

결국 투자 수익을 크게 높이려면 **시장 가격과 내재가치의 차이가 큰 부동산, 또는 가치와 가격과의 차이가 해소되기까지의 기간이 짧은 부동산에 집중하면** 된다. 즉, 가치(내재가치)와 가격(시장 가격)과의 차이가 크면 클수록 부동산 가격은 오를 여지가 많기 때문에, 투자수익률은 그만큼 높아진다. 또 가치와 가격과의 차이가 해소되는 기간이 짧을수록 투자 회전율은 짧아지기 때문에, 그만큼 투자수익률은 높아진다. 물론 앞서 말한 것처럼, 투자에 따른 위험을 충분히 감안했을 경우에 한해서다. 말처럼 단순할 것 같지만, 결코 쉽지 않은 개념이다.

부동산 가치를 높이려면

부동산의 가치는 평가 방법이 다르다

결국 부동산의 가치를 높인다는 것은 투자수익률을 높이거나, 위험을 줄이는 데 있음을 알 수 있다. 그런데 위험과 수익률은 마치 동전의 양면과도 같다. 즉, 수익률을 높이면 그만큼 위험은 커지고, 반대로 위험을 낮추면 수익률은 그만큼 줄어들게 된다.

예전의 부동산 투자에 있어서만큼은 물가 상승률에 이자율을 더한 가격 이상으로 부동산 가격이 올라왔던 탓에, 그다지 투자 위험을 고려할 필요 없었다. 외환 위기나 세계 경제 침체 등으로 인한 자산 가격 폭락 시기를 제외하고는 특별히 위험을 고려할 필요 없었다. 자산 가격이 폭락한 경우에도 이후 경제가 회복되면서 부동산 가격은 언제나 다시 제자리로 돌아왔다.

이런 이유로 투자자의 머릿속에 부동산 가격은 절대 하락하지 않는다는 신념이 맹목으로 자리 잡게 되었다. 이 때문에 전문가들조차도 '부동산 투자는 인플레이션을 헤징한다'는 말을 아무런 부담 없이 사용하고 있는 것이다.

하지만 2006년 무렵을 정점으로 이미 내재가치는 부동산 가격(특히 주거용 부동산)에 대부분 반영되었다고 봐야 할 듯하다. 당시의 부동산은 분명 정상 가격보다 많이 올랐다. 따라서 2016년 이후부터의 최근 2~3년 동안의 부동산 가격 급등 현상은 지난 10년 동안의 부동산 침체기 동안 좀처럼 오르지 않았던 가격을 반영한 상황, 다시 말해 그동안 크게 하락했던 부동산 가격이 일시에 그리고 한꺼번에 오른 현상이라고 보면 된다. 최근의 부동산 과열로 수도권·지방의 많은 지역은 오히려 앞으로의 부동산 가격 하락을 걱정해야 하는 상황으로까지 전개되고 있다.

따라서 "잠재가치보다 저평가되고 있는 주식을 찾아 이것에 투자한 뒤, 시장이 그 가치를 깨달을 때까지 기다린다"라는 주식시장에서 통용되는 가치투자의 개념을 부동산 투자에 적용하는 것이 옳은지에 대해 한번쯤은 생각해 볼 여지가 있다. 더군다나 지금처럼 부동산 가격이 짧은 주기로 등락을 반복하고 있는데다가, 국내는 물론 세계 경제의 흐름과 동조화되고 있는 현실에 비추어 생각할 때 그렇다. 그만큼 **투자 시점과 처분 시점을 제때, 올바로 잡기 어렵기** 때문인데, 이것 역시 최근의 부동산 투자에서 발생할 수 있는 또 다른 위험의 하나이다.

여기서 생각할 것이 있다. 즉, **적정 투자 시기와 목표 투자 기간을 잘 판단해서 투자 여부를 결정해야** 한다는 것이다. 이를 자칫 잘못 판단할 경우 당초 기대한 수익을 올리기 어려울 수 있다. 부동산의 가치 투자라는 것이 그 본질적인 특성상 장기 보유가 불가피하므로 더 그렇다. 왜냐하면 투자 기간 동안 부동산 경기의 흐름은 언제든지 뒤바뀔 수 있고, 그 과정에서 자칫 매입·매도시기를 놓칠 수도 있기 때문이다.

부동산 투자에서 성공하거나, 아니면 최소한 실패만이라도 막는 가장 확실한 방법은 **투자시기를 여하히 잘 판단하는데 있음을** 반드시 명심해야 한다. (이는 매도 시기의 경우에도 마찬가지다.) 적정 투자시기의 판단 미스는 최근 들어 가장 큰 위험 요인의 하나가 되고 있다.

따라서 부동산 투자에서 성공하려면 투자 시점을 잘못 맞춰 거래 손실이 날 가능성을 최대한 피할 수 있어야 하며, 투자 기간이 끝나 부동산을 재매각할 때 시세 차익을 최고로 높일 수 있어야 한다. 이는 부동산 가치 투자의 보다 현실적인 개념이 될 수 있다. 중요한 것은 투자에 따른 위험의 정도를 반드시 수치화하여 가격에 산정해 넣을 수 있어야 한다는 사실이다.

가치를 높이려면① _ 용도 규제 완화로 투자수익률을 높인다

앞서 말했듯이, 부동산의 내재가치와 시장 가격과의 차이가 크면 클수록(즉, 내재가치>시장 가격) 투자수익률은 그만큼 높아진다. 둘 간의 간극을 좁히는 방향으로 부동산 가격은 오를 여지가 높기 때문이다. 그렇다면 어떤 경우가 그럴까?

우선 정부·지자체나 건설사에서 개발사업을 추진하여 **용도 규제가 완화되고 용도 지역이 바뀌는** 부동산이 이에 해당한다. 예를 들어 주거용 부동산의 경우 재개발·재건축사업구역, 토지(땅)의 경우 대규모 택지 개발이 이뤄지는 지역이나 역세권 개발 사업이 이뤄지는 지역이 이에 해당한다. 수도권 인근의 전원주택 부지를 사서 이를 **지목변경·형질변경을 통해 대지로 용도 변경하는** 경우에도 부동산의 가치는 높아진다. **농지·산지를 전용하는** 경우 역시 마찬가지다.

최근 규제가 완화되어 사업성이 좋아진 고시텔이라든가 도시형 소형 주택을 지어 임대 수익을 높이는 것도 **도심 안 주택의 용도 규제 완화를 통해** 가능하다. 이는 특히 1인 가구 증가와 맞물려 있는 탓에 대상 부동산에 대한 투자자로부터의 관심은 계속 높아지고 있다.

이처럼 용도 규제가 완화되고 용도 지역 변경이 예상되는 곳 중에서 개발의 확실성이 높은 지역에 투자하거나, 또는 부동산을 매입하여 직접 용도 변경하게 되면, 시간이 흐르면서 부동산의 내재가치는 더욱 높아지고, 높은 투자수익률을 기대할 수 있다.

가치를 높이려면② _ 사업의 속도와 확실성을 살펴 위험을 줄인다

그렇더라도 그 투자에 위험이 따른다면 헛일이다. 투자 수익은 고사하고 자칫 원금마저 까먹을 수 있기 때문이다. 무턱대고 개발사업에 투자하는 경우가 특히 그렇다. 어디 어디가 개발된다는 확실치 않은 정보를 그대로 믿고 맹목적으로 투자한 것이 결과적으로 소문에 그치거나, 시장 참여자들 간의 이해가 첨예하게 대립하면서 사업 추진이 지지부진한 경우가 이에 해당한다.

문제는 그런 지역에 투자했던 부동산을 다시 되팔기까지에는 적지 않은 어려움이 따른다는 데 있다. 더군다나 레버리지를 이용했을 경우에는 약간의 금리 인상만으로도 상환 여력이 급격히 떨어지면서 이른바 '유동성 위험'에 처할 수 있다. 부동산 시장이 침체되면 투자자들의 심리는 더욱 위축되기 때문에 거래가 실종되는 현상이 발생한다. 이때 투자자들이 손실을 온전히 감수한 채 부동산을 투매할 경우, 엄청난 피해를 입을 수 있다. 실제 부동산에 처음 투자하는 사람일수록 앞뒤 가리지 않고 뛰어드는 경우가 많은데, 이로 인한 손실은 생각 밖으로 크다.

용도 규제 완화를 바라보고 뛰어드는 부동산 가치 투자에서 생각해야 할 것이 하나 더 있다. 개발사업은 각각의 추진 단계별로 가격이 오르는 것이 일반적이지만, 현실은 반드시 그렇지만은 않다. 지역에 관계없이, 사업 추진 단계에 상관없이 **집값은 이미 오를 대로 오른 곳도 꽤 있기** 때문이다. 따라서 이를 잘 살펴야 투자수익률을 잘못 산정하는 오류에서 벗어날 수 있다.

특히 요즘처럼 부동산 가격이 크게 오른 상황에서는 내재가치와 시장 가격과의 차이가 해소되는 기간이 짧을수록 기대하는 목표 수익률을 이루고 빠른 투자 회수를 꾀할 수 있다. 그만큼 사업 추진의 확실성 여부와 그 추진 속도가 중요하다. 이것이 부동산 투자에 있어서의 위험을 줄이는 가장 중요한 포인트가 된다.

부동산 가치 투자란

부동산의 투자 수익을 높이는 방법은

부동산 투자에는 크게 직접투자와 간접투자가 있다. 직접투자에는 단독투자와 공동투자가 있으며, 간접투자는 부동산 펀드에 투자 자금을 맡기는 방법이 주류를 이룬다. 우리가 일반적으로 부동산 투자라고 하면 직접·단독투자를 말하는데, 이것을 투자 수익 획득 방법에 따라 다시 구분하면 다음과 같다.

첫째, **부동산의 가치가 상승할 것을 기대하고 투자하는** 방법이다. 이는 앞으로 가격이 상승할 것으로 예상되는 부동산을 구입한 후, 가격이 상승하면 이를 매각함으로써 투자 수익(즉, 자본 이득)을 획득하는 방법을 말한다.

개발이 진행되면서 가격 상승이 예측되는 대규모 개발 사업지역 인근 토지를 구입하거나, 전철·도로 등이 건설되면서 수혜를 입는 지역 안 토지를 구입하는 경우, 대규모 택지 개발지역에서 건설하는 아파트를 분양받는 경우, 재건축·재개발 될 지역에 투자하는 경우 등이 대표적으로 가치 상승을 바라보고 하는 투자이다.

가치 상승을 기대하고 하는 투자는 개발이 계획대로 진행될 경우 높은 투자수익률을 기대할 수 있지만, 이때 정보의 비대칭성에 따른 사업상의 위험을 얼마만큼 감내할 수 있는가가 관건이다.

둘째, **낮은 가격으로 부동산을 매입하는** 방법이다. 이는 부동산을 시세(매매 가격)보다 낮은 가격으로 매입한 후 이를 정상 가격으로 매각함으로써 투자 수익을 올리는 방법이다. 대표적인 저가 매수로는 경·공매를 통해 시세보다 낮은 가격으로 부동산을 매입한 후 이를 매각하는 방법이 있는데, 이는 어느 정도의 전문지식이 필요하다. 급매물을 매입하여 이를 되파는 방법도 있는데, 취득·양도세 등 세금을 감안하면 많은 시세 차익을 기대하기 어렵다.

셋째, **부동산을 개발하여 투자 이익을 얻는** 방법이다. 농지·임야에 전원주택단지를 조성·분양하거나 택지를 개발하여 주택·상가를 분양하는 방법이 그것이다. 이는 부동산에 대한 지식뿐 아니라 건설·개발에 대한 전문지식을 필요로 하며, 크고 작은 사업상의 위험이 많기 때문에 개인 단위의 투자로는 실현되기 힘들다.

이상을 통해 살펴보면, 개인 차원에서 부동산 투자 수익을 실현하려면 현실적으로는 **가치 상승을 기대하고 투자하는** 방법이 최선이다. 물론 경·공매 등을 통해서도 투자 수익을 기대할 수 있지만, 소문난 잔치에 먹을 것 없듯이 실제 수익률은 기대 이하인 경우가 대부분이다.

따라서 부동산 투자로 기대한 만큼의 수익을 올리는 방법은 명확하다. 즉, **향후 개발과 함께 용도지역이 변경되면서 부동산의 가치가 크게 오르는 지역에 한정하여** 선별적으로 투자하되, (국토·도시) 개발에 따른 **사업상의 위험을 여하히 낮출 수 있느냐가** 부동산 가치 투자의 핵심 포인트다.

이제부터 주식시장에서의 투자 분석 방법을 부동산에 끌어와 투자에 적용해보자. 주식 투자 분석방법을 부동산에 그대로 적용하기에는 분명 무리가 따른다. 왜냐하면 부동산의 내재가치와 시장 가격을 정확히 파악해내는 작업은 주식시장의 투자 대상인 기업의 그것보다 훨씬 어렵기 때문이다. 무엇보다 부동산은 개별성이 너무도 강하다.

확실한 실적에 근거하는 기업 가치, 그리고 이를 적시에 반영하는 주가와는 달리, 부동산의 경우에는 시장 가격이 현재 가치를 온전히 반영한 적정 가격인지 여부를 알기란 무척 어렵다. 따라서 투자를 기반으로 산출해 낼 수 있는 내재가치 역시 올바로 파악하기 힘들다. 더군다나 집값에 거품이 끼었네, 아니네 하고 갑론을박하고 있는 현시점에 비춰볼 때 더욱 그렇다.

부동산 가격은 다양한 가격 형성 요인에 의해 결정되며, 한 번 형성된 가격은 끊임없이 변한다. 이 때문에 심지어는 감정평가사들도 정확한 적정 가격을 산정해내기 어렵고 산정 가격 또한 저마다 제각각이다. 부동산 고유의 특성인 부증성·개별성에 의해 특히 '입지'가 가격 형성의 중요한 요인으로 작용하는데, 이 역시 정부의 개발정책 등에 따라 언제든지 달라질 수 있다. 그리고 이것이 부동산 가격에 가장 크게 영향을 미치기 때문에, 그만큼 가격은 가변적일 수밖에 없다.

그렇더라도 방법은 있다. 이를테면 어떤 부동산의 현재 거래되고 있는 가격을 그대로 적정 시장 가격으로 하여, 이 부동산이 시간의 흐름에 따라 단계별로 개발되면서 얻게 되는 미실현 수익의 합을 가늠해내면 된다. 어디까지나 가늠으로 족한데, 이는 과거의 경험 수치에 더해 앞으로의 펀더멘털 요인을 예측함으로써 가능하다. 결국 부동산의 가치 투자란 다음 사항을 충분히 고려하여 결정해야 함을 알 수 있다.

①내재가치가 시장 가격보다 높아야 한다.

②내재가치를 가늠할 수 있어야 한다.

③항상 장기 투자를 고려해야 한다.

④투자 기간의 제반 위험 요인이 가격에 위험 할인율로 반영돼야 한다.

이상의 설명을 통해 부동산의 가치 투자를 정의하면 다음과 같다. 즉, "내재가치가 현재의 시장 가격보다 높고, 꾸준히 올라갈 것으로 예상되는 부동산을 적정 시점에 매입해 최소 3년에서 5년 이상을 장기 보유함으로써, 당초 기대한 만큼의 투자수익률을 올리는 것"이다. 이를 위해서는 당장의 오르고 떨어지는 부동산 가격 변동에 민감하게 반응하기 보다는, **향후 용도규제가 완화되어 가격이 오를 것으로 기대되는 부동산을 매입한 후 이를 장기 보유함으로써 투자수익률을 크게 높여야** 한다. 단, 투자에 따른 위험 요인을 낮춰야 함은 물론이다.

부동산 가치 투자는 다음 두 가지 과정을 거친다. 첫째, 수많은 부동산 가운데 어떤 부동산을 어떤 기준으로 투자 대상 부동산으로 선정할 것인가를 결정하는 과정이다. (내재가치가 높은 대상 부동산의 선정)

둘째, 투자 대상 부동산의 위험 요인을 철저히 조사한 후 최종적으로 투자 여부를 결정하는 과정이다. (위험할증률의 산정) 여기에는 목표 투자 기간, 목표 투자수익률, 투자금액 등이 포함되는데, 특히 투자 기간의 경제 지표의 동향을 면밀히 파악하여 **이를 위험할인율로 반영할 수 있어야** 한다.

이 책을 쓴 목적의 하나는 부동산의 가치 투자를 위한 기본 전제가 되는 두 가지, 즉 내재가치를 높일 수 있는 부동산의 선정 및 그에 따른 위험을 피하는 방법을 살피는 데 있다. 이는 다음 장부터 자세히 설명한다.

내재가치가 높은 부동산과 투자 시의 위험 요인

내재가치가 높은 부동산은 이것

내재가치가 높거나, 높일 수 있는 부동산은 크게 다음 세 가지다. 즉, 장차 개발과 함께 용도규제가 완화되고 용도지역이 바뀌는 부동산, 주변지역의 개발과 함께 입지여건이 크게 개선되는 지역의 부동산, 그리고 직접 개발하여 가치를 높인 부동산이 그것이다.

택지개발계획에 따라 신도시, 행복주택이 대규모로 건설되는 지역 내의 부동산이 대표적으로 용도지역이 바뀌는 곳이다. 지하철역이 들어서고 자사고·특목고와 같은 명문학교가 세워지는 등으로 지역 내 집값이 계속 오르는 지역이 입지여건이 개선되는 대표적인 경우이다.

내재가치가 높거나, 높일 수 있는 부동산은 다음과 같다.

■ 도시개발사업으로 용도지역이 바뀌는 부동산

도시개발사업에 의해 주택이 들어서거나 대규모 산업단지가 들어서면서 규제가 풀리는 개발 호재지역 안의 땅을 말한다. 최근 행복주택 건설용지로 주목받고 있는 서울 및 수도권 외곽의 역세권, 그린벨트 안의 용지 및 한계농지가 이에 해당한다.

■ 개발 호재가 있는 지역 내의 부동산

정부와 지자체에서 앞 다투어 시행하는 개발사업과 관련한 지역 안의 땅으로, 평택 고덕국제신도시, 세종 행정중심복합도시, 인천 청라·영종 등 경제자유구역 안의 땅이 대표적이다.

■ 도로·철도 등의 건설로 교통 여건이 개선됨에 따라 수혜를 입는 지역 내의 땅

도시철도·KTX 역세권 도시개발 사업지역 안의 땅, 고속도로 톨게이트 인근지역 안의 땅이 이에 해당한다.

■ 재개발·재건축 등으로 주거 환경이 개선된 아파트

도심 재건축·재개발사업, 재정비촉진사업, 도시환경정비사업 등으로 새 아파트가 들어서면서 주거 환경이 크게 개선되고, 이에 따라 집값이 올라갈 것으로 기대되는 지역 안의 부동산이 이에 해당한다.

■ 지속적이고 안정적인 임대 수익이 보장되는 수익형 부동산

도시형 생활주택, 고시원 등 건축 규제가 완화되면서 향후 개발에 따른 임대 수익이 기대되는 부동산이 여기에 속한다.

위험 요인을 찾아 이를 수익률에 반영할 수 있어야

앞서 설명한 것들은 어디까지나 '내재가치가 높거나 높일 수 있는' 부동산을 일컫는다. 하지만 이는 위험을 전혀 고려하지 않았을 때의 내재가치를 뜻한다. 따라서 앞으로의 개발과 함께 단순히 용도지역이 바뀌고 입지 여건이

크게 개선된다고 해서 이것이 그대로 투자 수익으로 연결되는 것은 아니다.

이는 대단히 중요한 의미를 갖는다. 내재가치가 이미 시장 가격에 상당 부분 선(先)반영되어 추가 수익이 그다지 기대되지 않는 현시점에서, 사업 추진이 불투명하여 개발사업이 상당 기간 지연되거나 자칫 중단되기라도 한다면 기대 수익률은 그리 높지 않거나 오히려 마이너스가 될 수 있기 때문이다.

이것을 확인하는 것은 어렵지 않다. 박원순 서울시장이 당선된 이후인 지난 2014년부터의 서울재개발·재건축 시장의 흐름을 살펴보면 단박에 확인된다. 박 시장은 당선되자마자 서울 곳곳에 펼쳐졌던 재개발·재건축·뉴타운 추진사업(개발사업의 상당수가 국토계획법이 아닌 서울시 조례에 따른 '특별법'으로 추진됐음을 기억할 것)을 원점으로 되돌려 놓았고, 그에 따라 한창 열기를 띠던 재개발·재건축 시장은 그야말로 초토화됐다. 특히 서울 강북지역의 뉴타운·재개발 구역이 잇달아 계획에서 해제되고 또 사업 추진을 중단했는데, 최근의 부동산 경기 호황에도 불구하고 정부의 규제 강화와 수익성 악화로 인해 사업은 여간해선 재추진될 것 같지 않아 보인다.

아무튼, 그로 인한 폐해는 상당하다. 가격은 이미 오를 대로 오른 반면, 그동안의 추진 과정에서 크고 작은 문제가 발생하여 조합 설립이 무효화되거나, 지자체와 사업시행자 간의 갈등으로 사업 추진에 차질을 빚은 때문이다. 그 사업 추진 지연 기간만큼 현 시세에 추가 비용이 더해졌다는 점을 감안한다면, 사업이 재개되더라도 그동안 늘어난 비용만큼이 고스란히 재개발·재건축 추가 분담금으로 전가되면서 기대 수익을 크게 낮출 것으로 보인다.

혹자는 최근 몇 년 동안의 부동산 활황으로 특히 강남 재건축 아파트를 중심으로 부동산 가격(집값)이 급등한데다, 정부의 잇단 부동산 규제책으로 인해 재건축 시장이 융단 폭격을 맞고 있는 상황이어서, 재개발·재건축 시장에 풍선 효과가 나타날 가능성이 크나고 주장할 수 있을 것이다. 하지만 그렇게 시장을 낙관해서는 안 된다. 말했듯이, 집값(땅값)이 이미 오를 대로 오른 상황에서, 더군다나 잇단 규제 강화로 본격적인 대세 하락기를 맞게 될 가능성이 큰 현실을 감안할 때, 시장의 불확실성은 여전하고 기대 수익 또한 생각만큼 높지 않다.

그렇다면 지난 정부 때부터 야심차게 추진하고 있는 도시 외곽이나 그린벨트에 지어졌던 공공주택(보금자리주택, 행복주택)의 경우에는 주택 구입에 위험 요소가 없을까? 그렇지 않다. 물론 주택 분양 가격이 낮은 것은 사실이어서 그만큼 가격적인 이점이 있다. 그렇더라도 공공주택이 들어서는 곳의 입지가 열악해 기존 수도권 1기 신도시처럼 충분한 자족 기능을 갖춘 단지가 될 것이라고 생각하는 데는 분명 무리가 따른다.

즉, 보금자리주택건설특별법에 녹지나 도로·학교부지 등 도시계획시설에 대한 별도의 기준이 마련되어 있지 않아 자칫 잠만 자는 베드타운으로 전락할 수도 있다. 따라서 보금자리주택이 1기 신도시가 분양됐던 이후처럼 계속해서 높은 시세를 형성할 것이라는 섣부른 판단은 금물이다. 이렇듯 사소한 듯 느껴지는 것도 위험 요소이기에는 마찬가지이다. 참고로 보금자리주택 건설은 2018년에 완료된다.

이보다 더 심각한 것은 사업 자체가 아예 무산되거나, 축소됨으로써 입게 되는 피해이다. 어디 어디에 무슨 개발이 이뤄진다고 해서 투자한 것이 말 그대로 뜬소문이 되었거나, 그 추진 과정에서 여론의 엄청난 저항을 받아 도중에 사업 추진이 중단되는 경우가 이에 해당한다.

예전 이명박 정부 때 야심차게 추진됐던 한반도대운하 사업 중단사례가 그 대표적인데, 이를 온전히 믿고 투자한 사람들 중 상당수가 피해를 보았다. 기업도시·혁신도시, 그리고 최근 지정해제를 재검토하고 있는 경제자유구역 역시 마찬가지다. 사업 추진이 지지부진하면서 사업이 축소·중단될 수 있는 등 앞날은 여전히 불투명하다. 그 불확실성으로 인해 자칫 가격은 정체되거나 계속 하락할지도 모른다.

부동산 투자의 위험 요인

따라서 부동산 투자에 있어서는 내재가치가 크게 기대되는 부동산을 찾아내는 것뿐만 아니라, 이 같은 위험 요인에 대해서도 이를 종합적으로 고려할 수 있는 안목이 요구된다. 부동산 투자와 관련된 위험 요인을 간략히 언급하면 다음과 같은데, 시장 위험과 법적 위험에 더해 최근 문제가 되고 있는 사업 위험을 특히 주의해서 살펴야 한다.

■ 사업 위험

개발사업 추진이 취소·중단·지연되거나 추진 과정에서 축소됨으로써 목적한 소기의 성과를 기대하지 못하면서 발생하는 위험이다. 그 과정에서 투자한 자금의 회수가 어렵게 되거나, 당초 기대한 수익을 올리지 못하는 경우를 말한다. 예를 들어 용산국제업무지구 개발사업이 자금 조달 실패로 중단될 위기에 처한 상황이나, 재개발·재건축 사업의 추진이 지연되는 경우가 이에 해당한다.

■ 시장 위험

시장 위험은 말 그대로 시장 상황으로부터 유래되는 위험을 말한다. 예를 들어 부동산의 수요공급 간의 상관관계에 따른 위험이 그것인데, 그에 따라 지역별, 평형대별, 주택유형별, 주거환경별로 부동산 가격은 차이 난다. 지방 대형 평형 아파트의 대량 미분양 사태는 시장 위험을 제대로 읽지 못해 발생한 것으로, 이곳에 자칫 잘못 투자할 경우 당연히 투자는 실패할 수 있다. 금리·주가·환율 등 시장을 둘러싼 변수가 부동산에 불리하게 작용하여 가격 하락으로 이어질 경우에 자칫 손해 볼 수 있는 것도 시장 위험(또는 가격 위험)에 속한다. 요즘처럼 부동산 가격이 이미 오를 대로 오른 상태에서는 더욱 주의를 필요로 한다.

■ 금융 위험

부채 레버리지(타인자본)를 사용하여 투자하게 되면 자기자본수익률(지분이익률)이 증가하지만, 그만큼 부담해야할 위험은 커진다. 주택 가격 상승이 정체된 반면 지속적인 금리 인상이 예상되는 상황에서는 그만큼 채무 불이행의 가능성이 높아질 수 있어 특별한 주의를 필요로 한다.

■ 법적 위험

부동산 투자는 정부정책, 특히 용도지역지구제나 토지이용규제, 관련 세제 등 법적 환경 변화에 크게 좌우된다. 따라서 이 같은 법적 위험을 잘 알고 대처할 수 있어야 하는데, 이는 일정 수준의 관련 지식 습득을 필요로 한다.

■ 인플레이션 위험

부동산은 인플레이션 위험을 회피하는 기능으로써의 역할도 하지만, 그렇더라도 장기투자를 해야만 하는 부동산의 경우에는 그것만으로는 충분치 않다. 지금처럼 부동산 가격이 물가상승률을 따라잡지 못할 정도로 이미 다 오른 상태에서는 특히 그렇다. 따라서 기대수익률 산정 시에 장래 기대되는 인플레이션만큼을 위험할증률로 더할 필요가 있다.

■ 유동성 위험

부동산 투자에 있어 우선적으로 고려해야할 또 한 가지가 바로 환금성 위험이다. 부동산 자산은 그만큼 다른 자산에 비해 현금화하기가 어렵기 때문이다. 특히 규모가 큰 부동산일수록, 급매물일수록 크게 할인되는 것이 일반적이기 때문에 그만큼 낮은 수익률로 환원된다. 따라서 유동성 위험 역시 투자수익률을 산정할 때 기대되는 요구 수익률에 더해져야 한다.

이상의 설명을 염두에 두고 내재가치가 높거나 높일 수 있는 부동산을 찾아내는 방법과 여기에 필연적으로 따라붙는 위험에 대해, 이를 피할 수 있는 방법에 대해 알아보자. 하지만 문제는 일부 수익형 부동산을 제외하고는 부동산의 내재가치를 정확히 산정해 낼 수 없다는 것이다. 왜냐하면 부동산 개발이라는 것이 정부정책의 변화에 따라 크게 좌우될 수밖에 없으며, 또한 그 과정에서 앞으로의 상황 변화에 따라 가변성은 그만큼 높아질 수밖에 없기 때문이다.

그렇더라도 부동산을 좀 더 꼼꼼하게 살핀다면 어느 정도는 내재가치를 산정할 수 있는데, 실제 어림짐작만으로도 상당한 효과를 거둘 수 있다. 이를 위해서는 무엇보다 **부동산과 관련한 각종 개발계획 및 관련법규 체계, 그리고 각각의 계획과 법규가 갖는 의미에 대해** 정확히 살필 필요가 있다. 각 개발단계별로, 그리고 사업별로 적정 수익과 위험의 정도를 파악할 수 있기 때문이다. 이는 다음 장에서 자세히 설명한다.

부동산 포트폴리오, 바람직한 구성은

부동산 포트폴리오도 바뀌어야 한다

투자 위험을 줄이고 높은 수익을 추구하는 자산 배분 방법을 포트폴리오라 한다. 자산 포트폴리오 구성은 수익성·안정성·환금성의 3가지 측면을 고려하여 결정한다.

일반적으로는 주식, 부동산, 예금에 각각 3분의 1씩 투자하는 경우가 대부분이다. 하지만 우리나라 사람들, 특히 부자들의 자산 배분에 있어 가장 큰 범위를 차지하는 것이 바로 부동산이다. 총 자산 중 거의 85%에 육박한다. 미국의 경우가 약 55% 수준인 점에 비춰볼 때 매우 높은 수준이다. 그만큼 '부동산만한 투자 상품이 없다'는 믿음과 신뢰감이 소유 욕구로 나타났기 때문이다.

하지만 문제인 정부의 8.2 고강도 부동산 규제책과 금리 인상, 그리고 미국과의 FTA 재협상에 따른 불확실한 경제 상황은 부동산 포트폴리오의 대폭적인 수정을 요구한다.

지난 8.2 규제책으로 부동산에 대한 보유세와 양도소득세 부담이 대폭 늘어남에 따라 자산 구성에서의 부동산 보유분 역시 미국·일본 등 선진국 수준으로 줄일 수밖에 없을 것으로 보인다.

세계 경제 불안으로 인한 위기 상황이 실물 경제로 옮겨감에 따라 투자 심리는 여전히 위축되고 있는 반면, 정부의 재정지출 확대 및 풍부한 시중의 부동자금은 언제든지 유동성 확대를 일으켜 부동산 가격 상승을 몰고 올 수 있는 양면성을 띄고 있다.

이 경우 부동산의 투자 양상은 부동산상품별, 투자지역별, 투자기간별로 뚜렷한 차이를 보일 것이고, 그 결과가 수익성 차이로 나타날 것임에는 분명하다. 따라서 **부동산상품별로 구성 비중을 재검토하고 포트폴리오 전략을 새롭게 짜는** 전략이 요구된다.

부동산 포트폴리오는 부자들만의 자산 관리 방식의 전유물이 아니다. 일반 소액 투자자들도 적정 시기에 적정 투자 상품을 찾아 효율적으로 부동산 포트폴리오를 구성할 경우 높은 투자수익을 올릴 수 있다. 변환기에 빛을 보는 것이 바로 포트폴리오의 재구성이기 때문이다.

바람직한 부동산 포트폴리오 구성은

우선, 우량 부동산 위주로 자산을 재구성한다. 모든 부동산 자산은 재산세, 종합부동산세 등 보유세와 양도세를 최우선으로 고려해야 한다. 그만큼 부담이 크기 때문이다.

당연한 얘기지만 예를 들어 시가 3억짜리 주택 2채를 보유하는 것 보다는 6억짜리 한 채를 보유하는 것이 훨씬 유리하다.

상품별 포트폴리오 역시 재구성해야 한다. 이상적인 포트폴리오는 '블루칩아파트+명품상가(또는 오피스텔)+300평 미만 토지'이다. 이 순서대로 자산을 재구성하는 것이 좋다. (물론, 그만한 자금 여력이 있어야 하는 것이겠지만) 일단 강남의 좋은 아파트를 한 채 구입하고, 이어서 상업지 1층 명품

상가를 구입토록 한다.

이 경우 상가 수익 등으로 돈이 모아질 것이고, 이를 활용하여 개발 가능성이 높은 유망 토지를 구입한다. 단, 상가는 비용 부담이 커서 구입에 어려움이 따를 수 있다. 이 경우 순서를 바꿔 유망 토지를 먼저 구입한 후 이어서 상가를 구입하는 것도 바람직하다. 하지만 유망 토지는 최소 3년 이상 묶일 것을 각오하고 투자에 임해야 한다. 그렇더라도 목표 1순위는 역시 블루칩아파트로 갈아타는 것이다.

중요한 것은 주어진 혜택은 온전히 다 향유해야 한다는 것이다. 얘긴즉, 청약 저축을 통한 아파트 재테크, 비농업인도 구입 가능한 1,000㎡(약 300평) 미만 토지 구입, 비과세 저축 등등 정부에서 개인이나 가구에 부여하는 세제상의 혜택이 주어지는 상품부터 취득함으로써 투자 효과를 극대화해야 한다. 이는 정부와 정책이 매번 바뀌더라도 결코 변하지 않는 것이기에 특히 그렇다. 가령 예를 들어 아파트의 경우 가장 투자 가치가 큰 아파트(예를 들어, 강남재건축 아파트)에 투자하고, 토지의 경우에도 가장 투자 가치가 높은 땅(예를 들어 도시계획 편입 예정용지)부터 투자하는 것이 가장 투자 수익을 높일 수 있다. 그런데 대다수 투자자들은 이를 간과하는 경우가 많다. 이를테면 지방의 소형 평형 아파트를 여러 채 소유한다거나, 투자 가치가 떨어지는 임야나 농지를 대량으로 소지하는 경우가 그것인데, 이는 바람직한 투자 행위가 못된다.

■ 블루칩아파트

한마디로 강남권 아파트다. 그중에서도 재건축 대상인 아파트가 유망하다. 그만큼 주거가치와 투자 가치 양쪽 모두를 갖췄기 때문이다. 교통, 학군, 상가가 잘 갖춰진 대단위 아파트 단지가 유망한데, 40평 이상의 큰 평형

대로 재건축되는 아파트가 그만큼 추가로 오를 가능성이 높다. 지금 강남권 아파트는 그동안의 경제 침체로 하락세가 지속되다가 최근 부동산 경기 활황에 힘입어 다시 오르고 있는 중이다.

앞으로도 강남 재건축아파트는 강세를 보일 것으로 보이지만, 이미 가격은 오를 대로 오른 상태라고 볼 수 있다. 그렇더라도 아직 늦지 않았다. 빠르면 빠를수록 좋다. 지금도 바로 강남아파트로 갈아탈 수 있는 적기라 할 수 있기 때문이다.

■ 오피스텔

문재인 정부의 부동산 규제완화 발표로 가장 위축되고 있는 것이 바로 오피스텔 시장이다. 그동안 '계약 뒤 전매'가 가능했던 오피스텔만의 '전매특허' 메리트가 사라졌기 때문이다. 게다가 오피스텔은 분양 보증 대상이 아니기 때문에 투자의 안전성도 장담할 수 없다.

장기 경기침체로 오피스텔 임대 수요가 줄어든 것 역시 오피스텔 투자 메리트를 반감시킨 요인이 된다. 그렇더라도 임대 수익을 노리고 오피스텔(또는 원룸이나 소형 평수의 아파트)에 투자를 고려할 경우 **도심 역세권지역이나 대학가를 중심으로 틈새 물건을 살피면** 의외의 성과를 얻을 수 있다.

■ 명품상가

상가 건물 투자는 임대수익률과 자기자본수익률을 극대화할 수 있는 상품에 집중해야 한다. 그런 점에서 **서울 강남권 및 지금 한창 뜨고 있는 지역의 중소형 상가는 여전히 투자 가치가 높은 상품**이다.

경기침체에도 불구하고 품귀 현상을 빚고 있는 것이 이를 증명한다. 투자를 고려한다면 철저한 상권 분석을 통해 지역적, 수요적으로 특화된 상가를 선별하는 노력이 필요하다.

■ 개발 호재지역 토지

토지 투자를 고려한다면 **개발 호재가 있는 지역에 집중할 필요**가 있다. 최소 3~5년의 기간적 여유를 두고 착공을 눈앞에 둔 개발지역을 발품을 팔아 찾는다면 그만큼 높은 투자 수익을 올릴 수 있다.

이 경우 한 곳에 금액을 다 몰아서 투자하지 말고 5천~1억 원씩 나누어 분산 투자하는 것이 좋다. 이때 **개발 호재에 따라 예상 투자 기간을 3년, 5년, 7년으로 나눠 투자**하는 것이 효과적이다.

부동산 가치 투자의 핵심은 '땅'

땅의 수익률은 아파트와는 차원이 다르다

이른바 착시 현상이란 것이 있다. 평소에 익숙해져 있는 것이 더 크고 더 근사하게 보이는 현상도 그중 하나다. 우리가 살고 있는 아파트값이 그중 하나일 것이다.

아파트값 등락이 일상생활의 이슈가 된 지 오래다. 신문에서도 연일 이를 중요한 기사로 다루고 있다. 그래서 아파트값이 조금이라도 오르면 더 오르기 전에 빨리 아파트를 갈아타야 하는 것은 아닌가 하면서 조바심 나는 것이 도시민이 처한 엄연한 현실이다. 그만큼 아파트값 상승은 재테크의 가장 큰 기대요, 바람이 된 지 오래다.

아파트는 절대 땅값 상승률을 따라잡을 수 없다

그렇다면 과연 아파트가 재테크 수단으로 가장 뛰어난 것일까? 투자 대비 최고 수익을 올리고 있는 것이 사실일까? 다음의 두 가지 실례를 들어보자.

사례 1

• A씨는 외환위기 직후인 1998년 경기도 용인시 상현동에 있는 논 300평

을 평당 15만 원에 구입했다. 현재 이 땅 인근은 도시계획에 편입되어 아파트가 들어섰는데, 주변 시세는 평당 1천만 원을 가볍게 뛰어넘었다. 20년 동안 땅값은 60배 이상 올랐는데, 1년 평균 6배 넘게 오른 셈이다.

•같은 시기에 서울 강남구 대치동에 있는 E아파트 32평을 2억 6천만 원에 매입한 B씨의 경우는 어떠한가. 현재 강남에서 가장 핫한 재건축단지인 이 아파트의 시세는 17억 원 전후로, 결과적으로 보면 처음 투자 대비 약 6배 이상의 수익을 올린 셈이다. 이 역시 매우 높은 수치지만, 전자의 경우에 비해서는 5분의 1밖에 안 된다.

이제 관점을 바꿔 장기적인 측면에서의 땅과 아파트의 투자수익률을 비교해보자. 서울 강남의 최고 노른자 지역을 대상으로 사례를 비교하면 다음과 같다.

사례 2

•먼저, 서울 강남의 테헤란로 주변 땅값은 현재 평당 2~3억 원을 호가한다. 하지만 강남 개발이 진행될 무렵인 1970년대에는 평당 약 4만 원에 불과했다. 약 50년이 지난 지금, 그때에 비해 무려 약 6,000배 이상의 가격 상승을 가져왔다.

•1970년대 후반 강남 최고급 아파트인 압구정동 현대아파트의 분양가는 평당 44만 원 정도였다. 현재 이 아파트는 평당 6천만 원 내외로 분양 당시에 비해 약 130배 정도 증가했다. 이 역시 가격이 엄청나게 올랐지만, 그래도 전자의 땅값 상승폭의 1/40 수준으로 비교가 되지 않는다.

위 사례에서 확인할 수 있듯이, 땅값 상승률과 아파트값 상승률은 비교되지 않는다. 물론 땅 투자는 환금성이 떨어지기 때문에 장기적인 관점에서 접근해야 한다는 점, 게다가 아파트가 생활공간으로써 갖는 눈에 드러나지 않는 이득으로 인해 이 둘을 비교하는 것은 다소 무리다.

부동산 투자의 패러다임을 바꿔라

그럼에도 불구하고, 부동산 투자 패러다임은 이미 바뀐 지 오래다. 최근 2~3년 동안의 부동산 가격 상승에도 불구하고, 2000년대 초중반에 나타났던 아파트 가격 급등과 이어진 10년 동안의 장기 침체에 따른 가격 하락을 감안하면, 그 10년 사이의 아파트값 상승 폭은 생각만큼 높지 않다. 오히려 앞으로의 아파트값 대세 하락이 우려되는 상황이다. 이런 이유로, 아파트는 가격이 이미 오를 대로 다 올라 더 이상의 투자 수익을 기대하기 어렵다. 최근의 강남발 재건축 아파트값 상승은 그동안 정부의 규제 완화에 편승한 것으로, 이 역시 시간이 흐르면서 정부의 강력한 규제와 함께 다시 하락세로 돌아설 가능성이 높다. 벌써 그런 조짐이 나타나고 있다. 아파트는 투자재로서의 매력을 이미 상실한 지 오래다.

이런 이유로, 단순히 가격이 오를 거라는 기대 심리로 아파트나 상가를 매입하려 든다면, 이는 어리석은 투자 행위가 될 수 있다. "집값은 폭락한다, 그렇지 않을 것이다"라고 말하면서 여전히 갑론을박하고 있는 현실의 상황에서는 더 그렇다. 게다가 장기적인 관점에서 볼 때 인구 감소는 필연적이어서, 앞으로의 주택(아파트) 투자는 많은 제한을 받을 수밖에 없다.

향후 예상되는 고령화 시대의 도래와 베이비붐 세대의 은퇴 시기와 맞물려 있는 현실에 비춰 생각하면 더 그렇다. 우리나라 가계 자산에서 80%에 달하는 부동산 자산 비중은 갈수록 감소할 것이고, 그 결과 부동산 투자 자산은 상당 부분 주식, 펀드 등의 금융 시장으로 이동할 것으로 보인다. 바야

흐로 투자의 포트폴리오를 바꿔야 할 선환섬에 서 있는 것이다.

그렇다고 부동산에 투자하지 말라는 얘기가 아니다. 부동산은 여전히 매력적인 투자 자산이자 안전 자산임에 틀림없다. 따라서 내재가치, 즉 **미래의 기대 수익이 큰 부동산을 찾아 그것에 집중**할 필요가 있다. 즉, 부동산 자산의 투자 비중은 낮추되, 그 질은 높여야 한다. 이것이 기대 수익이 높은 똑똑한 땅을 찾아 투자해야 하는 이유이다.

거듭 강조하려는 것은, 실제 땅값 상승률과 아파트값 상승률은 비교가 되지 않는다는 사실이다. 하지만 이미 주택보급률은 포화 상태에 이르렀고, 집값의 내재가치 또한 한계치에 이른 현 상황에서, 아직도 아파트를 가장 큰 재테크 수단으로 생각하는 것은 일종의 착시 현상에 불과하다.

이것 하나는 확실하다. 평당 5천만 원짜리 아파트가 1억 원으로 오르기는 쉽지 않다. 설령 오른다손 치더라도 그래봤자 고작 2배의 가격 상승밖에 기대할 수 없다. 하지만 땅은 다르다. 적게는 수배에서 많게는 수십 배까지 오르는 것이 바로 땅이다.

경기가 갈수록 침체되고, 아파트값이 이미 상당히 오른 현실에서 땅 투자처럼 장기적인 관점에서의 안정적인 투자는 없다. 이제 보다 현실적인 안목으로 부동산 투자에 임할 시점이다. 그러기 위해서는 종목 선택에 보다 신중을 기하는 자세와 지혜가 요구된다.

땅값이 오를 수밖에 없는 이유

땅값이 오를 수밖에 없는 이유 세 가지

우리나라의 땅값은 오를 수밖에 없다. 이는 다음 이유에서다.

첫째, 무엇보다 **국토가 좁을 뿐 아니라, 이용 가능한 평지가 적다.** 도시용지나 산업용지 등 개발용 토지의 수요에 비해 공급이 달리기 때문에, 중장기적으로 땅값은 오를 수밖에 없다.

이런 이유로, 개발자는 토지의 집약과 이용도를 높이려 들 수밖에 없는데, 이는 땅의 용도 변경과 토지 이용규제 완화를 통해 이뤄진다. 그렇게 하여 토지거래 허가구역에서 해제되거나, 산지·농지 이용규제가 완화되거나, 군사보호구역이나 그린벨트에서 해제되거나, 연접개발 제한규정이 폐지되는 등으로, 해묵은 이용규제가 풀리면서 땅값은 오르게 된다. 특히 대규모 토지가 개발사업으로 인해 일시에 용도 변경되는 지역, 다시 말해 개발 호재가 있는 지역 안의 땅값은 큰 폭으로 오른다.

둘째, **막대한 토지 보상금이 인근지역 땅값을 끌어올린다.** 전국 곳곳에서 대규모 도시개발사업이 일어나면서 일시에 뭉칫돈으로 쏟아져 나온 토지 보상금은 상당 부분 주변 부동산 시장으로 다시 유입되는데, 이것이 인근지역 땅값을 크게 끌어올린다. 대략 토지 보상금의 40% 정도가 대토 구입 등으로 토지 시장에 재투자되며, 이로 인해 주변 땅값은 큰 폭으로 오른다.

특히 지난 대통령 탄핵 정국으로 인해 그동안 보류 또는 지연되었던 전국의 각종 개발사업이 재개되면서 풀린 무려 16조 원에 달하는 토지 보상금은 개발 호재지역을 중심으로 토지 가격을 올리는 촉매제 역할을 톡톡히 할 것으로 보인다. 토지 보상금은 통상 부동산 시장, 특히 땅으로 다시 유입되는 경우가 많아, 대토가 가능한 개발 사업지구 및 개발 수요가 많은 지역 안의 토지 가격이 크게 오를 것으로 보인다.

셋째, **잠재적 투기 수요가 땅값을 끌어 올린다.** 투자자들의 머릿속에는 '토지불패'라는 고정관념이 깊게 각인되어 있는데, 이는 쉽사리 지워지지 않는다. 당연히 땅값은 인화성이 높다. 비록 경기가 나빠 숨을 죽이고 있더라도 경기가 좋아지면 언제든지 다시 불이 붙는다.

그렇다고 모든 땅값이 다 오르는 것은 아니다. 오를 곳만 오른다. 땅값이 크게 오르는 지역은 한정된다. 개발 호재가 있는 지역 안의 땅이 그것인데, 개발에 따른 시간의 흐름과 함께 그 가치, 다시 말해 땅값도 덩달아 뛰기 시작한다. 그동안 우리나라는 신도시개발, 산업단지건설과 같은 대규모 도시계획 사업과 각종 정부개발 사업이 쉴 새 없이 진행됐으며, 그렇게 해서 개발지역 안의 땅은 끊임없이 용도 변경됐다. 그리고 그때마다 땅값은 어김없이 큰 폭으로 올랐다.

그렇더라도 이런 개발 호재지역 안의 땅 투자는 어디까지나 장기 투자의 관점에서 접근해야 한다. 토지 재화는 짧게는 3~5년, 길게는 7~10년 이상 묶어두어야 하는 장기 투자 상품이다. 그만큼 오랜 기간에 걸쳐 개발이 추진되기 때문으로, 몇 차례의 사업추진 단계를 밟아가며 땅값은 그때그때 크게 오른다.

따라서 어디까지나 **장기적인 관점에서 부동산에 투자하는 것**이 중요하다. 개발 압력이 높은 땅일수록 시간에 비례하여 투자 수익은 당연히 높아진다. 이 경우 한꺼번에 목돈을 들여 한곳에 집중 투자하기보다는 **투자 기간별로 포트폴리오를 짜서 여러 군데에 분산 투자하는 것**이 훨씬 더 효과적이다. 예를 들어 개발 호재지역을 여러 군데로 나누어 발표단계, 착공 전단계, 완공 직전단계 등으로 나누어 분산 투자하는 것이 그것이다.

이는 중요한 의미를 갖는다. 즉, 땅에 투자하려면 한꺼번에 많은 돈이 필요할 것이라는 생각은 단순한 고정관념에 지나지 않는다. 땅 투자, 특히 개발 호재가 있는 지역 안의 땅이야말로 작게는 수천만 원으로도 투자할 수 있는 최적의 상품이다. 어차피 나중에 집을 짓고 살 일도 아니고 단순히 투자 목적으로 산 것이니만큼 꼭 필지별로 땅을 살 필요가 없기 때문이다. 원하는 지분만큼만 투자해도 괜찮으며, 친구 또는 지인들과 공동 투자하는 것 또한 나쁘지 않은 방법이다.

왜, 지금이 땅 투자 적기인가

우리나라의 재테크, 즉 그동안의 자산 축적 과정에서 부동산이 차지하는 비중은 매우 높았고 또 앞으로도 그럴 것이다. 그렇더라도 자산 시장에서 부동산이 차지하는 비중은 계속 낮아질 것이다. 무엇보다 자산 시장의 구조적 변동이 일어나고 있기 때문이다. 이는 아파트를 중심으로 한 국내 주택 시장이 이미 포화 상태에 접어들었고, 게다가 상당 부분 고평가되어 있다는 사실에서 비롯된 결과다. 그와 더불어 인구는 계속해서 줄고 있어, 주택 가격은 자연 하향안정세를 유지할 수밖에 없다.

침체기를 벗어나면서 개발사업에 봇물이 터졌다

하지만 땅 투자는 예외가 될 수 있는데, 이를 반영하듯 한동안의 침체기에도 땅값의 하락 폭은 크지 않았으며 오히려 상승한 곳도 많다. 특히 정부에서 대규모로 개발하는 도시계획 사업과 관련한 지역 안의 땅값은 개발과 함께 급등한다. 이른바 장래의 높은 기대수익을 실현할 수 있기 때문이다. 이런 이유로, 부동산 재테크로써의 땅 투자를 다시 눈여겨봐야 하는 이유는 많다. 특히 다음 이유 때문이다.

첫째, **아파트는 더 이상 뛰어난 재테크 수단이 될 수 없다.** 주택 보급률이 이미 100%를 넘어섰다는 사실은 이를 강력히 뒷받침한다. 특히 2000년대 후반 이후부터 아파트값은 현저히 꺾이고 있는 추세이다. 인구가 줄어들면 결국 주택 수요는 줄어들고 집값은 떨어질 수밖에 없다. 우리나라는 이미 저성장 사회로 진입했는데, 경제성장률의 하락세 역시 집값 하락을 부추기는 요소로 작용한다. 따라서 아파트값 상승이 연간 20~30%씩 올랐던 예전의 급등 시기는 이제 다시 오기 힘들다. 그만큼 아파트 자산 가치의 상승 여력은 이제 한계에 도달했다.

둘째, **땅은 장기 투자에 적합하다.** 특히 경기 회복세가 불투명하고 장기 침체기를 맞이하고 있는 시기일수록 유망 투자재로 적격이다. 땅 투자는 세금 등을 고려할 때 최소 3년 이상 묶어두어야 하는 투자재이다. 중앙정부나 지자체에서 추진하는 개발계획을 보고 투자하는 경우에는 특히 그렇다. 사업의 계획단계에서부터 발표, 착공, 완공으로 이어지기까지에는 10년 전후의 긴 기간이 소요된다. 사업 기간이 길어질수록 투자자들의 관심에서 멀어질 수 있는데, 그렇기에 개발 재료만 잘 만나면 사업의 단계 단계별로 엄청난 투자 수익을 올릴 수 있는 것이 바로 땅 투자다.

땅, 특히 개발 재료를 보고 하는 투자는 장기 투자 시에 더 많은 기대 이익을 실현할 수 있다. 경기가 언제 회복될 것인가를 걱정하며 불안해할 필요도 없다. 어차피 수년 이내에 경기는 반드시 다시 회복되는 사이클로 접어들기 마련이기 때문이다. 그리고 무엇보다 땅값은 경기 침체기에도 그 하락폭이 크지 않기에, 그만큼 리스크가 낮다. 그와 반대로 부동산 가격 상승기에 접어들면, 땅값은 집값에 비해 훨씬 더 크게 오르는 속성을 보인다. 요는, 투자의 핵심은 개발사업 등으로 용도 변경이 가능한 땅인지, 그리고 개발 재료를 통해 땅값이 오르는 지역과 그렇지 않은 지역을 어떻게 잘 살피고 정확히 판단하여 투자할 것인가 여부이지, 땅값이 경기 침체 여파로 얼마만큼 떨어질 것이냐에 대한 불안과 걱정이 아니다.

셋째, **침체기일수록 부동산 규제 완화와 함께 개발 재료가 속출한다.** 특히 경제 침체가 오래 지속될수록 정부 차원의 대규모 SOC사업은 속속 추진된다. 지난 침체기의 수년 동안 연이어 발표된 일련의 개발계획이 그것이다. 한편, 침체기를 벗어났더라도 계획했던 사업은 차질 없이 추진된다. 계획의 실현 가능성은 경제 상황과 무관하다. 그렇게 해서 도로·철도건설 및 역세권 도시개발 등 각종 개발계획이 차질 없이 추진되고 또 추진될 수밖에 없다. 따라서 경기 침체에 아랑곳하지 않고 정부정책의 방향을 잘 읽어가며 사업추진 시기별 투자 포트폴리오를 수립할 필요가 있다.

넷째, **땅 고유의 '유한성·부증성'이 그 땅에 내재된 미래 가치를 결정한다.** 그런 점에서 땅값은 희소성을 반영한다. 그리고 이는 지역별, 용도별, 입지별로 가격 차이를 더욱 크게 벌린다. 같은 주거지역이라도 서울 강남지역과 같은 입지 조건을 갖춘 곳은 오직 강남지역 한 곳뿐이다. 그래서 강남지역 땅값은 다른 지역과는 더욱 차별화되고, 그 결과가 집값 차이로 나타나는 것이다. 개발이 추진되고 있는 지역 내의 땅값 역시 마찬가지다. 개발의 추진과 함께 용도지역이 변경되고, 이는 땅값 상승의 동인(動因)으로 작용하게 된다. 그 결과 개발지역 내외 간의 땅값 차는 더욱 크게 벌어진다.

앞으로도 이런 추세는 한층 가속화될 것이다. 왜냐하면 개발이 진행될수록 용도 가치가 뛰어난 땅은 점점 더 희소성을 갖기 때문이다. 그렇더라도 제4차 국토계획 수정계획이 상당 부분 마무리되는 시점인 2020년을 기점으로 땅값은 뚜렷한 하향안정세를 나타낼 것으로 보인다. 그 시점에 이르면 상당수의 개발계획은 대부분 완공을 눈앞에 둔 것이기 때문이다. 따라서 지금부터 3~5년 기간 동안 땅값은 다시 한 번 크게 오를 것으로 보인다.

땅값 상승은 앞으로도 계속된다

앞으로도 땅값 상승은 계속될 것이다. 제4차 국토종합계획 이후 다시 시작되는 제5차 국토종합계획(2021~2040년)은 지금까지의 개발 및 성장 위주 정책에서 벗어나, 지방 도시의 인구 감소 및 이탈 현상을 막는 현실적인 대안 마련에 역점을 둘 것이다. 그에 따라 특히 지방의 도시개발 사업구역 및 역세권 개발지역을 중심으로 땅값은 앞으로도 계속 오를 것이다. 따라서 이를 염두에 두고 지금부터 유망 투자처를 물색하여 초기에 투자를 선점한다면, 기대한 만큼 이상의 투자이익을 실현할 수 있을 것이다.

이상을 통해 알 수 있듯이, 집값과 땅값은 각각의 내재가치와 미래 가치가 분명히 다르다. 그 결과 가격 등락 폭도 당연히 차이가 난다. 따라서 부동산에 투자할 때에는 이 둘을 분리하여 생각해야 한다. **불황기에도 가격 하락 폭은 적으면서도, 그 희소성으로 인한 내재가치가 높고 또 향후 개발에 따른 미래 가치가 큰 땅에 투자**하는 것이 유리한 이유가 여기 있다.

그렇더라도 주의할 것이 있다. 땅은 미래의 활용 가능한 용도별로 그 내재가치에서 엄청난 차이를 보이기 때문에, 유망한 땅을 잘 선별할 수 있어야 한다. 개발할 땅은 확실히 개발하되, 그렇지 않은 땅은 철저하게 보전하는 것이 미래의 토지 이용방향이기에, 자칫 보전 가치가 높은 땅에 투자하여 투자를 망치는 우(愚)를 범하지 않아야 한다.

땅 투자, 고정관념을 버려라

시중의 수많은 부동산 관련 서적이나 부동산 전문가의 한 마디 한 마디가 때로는 부동산 투자의 지침이 되고 진리가 된다. 그렇게 해서 일반 투자자들에게 고정관념으로 다가선다.

하지만 현실은 우리가 일반적으로 생각해왔던 그런 것들과는 다른 결과를 보일 때가 많다. 개발지역 땅 투자 시에는 특히 그렇다. 따라서 어떤 선입견이나 설부른 선지식, 잘못된 고정관념에 얽매이지 말고 이를 뛰어넘는 발상으로 땅 투자에 임한다면 예상 밖의 결과를 얻을 수 있다. 개발지역 땅 투자에 있어 우리가 놓치기 쉬운 고정관념들은 다음과 같다.

땅 투자는 목돈이 한꺼번에 많이 든다?

땅에 투자할 경우에는 최소 억 단위 이상의 돈이 필요하다는 생각을 하는 사람들이 의외로 많다. 적은 액수로는 왠지 투자하기 망설여지고, 그래서 주식이나 펀드 같은 상품에 돈을 묻어 두는 경우가 대부분이다. 하지만 이는 잘못된 생각이다.

땅 투자, 특히 개발 호재가 있는 지역의 땅이야말로 몇 천만 원 이내로 투자할 수 있는 최적의 상품이다. 어차피 집을 짓고 살 것도 아니고 단순히 투자 목적으로 산 것이니만큼 꼭 필지 단위로 땅을 살 필요는 없기 때문이다. 적게는 2~3천만 원 정도 투자해도 상관없다. 사고자 하는 지분만큼만 투자해도 괜찮다. 친구 또는 지인들과 공동 투자하는 것도 좋다. 굳이 돈이 많이 들어갈 이유는 하등 없다.

더욱이 개발지역 땅 투자는 짧게는 3~5년에서 길게는 7~10년을 묶어두어야 하는 장기 투자 상품이다. 목돈을 한꺼번에 묻어 두고 이후 유동성 부족으로 곤란을 겪다가, 값이 채 오르기도 전에 되파는 경우를 우리는 주변에서 많이 봐왔다. 그보다는 **투자 기간별로 포트폴리오를 짜서 여러 곳에 분산 투자**하는 것이 훨씬 더 효과적이다. 예를 들어 개발 호재지역을 여러 군데로 나누어 발표 단계, 착공 전 단계, 완공 전 단계 등으로 나누어 투자하는 것이 그것이다.

반드시 개별 등기가 가능한 땅을 사야 한다?

물론 땅을 매입하여 머지않은 장래에 직접 집을 지을 목적이라면 필지별로 개별 등기가 가능한 땅을 사야 한다. 하지만 개발 호재가 있는 지역 안의 땅은 개발이 이루어지면서 투자 지분에서 감보율 등을 차감한 후 이를 환지 형태로 다시 되돌려 받는 경우가 대부분이다. 아니면 개발 과정 중에 민간 건설업체에 되팔아 수익을 챙기는 경우도 많다. 어찌 됐든 그 과정에서 많은 투자 수익을 얻게 된다.

만일 사고자 하는 땅이 한 필지 전체라면 이야 몰라도, 구입하려는 필지를 여러 사람이 지분만큼씩 구입하는 경우에는 전원의 동의를 얻어야 한다. 하지만 지주 전원의 동의를 얻기란 그리 쉬운 일이 아니다. 개발 이익을 노리고 투자하는 땅을 이렇듯 갖은 노력을 들여가며 분할 등기할 필요가 있을까?

개발지역 땅 투자는 어차피 개발이 이루어지면 이를 다시 되팔 작정으로 땅을 산 것이기 때문에 지분 등기는 크게 문제가 되지 않는다. 그보다는 **땅을 사려는 당초 목적을 보다 확실히 하는 것**이 더 중요하다. 직접 주택·상가를 짓는 등으로 개발할 것인가, 아니면 단순히 투자 수익을 목적으로 땅을 매입할 것인가 여부가 그것이다. 왜냐하면 이에 따라 개별 등기를 하거나, 아니면 지분 등기만 해놓거나를 결정하면 그만이기 때문이다.

1~2년 안에 두 배로 되팔아준다고?

결론적으로 말해 땅 투자는 1~2년 단기 투자로는 기대한 만큼의 수익을 올리기 힘든 장기 투자 상품이다. 땅을 단기 투자하게 되면(즉, 빨리 되팔면) 취득·처분에 따른 각종 세금 부담으로 오히려 손해를 보는 경우가 더 많다. "지금 사두면 1~2년 내에 몇 배 오른다, 만약 그렇지 않을 경우 그때 가서 이를 다시 되팔아주겠다"라면서 권유하는 부동산 업자의 꼬임에 속아 덜컥 일을 내고 마는 순진한 투자자가 의외로 많다.

땅은, 특히 개발 호재를 보고 매입하는 땅은 **최소한 4~5년 이상을 묻어둘 각오로 투자에 임해야** 한다. 현명한 투자자라면, 이 점을 반드시 염두에 두고 땅에 돈을 묻어야 한다. 개발사업은 장기간에 걸쳐 이루어진다는 사실을 반드시 유념해야 한다.

반듯한 모양의 땅이 최고다?

물론 보기에도 좋고 모양도 좋은 정사각형 땅이 그만큼 투자 가치가 높은 땅이다. 집을 짓거나 상가를 올릴 경우 그만큼 활용 폭이 크기 때문이다. 하지만 개발이 예정되어 있는 지역 안의 땅은 이와는 별 관계없다. 그보다는 개발 중심지에서 얼마만큼 가까운지가 관건이 된다. 개발 중심지에서 가까울수록 그만큼 땅값이 높아질 것은 분명하다.

이와는 상반된 개념의 이른바 '자투리땅'에 대해 알아보자. 이는 경지정리를 하거나 또는 개발한 이후에 예전의 쓸모 있던 땅으로부터 물리적인 이유로 동떨어져 나가 쓸모없게 된 부분을 말한다. 이 자투리땅도 엄연히 한 필지로 등록되어 있는 땅이다. 따라서 이 땅 역시 개발되거나 수용될 경우에는 주변 땅값과 같은 시세로 보상받거나 되팔린다.

이 자투리땅으로 짭짤한 수익을 본 주변 사례를 소개하면 이렇다. 부동산 중개업을 하는 A씨는 2007년 말 경강선 이천 부발신역사가 들어서는 아미리 농지 한가운데 있는 자투리땅 75평을 당시 주변 시세의 절반 가격도 안 되는 평당 45만 원에 매입했다. 이 땅은 논과 논 사이에 있는 움푹 팬 습지 지역에 있는 기다랗고 못생긴 형태의 땅이었다. 누가 봐도 아무짝에도 쓸모없는 그런 땅으로밖에는 달리 보이지 않았다. 하지만 A씨는 이를 이른바 주운 땅이라며 한동안 연신 싱글벙글하면서 다녔다. 이 땅은 이후 역세권 도시개발계획과 맞물려 개발이 이루어지면서 수용·사용되는 지역 안의 땅과 같은 시세로 책정됐는데, 그 시세 차익은 같은 시기에 매입했던 이웃한 주변 지역 땅에 비해 정확히 두 배였다.

개발지역 안에 저평가된 자투리땅이 있다면 이곳에의 투자를 적극 고려하자. 개발지역 안의 땅은 어차피 개발과 함께 갈아엎어진다. 그것이 구불구불 지렁이 모양을 하고 있든, 푹 꺼져 있든 상관없다. 그보다는 **앞으로의 개발과 함께 어떤 용도지역에 편입될 것인가가** 더 중요하다.

계획 관리지역이 될 땅을 잡아야 한다?

대규모 개발이 진행되는 땅은 대부분 농지·임야로 이루어져 있다. 농림지역 안의 농지나 산지일 수도 있고, 관리지역 안의 그것일 수도 있다. 물론 농림지역보다는 관리지역 안에 있는 땅이 훨씬 더 가치가 높은 것이 일반적이다.

예를 들어 개발 지역 밖에 있는 관리지역 안의 농지·임야의 경우에는 그것이 생산관리지역이냐, 보전관리지역이냐, 또는 계획 관리지역 안에 있는 땅이냐에 따라 집을 지을 때 건축물의 종류, 건폐율, 용적률 등에서 차이가 난다. 그 때문에 계획 관리지역 안의 땅을 매입해야 부동산 가치는 더 높다.

하지만 대규모 개발 용지로 지정된 땅은 용도지역에 크게 좌우되지 않는다. 용도지역과 관계없이 개발하려는 지역에 속한 땅이냐, 아니냐가 더 중요하다. 개발과 함께 용도지역이 모두 도시지역으로 바뀌기 때문이다. 개발 호재를 보고 투자하는 땅은 그 땅이 계획 관리지역 안의 땅이든, 농림지역 안에 있는 땅이든 관계없다. 오직 **새로 매입할 땅이 개발계획에 포함될 것인지** 여부만이 중요하다.

땅 투자, 뛰어난 정보 선점 능력에 달렸다

신문·잡지에 종종 소개되는 부자들의 재테크 능력은 우리가 생각하는 것 이상이다. 부자들은 어떤 능력을 갖고 있기에 재테크에 발군의 능력을 발휘하는 것일까? 이를 부동산에 국한해서 생각해보자.

부자들의 정보 수집 능력은 남다르다

그 해답은 바로 그들의 **뛰어난 정보 선점 능력에서** 찾을 수 있다. 이는 그들이 상호 관계 맺고 있는 인적·물적 네트워크에 의해서 구축된다. 주변의 지인들과 서로 교류하는 과정에서 얻은 정보를 분석하고 활용하는 능력은 여타 일반인들보다 훨씬 탁월하며, 주변의 정보를 잘 활용하여 뛰어난 재테크 능력을 발휘한다. 그들이 수집하는 정보는 무엇보다 확실하고 또 정확한데, 그렇게 해서 그들은 정부의 각종 부동산 개발 정보를 누구보다 빨리 접할 수 있는 위치를 점한다. 확실한 개발 정보를 남들보다 한발 앞서 취득하고, 이를 재테크로 활용하는 기술, 이것이 바로 부자들의 재테크 노하우다.

알다시피 부동산, 특히 땅은 그 용도와 입지에 따라 가격이 크게 차이가 난다. 예를 들어보자. 경강선 전철 복선화사업 추진의 일환으로 광주역이 신설되었는데, 이 광주 역세권을 중심으로 하여 주변 땅값 시세를 한번 따져보자. 광주역과 바로 인접한 곳은 상업용지 예정지가 된다. 이곳은 현재 평당 2~3천만 원을 호가한다. 그리고 역이 들어설 곳을 중심으로 반경 1~2Km 이내의 지역은 도시계획에 의한 주거지역, 즉 아파트가 들어설 예정 지역으로 편입된다. 이곳 역시 평당 5백만 원 이상을 호가한다. 하지만 이 도시계획 예정구역을 벗어나면 가격은 형편없이 떨어진다. 개발이 완료된 이후에도 땅값이 대폭 상승할 여력은 그만큼 낮다. 향후 용도변경이 일어나는 지역과 그렇지 않은 지역과의 땅값 차이는 크다. 이를 잘 선별해 낼 수 있는지 여부가 개발 호재지역 땅 투자의 핵심 포인트다.

사례를 통해 알 수 있듯이, 부동산 투자, 특히 땅 투자는 향후 개발이 확실한 지역, 그리고 그 지역 중에서 상업지역, 주거지역 등 도시계획으로의 편입이 기대되는 지역 안의 땅을 구입해야 높은 투자수익률을 올릴 수 있다. 결과적으로 부자들은 개발예정지 안의 알짜배기 노른자위 땅이 어디인지를 정확히 알고 투자했던 것이다.

일반 투자자들도 고급 개발 정보를 얻을 수 있다

그렇다면 우리 같은 일반 투자자들은 이러한 고급 개발 정보를 얻을 수 없을까? 물론 쉽지는 않겠지만, 그렇더라도 방법은 있다.

우선은, **신문에 나오는 부동산 개발과 관련한 기사를 정확히 분석할 줄 아는** 능력이 필요하다. 하지만 이는 주의를 요한다. 왜냐하면 확실하지도 않은 기사를 그대로 믿어 투자할 경우, 자칫 일을 그르칠 수 있기 때문이다. 그저 분위기에 휩쓸려 '묻지마'식으로 투자할 경우, 경우에 따라서는 낭패 볼 소지가 다분하다.

부동산 개발 정보를 정확히 분석했다 하더라도 어디가 상업용지 예정지이고, 어디가 주거지역으로 편입될 예정지역인지를 파악하는 것은 일반 투자자에게는 여간 쉽지 않은 일이다. 결국은 소문으로, 또는 기사화되어 떠돌던 개발 정보가 구체적으로 확정되는 시점이 바로 적정 투자 시점이 되는데, 이때 일반 투자자라면 신문 기사보다는 국토교통부, 지자체 등 정부기관 홈페이지에 접촉하여 확정·고시된 내용을 직접 확인하는 등으로, 많은 노력을 기울여야 한다.

다음으로 생각할 것이 구체적으로 어느 지역에 투자할 것인가 하는 것으로, 이는 무척 어려운 작업이다. 일반 투자자의 능력 이상의 것이 요구된다. 이 경우에도 그저 해당 지역 부동산업자의 개인 사견을 그대로 믿고 받아들이는 것은 위험하다. **직접 현장을 방문해서 하나하나 꼼꼼히 살펴보는** 과정이 필요하다. 경우에 따라서는 보다 체계적인 정보 수집 능력을 갖춘 부동산 컨설팅회사의 도움을 받는 것도 올바른 투자를 위한 방법의 하나이다.

땅 투자 시의 고려 사항

땅에 투자할 때 일반 투자자들이 고려해야 할 사항은 무척 많다. 특히 다음을 염두에 두고 투자에 만전을 기한다면, 기대한 만큼 이상의 수익을 올릴 수 있을 것이다.

포트폴리오

부동산, 특히 땅은 구입에서 팔 때까지 최소 3년 이상의 기간이 드는 장기 투자 상품으로 그만큼 환금성이 떨어지는 투자재이다. 그러므로 남의 돈을 빌려 투자하는 것은 금물이다. **여유 자금을 갖고 장기적인 관점에서 투자해야** 한다.

투자 금액 역시 한꺼번에 많은 금액을 투자하기보다는 나눠서 투자하는 것이 바람직하다. 이런저런 사정으로 급히 되팔 경우 자칫 땅이 안 팔려 낭패를 볼 수 있기 때문이다. 이런 이유로 급매로 싼 가격에 매물이 나오는 경우를 우리는 종종 보게 된다. 3년, 5년, 10년의 단기, 중기, 장기 투자로 구분하여 분산 투자하는 것이 좋다.

투자 금액이 적더라도 그다지 문제가 되지 않는다. 개발 호재가 좋은 지역의 땅은 지분 투자나 공동 투자로도 많은 투자 수익을 올릴 수 있기 때문이다. 주식, 예금과 함께 가계의 재테크 포트폴리오를 잘 짜서 투자하는 지혜가 요구된다.

인구

개발 호재가 뛰어나더라도 인구가 감소되는 지역은 그만큼 투자에 신중해야 한다. 땅값이 오를 가능성이 그만큼 낮기 때문이다. 반대로 인구 유입이 급격하게 이루어지는 지역은 개발 호재가 다소 떨어진다 하더라도 **시간이 흐르면서 인근지역으로 파급되는 이른바 풍선 효과가 매우 뛰어난** 곳이다. 따라서 이 지역에 우선해서 투자해야 한다.

그런 점에서 볼 때, 제2경부고속도로 예정지역이 통과하고 황해경제자유구역의 중심이 되는 수원, 평택, 아산, 천안, 군산 등 수도권 서남부지역과 경인운하, 인천경제자유구역 등 중첩된 개발 호재를 지닌 인천, 강화, 파주, 김포, 시흥 등 수도권 서북부지역은 인구가 계속해서 증가할 것이어서 여전히, 앞으로도 매력적인 투자처다.

입지

입지의 중요성은 아무리 강조해도 지나치지 않다. 제아무리 용도지역·지구·구역이 좋다고 하더라도 입지가 나쁘면 그만큼 투자 가치는 떨어진다. 수도권 인근지역의 한계농지가 좋은 사례이다. 도시지역 인근 한계농지는 비록 보기에도 좋지 않고 또 농사짓기에도 불편한 땅이지만, 수도권과의 접근성, 즉 입지 여건이 뛰어나기 때문에 개발과 함께 땅값이 오를 가능성이 매우 높은 최고의 투자 유망지역이다.

이들 지역은 시간의 흐름과 함께 아파트 등 주거지역으로 바뀔 가능성이 높다. 그만큼 투자 가치는 높아진다. 반면, 아무리 입지가 좋아도 쓰레기 소각장 등 혐오시설이 주변에 있는 지역은 부동산 가격 상승의 가장 큰 적이다. 이런 곳의 투자는 금물이다.

세금

2007년 폐지됐던 비업무용 토지 60% 양도세 중과 규정이 다시 부활됐다. 2년 이상 보유자의 경우, 60%의 중과 세율 대신에 6~42%의 기본 세율에 10%p를 가산하는 세율은 2015년 이후부터 적용되고 있다. (비사업용 토지에 대한 장기보유특별공제는 계속 적용된다.) 비업무용 토지라 함은 부재지주 농지·임야·나대지·잡종지 등을 양도세 중과규정은 보유기간이 아무리 길더라도 낮은 세율을 적용받지 못하고 정해진 세율이 그대로 적용된다.

땅을 구입한 후 이를 다시 2년 안에 되팔 경우의 세율은 종전 그대로다. 1년 미만 보유 시 양도 차익의 50%, 1년 이상~2년 미만 보유 시 40%의 높은 양도세가 부과된다. 따라서 가급적 **2년 이상 보유한 후에 이를 되파는 것이 높은 세금을 피하는** 방법으로, 양도소득세를 줄이는데 특히 노력해야 한다. 양도세 부담을 여하히 줄이느냐에 따라 수익은 그만큼 크게 차이가 나기 때문이다.

여기서 알고 있어야 할 것이 있다. **농지의 대토나 8년 이상 경작한 농지에 대해서는 조건 및 기간에 따라 최대 100%가 양도세 감면 혜택이 주어진다.** 따라서 개발사업 초기 단계에서부터 장기 투자를 염두에 두고 땅에 돈을 묻어둘 경우, 이후 세월이 흘러 개발사업이 완료되는 시점에서 엄청난 투자 수익을 실현할 수 있을 것이다.

하자 유무

땅을 매입하기로 결정했다면 이제부터는 **하자 유무를 꼼꼼히 따져야** 한다. 권리관계, 건축허가 유무 및 건축물 용도의 적합성 여부, 추가 비용 가능성 등등을 꼼꼼히 따져야 한다. 땅의 가치를 떨어뜨리는 혐오시설이 주변에 있는지 여부도 세밀히 살펴야 한다. 실제 하자유무, 권리관계 등을 허술히 다뤄 낭패를 보는 경우가 의외로 많다. 땅 매입과 관련한 모든 것들을 꼼꼼하게 챙기고, 필요하면 전문가에 의뢰하는 것도 좋은 방법이다.

추가 상승 여력

의외로 많은 투자자들이 이를 간과하고 투자에 임하는 것 같다. 그저 주변 사람들의 말만 믿고 선뜻 투자에 임하는 경우가 많다. 현지 시세가 이미 추가 상승 여력을 온전히 반영된 경우라면 이후 땅값 상승 여력은 그만큼 떨어진다. 이를 KTX 광명 역세권 주변 토지를 예로 들어 설명하면 다음과 같다. 다음은 2014년 12월 〈아시아 경제〉 기사의 일부이다.

KTX 광명역 주상복합용지에 건설사들이 경쟁적으로 뛰어들면서 최근 분양을 마친 인근 택지에 비해 값이 1.6배가량 치솟은 것으로 나타났다. 올해 잇따른 청약 흥행으로 인기가 높아진 게 이유인데 경쟁이 치열해져 용지 낙찰가가 치솟으면서 분양가 인상도 불가피할 전망이다. 11일 한국토지주택공사(LH) 등에 따르면 광명역세권 주상복합용지 3블록이 내정가격(1,280억 원)보다 700억 원가량 비싸게 팔려나갔다. 지난 8일 진행된 입찰 결과 '광명역 파크 자이' 시행사인 화이트코리아가 가장 높은 가격인 1,912억 원을 써내 낙찰 받았다. 낙찰가율은 149%이며 3.3㎡당 가격은 1,650만 원이다.

물론 광명 역세권은 수많은 개발 호재로 땅값이 그칠 줄 모르고 나날이 상승하고 있는 중이지만, 그렇더라도 역사 주변의 노른자위 땅들, 다시 말해 도시개발과 함께 주거지역으로 바뀌게 될 지역의 상당수는 이미 LH공사가 매입을 완료한(토지가 수용된) 상태다. 역에서 조금 떨어진 지역으로 앞으로 도시개발이 진행될 예정지역 역시 대형건설사가 이미 선점한 상태로, 이 지역은 시세가 거의 반영되어 이미 오를 대로 올랐다. 따라서 앞으로의 이 지역 땅값의 추가 상승 여력을 미루어 짐작할 수 있을 것이다.

아무리 보기 좋고 마음에 드는 땅이라도, 아무리 좋은 입지 조건을 갖춘 땅이더라도 **이미 땅값이 그 시세를 상당 부분 반영한 것이라면 한번쯤은 투자를 다시 생각할** 필요가 있다. 좋은 땅은 아직, 앞으로도 많다.

땅의 가치를 높이는 지역과 투자 포인트

땅은 여러 조건에 따라 그 가치를 달리한다. 그렇더라도 용도지역이 상향 변경되거나, 개발이 이뤄지면서 입지 여건이 크게 호전되는 경우에 땅값은 가장 크게 요동친다. 땅의 가치를 높이는 구체적인 지역과 투자 포인트는 다음과 같다.

입지 여건이 뛰어난 지역

앞서 강조했듯이, 입지는 부동산 투자의 성패를 결정짓는 가장 중요한 요인이다. 부동산이라는 것은 결국 입지 싸움으로, 얼마나 좋은 지역에 위치하느냐에 따라 향후 부동산 가치는 결정된다. 때문에 입지 분석은 철저하고 꼼꼼하게 이루어져야 한다. 그러면 유망한 입지란 어떤 곳일까?

우선 **앞으로의 개발 여지가 많아 투자 수요가 크게 늘어날 것으로 예상되는** 지역이다. 이런 지역은 다른 지역보다 상대적으로 유리한 점이 많아 땅값 상승폭이 클 수밖에 없다. 전철역 주변이나 명문학교 인근, 학원 밀집지역과의 접근성이 좋은 지역도 그만큼 투자에 유리하다. 반면, 쓰레기 소각장이나 납골당 등 유해시설은 부동산 가격을 떨어뜨리는 최대의 적이므로 이런 곳은 투자를 적극 피해야 한다.

개발 호재가 있는 지역에 투자할 경우에는 주거지역, 상업지역 등 투자 대상의 용도 구분에 따라 필요한 입지 조건이 달라지므로, 이를 유의해야 한다. 무엇보다, 용도에 맞는 정확한 지역을 찾아내는 노력이 필요하다. 땅의 생김새나 외관을 먼저 볼게 아니라, 용도에 맞게 위치한 땅인지를 먼저 확인해야 한다.

개발 호재 인근지역

대규모의 산업단지가 들어서는 지역에서 가장 크게 수혜를 입는 지역은 어디일까? 단지에 바로 인접한 지역보다는 오히려 자동차로 10~20분 거리 이내의 근접지역이 오히려 더 많은 혜택을 받는 경우도 있다. 단지와 바로 인접한 지역은 소음, 공기 등 환경면에서 좋지 않아 사람들이 이곳을 기피하기 때문이다. 단지에 근무하는 직원이 입주할 아파트와 주변 상가 역시 단지를 중심으로 반경 5~10km 이내의 거리에 위치할 가능성이 높다. 따라서 이에 해당하는 지역이 투자처로 유망하다.

또 다른 예로, 대규모 도시개발 예정지로 지정되는 토지는 수용될 가능성이 높기 때문에, 이 지역 안의 땅보다는 **오히려 주변 지역 땅이 투자 가치가 더 높아지기도** 한다. 토지 보상금을 받은 지주들이 주변지역을 다시 사들이는 대토수요가 발생하고, 게다가 시간이 흐르면서 나타나는 개발에 따른 파급효과가 땅값 상승을 부추기기 때문이다. 따라서 이들 지역에 집중할 필요가 있다.

그러면 이러한 개발 호재는 어떻게 알 수 있을까? 국토개발 마스터플랜인 2020년까지의 '제4차 국토종합계획수정계획'과 각종 특별법으로 수립하는 '상위개발계획', 지자체별 '중·장기개발계획' 등을 살펴보면 향후 추진계획을 파악할 수 있다. 특히 지자체별로 수립되어 시행하는 '도시기본계획'과 그 하위 실행계획인 '지구단위계획'은 땅의 용도를 결정짓는 중요한 계획이므로 특별히 주목할 필요가 있다.

이러한 개발계획은 국토교통부 홈페이지나 각 지자체 홈페이지에 들어가면 확인할 수 있다. 하지만 개발계획은 개발 주체와 개발 여건, 그리고 실현 가능성에 따라 중단, 축소 또는 변경될 가능성도 있으니 철저하면서도 꼼꼼히 따져 살펴야 한다.

인구 증가가 기대되는 지역

용인, 아산, 평택, 천안, 화성, 시흥지역의 공통점은 무엇일까? 첫째, 지난 수년간의 땅값 상승폭이 가장 큰 지역이다. 둘째, 인구가 크게 늘고 있는 지역이다. 우리나라는 서울·수도권, 대전·충청권 일부 지역에서만 인구가 유입되고 있으며, 그 밖의 지역은 반대로 인구가 유출되고 있다. 인구가 감소하면 주택시장·상가시장 모두 위축될 수밖에 없다. 인구가 늘어나는 지역의 부동산을 매입하면, 특별한 개발 호재가 없어도 투자에 실패할 확률은 그만큼 낮아진다.

이처럼 인구는 땅의 가치를 평가하는 중요한 잣대이다. 예전에는 개발 재료가 있는 곳에 수요가 몰리고, 그에 따라 땅값이 들썩거렸다. 하지만 지금은 사정이 다르다. 개발 호재가 뛰어난 지역이라도 인구 유입 효과가 그다지 기대되지 않는 지역이라면, 그만큼 투자에 신중을 기해야 한다.

여기서 한 가지 생각해야 할 것이, 지역 내 인구 밀집도의 변동 가능성이다. 특히 지방도시의 경우, 생활 여건 변화로 인해 단독 주택보다는 아파트에 거주하려는 수요가 급속히 늘고 있다. 그 결과 주거지역이 새롭게 대단지로 개발되거나, 교통 중심지역을 중심으로 밀집되고 있다. **역세권을 중심으로**

도시개발사업이 속속 추진되고 있는 것도 그러한 현상 중의 하나다. 따라서 이들 지역에 주목할 필요가 있다.

규제가 풀리거나 용도 변경이 예상되는 지역

현 정부 토지정책의 핵심은 규제 완화를 통한 가용택지 및 공장용지를 확보하는데 있다. 즉, 묶을 곳은 확실히 묶고 또 풀어 개발할 곳은 확실히 풀어가며 개발하겠다는 구상이다. 이는 제4차 국토계획수정계획의 중점 추진과제 중 하나이다.

수도권 규제의 핵심은 과밀억제권역, 성장관리권역, 자연보전권역의 3대 권역제이다. 이 3권역 중 어느 곳에 포함되는지에 따라 토지 이용 제한이 다르다. 권역별로 공장, 대학, 공공기관 등 인구 집중을 유발하는 시설의 신·증설 허용 여부가 결정된다. 정부는 2020년까지 3단계에 걸쳐 순차적으로 3대 권역 규제를 완화하고, 최종적으로는 이를 폐지한다는 계획이다. 현재 거의 완료 단계지만, 그럼에도 아직도 규제 완화가 진행 중인 곳은 많다. 따라서 **향후 규제가 풀려 공장, 택지로 개발될 가능성이 높은 지역에 주목할** 필요가 있다.

아울러 수도권 신도시 형성에 크게 영향을 미치고 있는 수도권 광역교통망 체계 역시 눈여겨봐야 한다. 앞으로 개발될 택지는 **광역전철과 광역도로망 등의 기반 시설을 쉽게 이용할 수 있는 지역을 중심으로 공급될 것**이기 때문이다. 따라서 교통 여건이 크게 개선되는 평택, 이천, 여주, 안성, 양주, 포천, 동두천, 남양주, 화성, 시흥 등 수도권 외곽의 도시개발 가능성이 높은 지역을 눈여겨볼 필요가 있다. 용도 변경을 통해 개발될 가능성이 그만큼 높기 때문이다.

땅값, 정확히 파악하고, 제값 주고 사라

모름지기 현명한 투자자라면, '보기 좋은 땅, 관리지역 내의 땅, 도로 접한 땅…' 등등의 땅이 투자 가치가 높은 좋은 땅이라는 교과서적인 내용을 액면 그대로 귀담아들어서는 안 된다. 도시 생활을 접고 직접 내려가 살 작정이기에 꼭 그 땅이 필요한 경우라면 모를까, 어차피 투자 목적으로 땅에 돈을 묻어둘 요량이라면 더 그렇다. 향후 땅값 상승 여력이 뛰어나 그만큼 투자 가치가 높은 땅을 사야 당초 목적한 기대 수익을 얻을 수 있다.

제값 주고 사되, 장래 가치를 살펴라

땅에는 저마다의 가격이 매겨져 있는데, 같은 지역, 같은 조건의 땅이더라도 가격이 크게 차이 나는 경우가 많다. 더군다나 많은 사람들이 선호하는 그런 땅인 경우의 실제 매매 가격은 시세를 훨씬 뛰어넘을 수 있는데, 이때 그 땅의 적정 가격을 일반 투자자들이 어림잡기란 결코 쉽지 않다. 설령 땅을 매입하는 사람이 마음에 들어 반드시 사려고 한들 파는 사람이 자신이 책정한 가격을 고집하면 그것이 곧 거래 가격이 될 수밖에 없다. 이 경우 꼭 그 땅을 사고 싶다면, 주변 시세와 크게 차이 나지 않는 범위 내에서 계약함으로써, 뒤늦게 후회하는 일이 없도록 해야 한다.

그렇더라도 좋은 땅은 많다. 시간을 가지고 주변을 둘러보면 마음에 드는 땅을 적절한 가격으로 구입할 수 있다. 중요한 것은, **제값을 주고 사되 앞으로의 땅값 상승이 크게 기대되는 땅을 사야한다는** 것이다. 땅값이 싸다는 말을 액면 그대로 믿고 받아들이고는 앞으로의 집값 상승이 기대되지 않는 땅을 매입하여, 속된 말로 '영원한 내 땅'으로 만들어서는 안 된다. 그러려면 어떻게 해야 할까? 이는 다음 사항을 특히 염두에 두고 살피면 된다.

발품을 팔아 현지 주변 시세를 직접 눈으로 확인

일단은 사려는 부동산이 있는 현장을 방문해 직접 사람들을 만나보고, 더불어 부동산 중개업소에도 들러 가격을 물어본다. 그렇더라도 이들의 말을 액면 그대로 믿어서는 안 된다. 사람마다, 부동산 중개업소마다 말하는 가격대가 제각각으로 다르기 때문이다. 적어도 5명 정도의 사람들로부터 물어 시세를 확인하는 것이 좋다. 이때 해당 지역은 물론 **인근지역으로까지 범위를 넓혀 물어보는** 것이 좋다. 같은 지역일 경우 가격에 대해 서로 입을 맞출 가능성 또한 배제할 수 없기 때문이다.

땅 투자에 처음인 경우 다음 방법으로 시가를 확인하는 것도 한 방법

마음에 드는 물건을 골랐다면, 먼저 그 지역 중개업소에 전화를 걸어 "사려는 땅 바로 인접지역 어디에 땅이 있는데 이를 팔 것처럼 말하면서, 얼마를 받아줄 수 있는지"를 물어본다. 그리고 이어서 또 다른 인근 중개업소에 전화해서 근처 땅을 살 것처럼 하여 구입가를 물어본다. 이 과정에서 대략적인 가격을 유추할 수 있는데, 이때 **중개업소가 제시하는 가격의 평균 선**

에서 땅을 고르면 큰 손해 보지 않고 마음에 드는 땅을 구입할 수 있다.

급매물이라 하더라도 시세보다 10% 이상 싸다면 다시 한 번 확인한다

그동안의 경험에 비춰보면, 좋은 땅은 나오자마자 바로 거래가 이루어지는 경우가 많다. 때문에 너무 재다가 놓치는 경우가 비일비재하다. 이런 좋은 땅은 전문가들 몫으로 돌아갈 가능성이 높기 때문이다. 그만큼 전문가들은 땅에 대해 해박한 지식과 경험을 갖고 있다. 이들이 땅을 보는 시각은 거의 본능적이다. 시중가보다 싸게 나온 급매물의 경우에는 더욱 그렇다. 따라서 싸게 구입하려 너무 욕심을 부리기보다는, 적절한 선에서 신속히 구매를 이끌어내는 것이 바람직하다. 그러기 위해서는 가격도 중요하지만, 그에 못지않게 정확한 판단력이 요구된다.

그렇더라도 **일반 시세보다 싸게 나온 물건은 꼼꼼히 짚어볼** 필요가 있다. 하자 있는 물건일 가능성을 배제할 수 없기 때문이다. 특히 시세보다 저렴하면서도 오랫동안 팔리지 않은 물건은 더더욱 그렇다. 일반적으로 평균 시세보다 10% 이상 싼 경우 하자유무를 철저히 파악하여 자칫 이로 인한 피해를 입지 않도록 조심해야 한다.

등기부등본상의 거래 내역으로 미루어 파악한다

등기부등본을 떼어 그동안의 거래 내역을 파악하는 것도 적정 땅값을 알아볼 수 있는 좋은 방법이자 뒷받침 근거 자료가 된다. 요즘에는 현장에 직접 내려가지 않아도 인터넷으로도 많은 것들을 쉽게 확인할 수 있다. 공시지가는 물론 거래 가격도 바로 확인할 수 있다. 예를 들어, 만일 해당 물건 소지자가 최근 2~3년 이내에 부동산을 구입한 후, 이를 구입 가격보다 2배 이상의 가격으로 되팔고자 할 경우라면, 한번쯤 시가를 정확히 확인해 볼 필요가 있다. 어지간한 개발 호재가 있는 땅이 아니고는 단기간에 2배 이상으로 급등할 이유가 없기 때문이다.

개발 호재 땅은 단계별로 시세 급등을 보인다 각각의 단계별 시세를 파악한다

이른바 개발 호재 땅은 3차례에 걸쳐 땅값이 급등한다. 발표, 착공, 그리고 완공 단계가 그것이다. **각각의 직전 단계에서 땅을 사야 큰 투자 수익을 올릴 수** 있다. 각각의 단계 직후에는 땅값이 더 크게 오를 가능성을 바라보는 기대 심리로 팔려는 사람이 나타나지 않고, 당연히 거래 역시 활발하게 이루어지지 않는다. 땅을 좀 더 갖고 있으면 나중에 더 높은 가격을 받을 수 있으리라는 기대감이 한몫을 하기 때문이다. 그럼에도 불구하고 개발 호재가 뛰어난 땅일수록 많은 투자자들은 군중 심리에 이끌리게 되고, 급기야는 사업시행단계별 적정 가격을 따져보지도 않고 서둘러 땅을 매입하는 경우가 많다. 하지만 이는 옳지 않다. 그럴수록 더더욱 발품을 팔아가며 현 시가를 면밀히 조사하는 등으로 많은 노력을 기울일 필요가 있다.

개발단계별 시세가 충분히 반영된 땅이라고 판단되는 경우라면 굳이 매입을 서두를 필요 없다. 긴 개발 과정에서 투자자들이 기다림을 참지 못하고 급매물로 던지는 경우도 많기 때문이다. 오히려 그럴수록 개발의 실효성 여부를 좀 더 면밀히 파악하여, 자칫 그릇된 정보로 인한 피해를 입지 않도록 조심해야 한다.

개발 호재지역 투자 요령

땅 투자에서 가장 높은 기대수익률을 올릴 수 있는 대상이 바로 개발 가능성이 높은 곳, 다시 말해 개발 호재지역에 투자하는 것이다. 하지만 이는 고도의 판단력과 과감한 결단력을 요한다. 남보다 한발 앞선 정보 선점 능력과 가치 있는 땅을 선별하는 분석적 안목이 고수익을 담보할 수 있다. 특히 다음과 같은 투자 요령으로 접근하면 고수익을 올릴 수 있을 것이다.

여유 자금을 갖고 장기적인 안목에서 접근한다

땅 투자는 **전문지식 없으면 그만큼 위험 부담이** 따른다. 투자 금액이 큰 데다가 환금성도 떨어지기 때문에 가급적 여유 자금을 갖고, 그것도 중장기적인 안목에서 투자하는 것이 바람직하다. 특히 개발 호재를 기대하고 땅에 투자할 경우에는 발표부터 착공, 완공에 이르는 일련의 개발 과정이 적어도 5~10년 정도의 기간이 소요된다는 점을 반드시 염두에 두고 있어야 한다. 또 토지를 구입한 후 2년 이내에 되팔 경우 40~50%의 양도세가 중과될 수 있으므로, 최소 3~5년 정도의 중장기적인 계획을 갖고 투자에 임해야 한다.

개발 호재를 수시로 분석한다

개발계획이 이미 발표된 땅은 가격이 비쌀 뿐 아니라 투자 수익 또한 그리 높지 않다. 발표와 동시에 땅값 상승률이 곧바로 시세에 반영되기 때문이다. 따라서 **개발 소문이 돌기 이전에 개발 정보를 선점하기 위해** 힘을 쏟아야 한다. 개발 정보별 사업시행 시기와 개발 예정지역을 정확히 파악하려는 노력 역시 중요한데, 이를 위해서는 수시로 해당 개발계획이 구체적으로 언제 시행되고 또 어느 지역에 해당하는지를 거듭 확인해야 한다.

이는 국토교통부와 지자체 등 해당 부처나 관련 기관을 통하면 확인 가능하다. 한 예로 경기도는 이미 자체 홈페이지인 '경기넷(www.gg.go.kr)'에 도시계획과 관련된 고시문을 게시하여 정보를 제공해 왔는데, 2009년 1월부터 이에 더해 도시계획 결정도면 등을 열람할 수 있도록 개선했다. 이 밖에도 택지개발사업, 도시개발사업, 지구단위계획, 정비사업, 산업단지 등의 도시계획시설, 주택건설사업 등은 국토교통부의 토지이용규제정보서비스(luris.molit.go.kr)을 통해 열람할 수 있다. 이러한 노력이 중요한 또 다른 이유는, 어떤 이유에서든 개발계획 추진 도중에 중단되거나 축소되는 등 크고 작은 변화가 일어날 수 있기 때문이다.

적절한 매수 타이밍을 파악한다

개발 호재지역에 대한 땅 투자는 그 타이밍이 매우 중요하다. 대규모 개발예정지로 묶여 땅값이 급등하는 지역은 정부가 나서 토지 거래허가구역이나 토지 투기지역으로 지정할 가능성이 매우 높기 때문이다. 여기서 자칫 막차를 탈 경우 거래가 크게 제한받는 등으로 많은 어려움을 겪을 수 있으므로 주의해야 한다.

흔히 개발 호재지역은 발표, 착공, 완공의 3단계를 거치면서 땅값이 큰 폭으로 오른다. 전문 투자자가 아니라면 발표 이전의 소문만을 믿고 투자할 경우 자칫 낭패를 볼 수 있으므로 이를 적극 피하는 것이 좋다. 발표단계 이후에 땅을 구입하더라도 개발 재료만 확실하고 좋다면 이후 착공, 완공 단계를 거치면서 땅값이 크게 오를 가능성은 얼마든지 있기 때문에 굳이 리스크를 감수하면서까지 투자할 필요는 없다. 그렇더라도 완공 단계에서의 땅 매입은 가급적 고려하지 않는 것이 좋다. 이미 시세가 충분히 반영된 땅을 살 경우 목적한 투자 수익을 기대하기가 어렵기 때문이다. 이 역시 앞서 강조한 내용이다.

이를 경강선 이천 부발 신역사 인근지역을 예로 들어 설명하면 다음과 같다. 이 지역 일대는 부발 신역사 신설계획과 맞물려 역사 예정지 주변으로 도시계획에 의한 주거 및 상업 지역이 새로이 조성되고 있는 중이다. 신역사가 한창 조성 중이던 2010년 당시 이 지역 땅값 시세는 평당 100~150만 원 수준이었으며, 개통될 당시인 2016년 땅값은 평당 400~500만 원을 호가했다. 그랬던 것이 2018년 현재 상업지역은 약 3,000만 원, 주거지역은 600만 원을 훌쩍 뛰어넘고 있다. 현재 역사 인접 지역은 특정개발진흥지구로 지정되어 토지가 수용된 상태로, 토지수용가액은 평당 600만 원 내외다. 따라서 만약 부발 신역사가 완공될 당시인 2016년 무렵에 이곳 땅을 매입했다면, 2배의 수익률을 기대하기는커녕, 같은 기간의 아파트 평균 투자수익률보다도 낮았을 것이다.

고작 2배의 수익률을 기대하고 개발 호재지역 땅에 투자하기에는 뭔가 아쉽지 않은가? 불과 4~5년 전인 2010년 무렵만 하더라도 이곳 시세가 평당 100만 원 정도였던 점, 게다가 사업 초기인 2005년 무렵에는 평당 2~30만 원 수준인 점을 감안하면 더 그렇다. 만일 이곳에 투자를 고려했다면 개발계획 주민공청회가 열린 2004년 6월 이후의 어느 한 시점을 적정 투자 시점으로 잡아 투자했다면 어떠했을까? **땅 투자는 그만큼 매수 타이밍이 중요하다.**

인구 유입 가능성을 충분히 고려한다

택지 개발지구 등 대규모 개발 예정지구로 지정되어 개발이 보장되더라도 **인구 유입 가능성을 충분히 고려해야** 한다. 특히 지역균형발전으로 추진되는 기업도시나 혁신도시의 경우에는 더욱 그렇다. 자칫 도시가 개발만 되고 인구는 유입되지 않는다면 도시 기능은 제대로 발휘될 수 없으며, 개발지역은 그만큼 활성화되고 발전하기 어렵기 때문이다.

역세권 도시개발의 경우 역시 인구 유입 효과가 떨어질 소지가 있는지를 정확히 파악해야 한다. 대규모 인구가 유입되면 주변 땅 가격도 그만큼 올라간다. 반면, 그렇지 않을 경우 개발은 소폭에 그칠 가능성이 높다. 여주, 이천 지역 등 수도권 자연보전권역 안에 있는 역세권 개발지역이 그렇다.

따라서 이들 지역의 경우에는 처음부터 투자지역을 한정하여 접근해야 투자에 따른 위험 요소를 줄일 수 있다. 해당 지자체의 도시기본계획 상의 인구계획을 살펴보되, **새로 들어설 역사로부터 반경 1~2km 이내에 한정하여 투자하는** 것이 바람직하다.

부동산 가치 투자의 포인트-1

개발계획을 보는 눈, 읽는 법

부동산 기사를 보는 눈, 읽는 법①

경제를 보는 눈, 부동산 기사

부동산 기사를 보는 눈, 읽는 법을 길러라

개발 호재를 보고 땅에 투자하는 것은 곧 개발 정보의 가치를 보고 투자하는 것과 같다. 올바른 투자자는 자신이 알고 있는 정보의 양과 질을 평가하여 그 정보가 유용한 가치를 지닐 때에만 투자한다. 그렇기 때문에 합리적인 투자자는 그만큼 투자에 성공할 가능성이 높다. 그렇다면 유용한 정보란 어떤 정보일까?

먼저, 일반 투자자들이 부동산 정보를 얻는 가장 주된 방법의 하나는 바로 신문기사를 통해서이다. 하지만 **자칫 잘못된 기사를 믿어 투자할 경우 막대한 손실로 이어질 수** 있기에 부동산 기사를 정확히 보는 눈, 올바르게 읽는 방법은 부동산 투자에서 그만큼 중요하다.

우리나라 경제에서 부동산이 차지하는 비중과 역할이 날로 늘어남에 따라, 각 신문사 부동산데스크의 권한과 역할도 그만큼 커졌다. 그 결과 정확하고 올바른 정보를 적시에 알려야 하는 부담 또한 그만큼 커졌다. 하지만 현실은 꼭 그렇지만은 않은 것 같다. 우선, 이른바 '조중동'이라 일컫는 보수지와 한겨레신문 등의 진보지 사이의 견해차가 너무 크다.

이는 부동산 관련 기사에 있어서도 예외가 될 수 없다. 예를 들어 부동산 규제 완화를 바라보는 시각만 해도 극과 극을 달린다. 한쪽은 규제를 풀어서 빨리 경제를 살려야 한다고 주장하고, 다른 한쪽은 규제를 풀면 다시 부동산값이 폭등하여 양극화만 심화시킬 뿐이라는 주장을 되풀이한다. 이를 바라보는 독자들은 곤혹스럽고 또 혼란스러울 뿐이다.

신문에서 다루는, 이른바 전문가 내지는 고수라 불리는 애널리스트들이 쏟아내는 부동산 관련 분석과 전망 역시 혼란스럽긴 마찬가지다. 물론 이런 저런 이유로 피치 못할 경우도 있겠지만, 그렇더라도 한 달 상관으로 '부동산값이 내린다, 다시 오른다, 아니 또다시 내린다'는 식의 부동산 전망은 분명 문제 있다.

이렇듯 헷갈리는 정보로 인해 피해를 입는 이들은 이를 그대로 믿어 투자한 대다수 일반 투자자들이다. 그러나 어쩌랴. 이 같은 일들이 하루 이틀에 생겨난 것이 아닌 것을. 신문에 실린 부동산 기사는 단지 정보전달 기사일 뿐, 이를 전적으로 신뢰하지는 말자. 결국, **부동산 기사를 보는 안목과 읽는 법은 여전히 투자자 개인 몫으로** 남는다는 사실을 잊지 말자.

경제를 보는 눈, 부동산 기사

부동산 기사란 말 그대로 부동산과 관련한 기사를 말한다. 이는 아파트, 토지 등 각 부동산에 대한 시장 가격, 관심도, 관련 정책이나 세금 제도의 변화 등 모든 분야를 망라한다. 주로 '부동산 면'에 실리는데, '재건축 초과이익 환수제도' 도입 정책처럼 국내 정치·경제·사회 전반에 파급효과가 큰 소식인 경우에는 종합 1면에 실리기도 한다.

신문의 부동산 면은 최근 들어 가독성이 가장 높은 면으로 자리 잡았다. 이는 대다수의 국민들이 내 집 마련, 재테크 등을 위해 부동산 기사에 상당한 관심을 기울인다는 방증이기도 하다.

부동산 기사를 읽을 때는 대체로 지면의 면적을 크게 차지하는 기사를 먼저 읽고, 이어서 그 다음 크기의 기사 순으로 읽으면 된다. 신문은 대개 중요한 내용의 기사를 더 크게 다루기 때문이다. 그 밖에도 일주일에 한 번 '부동산 특집 섹션'을 발행하는데, 대개 지난 한 주 동안의 시장 동향을 정리·종합하고, 다가올 전망을 기술한다. 따라서 이를 꾸준히 살필 경우 부동산 시장을 파악하는데 크게 도움이 된다.

부동산 기사는 인터넷을 통해서도 읽을 수 있다. 하지만 부동산 기사에 익숙지 않은 초보자의 경우에는 기사의 중요도를 파악하는데 어려움을 겪을 수 있다. 신문은 파급효과가 큰 순서대로 지면에 기사를 배치하는 반면, 인터넷은 기사의 중요도 보다는 최신 뉴스를 더 큰 비중으로 다루기 때문이다. 신문을 읽든, 인터넷을 보든, 최소 3개월 이상 부동산 관련 기사를 읽으면서 시장과 정책의 큰 흐름을 파악하는 것이 중요하다.

부동산 기사의 유형별 특성

부동산 면도 유형별 특성이 있다. 기사의 유형을 알고 읽으면 내용의 경중을 가려가며 읽을 수 있다. 지면에 실리는 부동산 기사는 크게 스트레이트 기사, 박스 기사, 전문가 기고, 단신의 4가지로 나뉜다. 대략 이 4가지 기사의 틀이 서로 혼합, 변형되면서 기사가 만들어진다.

'스트레이트 기사'는 실시간으로 올라온 전날의 기사를 묶어 있는 그대로 전해주는 사실성 기사(뉴스, news)를 말한다. **정부정책이 어떻게 바뀌고 있는지, 시장이 어떻게 돌아가고 있는지 알기 위해 매일 매일 꼭 읽어야 하는** 기사이다.

스트레이트 기사와 함께 가장 많이 차지하는 것이 바로 '박스 기사'다. 박스 기사는 스트레이트 기사와는 달리 어떤 사실이나 현상에 대한 원인, 분석 및 향후 전망, 관련 대책 등을 전하는 기획성 기사인 경우가 많다. 기사 테두리에 네모 박스를 두른 경우가 많은데, 분석 기사와 함께 독자들의 이해를 돕기 위해 관련 그래프, 표, 사진 등이 함께 실린다. **부동산 시장을 읽는 눈과 보는 안목을 키우려면 이 박스 기사를 많이 읽어야** 한다.

'전문가 기고'는 기자가 아니라 외부 부동산 전문가가 쓰는 글이다. 부동산 분야별 담당자, 세무사, 변호사 등 전문가가 독자들이 묻는 질문에 대한 답변과 향후 시장 전망 등을 'Q&A', '칼럼' 형식으로 기고하는 글을 말한다.

'단신(短信)'은 아파트, 토지, 상가 등 분야별 매물 정보나 부동산 관련 소식 등을 짤막하게 정리해 전하는 기사이다. 관심 있는 소비자들을 위해 관련 업체의 연락처와 함께 기재된다.

기사의 정확도가 다를 수 있으니 주의할 것

부동산 기사는 크게 '정부정책'과 '시장동향'의 두 분야에서 취재가 이루어진다. 정부정책은 그 중요도에 따라 정책별로 사전에 어느 정도 윤곽이 알려지는 편이어서 사전 계획단계에서 미리 보도되는 경우가 많다. 하지만 때때로 사전에 보도된 기사와는 다른 방향으로 정부정책이 최종적으로 확정, 발표되기도 한다. 그러므로 **정부정책과 관련한 기사는 그 정확성과 시행시기에 특히 신경 쓰면서 읽어야** 한다.

이와는 달리 시장동향, 시황 등을 담당하는 기자들은 주로 일선 중개업소 및 부동산정보 제공업체 등을 대상으로 현장 분위기를 전달하는데 주력한다. 이는 담당 기자의 능력에 따라 기사의 정확도와 내용이 달라진다. 정책 기사를 담당하는 기자들이 작성한 기사는 사실과 다른 기사를 쓸 여지가 상대적으로 적은 반면, 주로 현지 중개업소 사장이나 전문 컨설턴트 등이

전하는 정보에 의존하는 시황기자가 작성한 기사의 경우에는 그렇지 않기 때문이다.

그 이유는 이렇다. 우선 정보제공자들이 인근 주민들에게 자칫 '집값 떨어뜨린다'고 욕먹는 위험을 감수하면서까지 굳이 기자에게 정확한 정보를 가르쳐 줄 이유는 별로 없기 때문이다. 특히 토지 시장의 경우에는 '알려줘 봤자 정부 단속만 심해진다'는 심리가 현지 부동산 업자들 사이에 팽배해있어, 기자가 이를 걸러내지 못하고 잘못 기사화할 경우 자칫 왜곡된 정보를 전달할 수 있다. 따라서 현지 사정에 밝은 베테랑 기자가 작성한 기사에 보다 비중을 두고 읽는 것이 바람직하다. 그만큼 기자에 따라 기사의 완성도 또한 달라질 수 있기 때문이다.

부동산 기사를 보는 눈, 읽는 법②

정책의 실효성과 시행 시기를 정확히 파악해야

정책 시행 시기를 정확히 파악하라

정부정책과 관련한 기사 내용의 파악 또한 무척 중요하다. 정부정책과 관련된 기사의 핵심은 두 가지다. '정책의 실효성'과 '시행 시기'가 그것이다. 이 두 가지 사안을 정확히 파악했는지 여부에 따라 투자자는 이익을 볼 수도 있고 손해를 볼 수도 있다. 정책의 실효성 여부를 파악하는 것은 그리 어려운 일은 아니다. 대체로 정부 당국자들의 공식적인 발표에 따르는 경우가 대부분이기 때문이다.

그러나 시행 시기를 정확히 파악하는 문제는 조금 다르다. 대체로 정부 당국자들이 공식적으로 발표하는 내용은 시행 시기가 명확한 편이지만, 정부의 발표 전이나 정책 완성 단계 이전에 작성된 기사는 당국자들의 공식적인 발언과 관계없이 담당 기자의 지레짐작으로 기사화되는 경우도 있기 때문이다. 실제 부동산 개발과 관련한 속보와, 이어지는 정부 담당자의 해명 자료가 실시간으로 올라오는 사례를 종종 접하곤 한다. 이 경우 정확한 시행 시기를 알 수 없는 경우 또한 많다. 만일 **기사 본문에서 시행 시기가 구체적으로 나오지 않았다면 '정부의 시행 의지는 있되, 그 시행 시기는 아직 불**

분명하다'고 생각하면 된다.

하지만 미리 겁먹을 건 없다. 오히려 이러한 과정을 거치면서 일반 투자자들의 관심은 그만큼 멀어진다. 이러는 동안 기사의 사실성 여부를 면밀히 살펴 틈새를 노려볼 수도 있기 때문이다. 그러면 시행 시기의 사실 여부는 어떻게 파악할까?

예를 들어 'OO지역 토지거래 허가구역 해제 내달 5일부터 시행'이라는 명확한 시행 시기가 언급된 기사는 대개 그대로 시행되는 경우가 많다. 반면 '올해부터 1가구 2주택자 양도소득세 중과세율 다시 인상'처럼 정부정책을 입법 예고하는 기사인 경우에는 국회에서 관련법이 통과해야 시행 가능해진다.

> 문재인 정부는 지난해 8.2 부동산 대책을 내놓으며 재건축 초과이익 환수제를 2018년부터 다시 시행하겠다고 밝혔다. 2월부터 법률은 시행됐고 지난 15일 서초구청은 제도가 시행된 후 첫 초과이익 환수 예정액을 산정했다. 대상은 반포현대아파트로 올 하반기 착공을 시작해 2020년에 준공을 완료하기로 예정된 재건축 단지다. (허프포스트코리아, 2018. 5)

'입법 예고'는 정부가 국회에서 관련법을 통과시키기 위해 행하는 절차 첫 단계를 말한다. 입법 예고한 후 1개월 정도 의견을 수렴한 후에는 관련 정부 부처 간 협의과정을 거치게 된다. 이후 규제개혁위원회 심의와 법제처 심사, 이어서 장차관회의를 거친 후에 비로소 국회로 넘어간다. 국회에서도 상임위, 법사위, 본회의 등 여러 단계를 거쳐야 한다. 이러한 과정을 거치는 데는 최소 3~4개월 이상 걸린다. 따라서 지금 입법 예고했다는 말은 앞으로 빨라야 3~4개월 이후에나 시행된다는 것이다.

> 앞으로는 재건축 안전진단에서 구조안전성 평가 비중이 절반까지 늘어나게 된다. 또 조건부 재건축 판정을 받았더라도 공공기관의 적정성 검토를 의무적으로 실시하게 하는 등 재건축 안전진단 기준이 강화돼 재건축사업 추진이 까다로워질 전망이다. 국토교통부는 21일 이 같은 내용을 담은 '도시정비법 시행령 및 안전진단 기준 개정안'에 대한 입법예고와 행정예고에 들어간다고 20일 밝혔다. (아주경제, 2018. 2)

'당정협의' 역시 상당 기간이 소요된다. 당정협의는 입법 예고 이전에 정부와 여당이 관련 내용을 협의하는 과정이다. 그래야 나중에 정부가 국회에 법안을 제출했을 때 무리 없이 통과시킬 수 있기 때문이다. 따라서 신문에 당정협의 중이라는 기사가 나오면 입법 예고보다 적어도 1~2개월은 더 걸린다고 보면 된다.

> 최근 서울지역 부동산 가격이 상승 움직임을 보이고 있는 가운데, 정부와 더불어민주당이 부동산 종합 대책을 논의하기 위한 당정 협의를 연다. 민주당은 이미 부동산 투기를 용납하지 않겠다면서 다주택자에 대한 강력한 조치를 예고했다. 오늘 당정 협의를 거친 뒤 투기 과열지역 대책과 실수요자 공급 확대, 청약제도 불법행위 차단 등의 내용이 포함된 부동산 종합대책이 발표될 것으로 보인다. (YTN, 2017. 8)

정부정책은 여당이 다수당이냐 여부에도 많은 영향을 받는다. 여당이 다수당일 경우에는 정부부처가 입법 예고하는 내용 그대로 당정협의 과정이 통과되어 확정·시행될 가능성이 높지만, 반대로 여소야대 상황에서는 국회 법안처리 과정에서 난항을 겪고 시행이 보류될 가능성 또한 그만큼 높기 때문이다. 이렇듯 신문기사를 접할 때 '확정', '입법 예고', '당정협의' 등 관련 용어에 담긴 의미를 명확히 알고 있어야 한다.

기사의 파급효과와 정책 입안자의 동향에 주목

부동산 기사가 실제 시장에 어떠한 영향을 미치는가를 파악하는 것 역시 중요하다. 정부정책이 시장에 앞으로 어떤 영향을 미칠 것인지, 파급효과는 어떠한지 여부 등을 파악하는 것이 그것이다. 남보다 한발 앞선 투자로 소기의 성과를 올리려면 신문에 나오는 **부동산과 관련한 주요 지표와 변수들을 빠짐없이 파악하고 분석하는** 일이 중요하다.

정부의 '강남 재건축 규제책'을 예로 들어 보자. 만약 이 지역 투자에 관심 있는 사람들이 '재건축초과이익환수제' 발표 기사를 접할 경우 이는 무엇을 의미할까? 이는 곧바로 재건축 추진단지에 상당한 압박감을 줄 것이고, 이후 재건축 단지의 아파트값은 떨어질 것이 분명해진다. 부동산투자에 관심을 가진 분이라면 이러한 기사를 보고 시장의 변화를 잘 알아 발 빠르게 대응할 수 있을 것이다.

실제, 과열된 부동산 경기를 잡기 위해 최근 정부는 다시 잇단 고강도의 강남 재건축 규제책을 발표하였는데, 이는 시장의 즉각적인 반응을 가져왔다. 그 결과 여타의 부동산 가격은 그다지 떨어지지 않았음에도 불구하고 강남 재건축 시장은 그 열기가 급격히 냉각되고 말았다.

부동산 정책에 대한 영향력이 상당한 정부 요직자들의 발언이나 보직 이동 기사 역시 관심사가 된다. 이들이 기본적으로 부동산에 어떤 생각과 시각을 갖고 있느냐에 따라 향후 정책의 내용을 미루어 짐작할 수 있기 때문이다. 예컨대 경제부총리처럼 성장을 통한 경제발전을 꾀한다면 규제 완화를 통한 개발에 무게를 둘 것이고, 한은총재처럼 물가안정을 통한 시장안정에 우선순위를 두는 경우라면 금리인하에 소극적 태도를 보이면서, 부동산 가격은 하향안정세를 지향할 것이다.

따라서 만약 산업통상자원부장관, 경제수석 등과 같은 주요 당국자가 교체된다면, 그것을 보고 앞으로의 경제정책의 운용방향과 그에 따른 부동산 정책의 흐름을 읽어낼 수 있어야 한다. 이처럼 대통령, 경제부총리, 국토부장관, 한은총재, 여당 정책위의장, 대통령 경제수석 등 **정부 공직자의 부동산 관련 발언 내용은 언제든지 시장을 움직일 수 있는 힘을 갖고** 있다. 따라서 이들의 말 하나하나에 주목할 필요가 있다.

기사 내용을 전적으로 믿는 것은 금물

부동산 지면에서 자주 접하는 부동산 시세 관련 자료는 부동산뱅크, 닥터아파트 등의 부동산 포털과 국민은행 등 관련 기관으로부터 얻는다. 이 자료는 시세 정보업체들이 전국 각지의 수천 개 중개업소와 시세정보 제공계약을 맺어 만들어진다. 전반적인 부동산 시황을 체크하는데 큰 도움이 되는 자료이다.

하지만 이를 전적으로 맹신하는 것은 금물이다. 일부지역의 중개업소가 담합하여 잘못된 시세를 이들 시세 정보업체에 보낼 경우 자칫 그대로 신문 지면에 실릴 수 있기 때문이다. 특히 요즘처럼 거래가 별로 없는 상황에서는 이를 100% 그대로 믿기 어렵다. 따라서 이런 점을 어느 정도 감안해서 읽어야 한다.

부동산 기사의 과장된 면도 읽어낼 수 있어야 한다. 신문 기자들은 대체로 다른 신문사보다 빠르게, 더 새롭게 뉴스를 만들어 전해야 하는 부담감을 안고 있다. 그래서 확정되지 않은 기사를 그대로 실어 내보내기도 하고, 시황도 미루어 짐작하여 작성하기도 한다.

문제는 이 과정에서 글을 읽는 투자자가 자칫 이를 전적으로 믿어 투자에 임할 경우 낭패를 볼 수 있다는 점이다. 실제 신문에 기사화된 정부정책은 최소 일주일에서 보름 정도 지난 후에야 전체적인 반향 등이 나타난다. 만일 '강남지역 재건축아파트 값 하락'이란 기사가 나올 경우 일주일 내지 보름 정도는 거래가 일시적으로 뚝 끊기는 경우가 대부분으로, 이후 전체적인 동향을 보고 집값이 반응하기 시작한다. 따라서 정부 대책 직후의 시장 반응을 전하는 기사는 이러한 것을 염두에 두고 기사를 읽어야 한다.

각종 연구단체에서 나오는 전망 기사나 자료 등도 전적으로 믿을 필요는 없다. 당시의 시장 분위기를 따라 만들어지는 경우도 많기 때문이다. 전망 기사 자체보다는 이들이 주장하는 논거에 주목해서 따져보는 것이 좋다. 현명한 투자자라면 부동산 관련 기사나 자료를 보고 나름대로의 판단과 안목을 내릴 수 있는 능력을 기르는 데 노력을 기울여야 할 것이다.

한 가지 덧붙인다면, 요즘 신문을 들여다보면 **온통 '낚시기사(?)'로 도배되어 있는 경우가** 많다. 건설 회사나 대형 부동산회사가 신문사에 돈을 주고 기획 기사를 실어줄 것을 부탁하여 작성된 기사가 그것이다. 이런 유형의 기사들은 거의 예외 없이 특정 업체, 특정 지역, 특정 물건에 유리한 방향으로 작성된 경우가 일반적이어서, 자칫 이를 곧이곧대로 믿다가는 크게 낭패 볼 수 있다. 따라서 이를 잘 선별해가며 기사를 읽을 수 있는 안목을 길러야 한다.

부동산 기사를 보는 눈, 읽는 법③

정부정책의 타이밍 포착이 특히 중요

정부정책의 움직임을 읽는 안목을 길러라

신문의 부동산 면만 읽지 말고 **정부 쪽에서 흘러나오는 경제 관련 기사도 꼼꼼히 파악해야** 한다. 올바른 부동산 투자를 위해서는 정부정책이나 경제 상황이 어느 방향으로 흘러가는지 정확히 알아야만 하기 때문이다. 특히 경제부총리에게서 나온 말에 주목할 필요가 있다. 그의 말 한마디 한마디는 그저 단순히 내뱉는 말이 아니라 앞으로 있을 정책을 암시하는 경우가 많기 때문이다. 그만큼 그의 말과 행동에는 중요한 내용이 들어있다. 특히 그가 한 말이 기사에 등장할 정도면 무게감은 더한다. 이 경우 부동산 시장에도 많은 영향을 미치게 된다.

국토교통부장관이나 경제수석의 말도 놓칠 수 없다. 하지만 세부적인 내용에 대해서는 정부부처 담당 국장들이 언급하는 경우가 많으니 이들의 말에도 주의를 기울일 필요가 있다. **실제 정책을 입안하는 부서의 담당 국장이 하는 말은 그만큼 구체적일 수** 있기 때문이다.

정부정책을 읽을 때 중요한 것은 **타이밍을 제대로 포착하는 일**이다. 기사에 '확정' 등의 표현이 나올 때에는 이미 투자 정보가 오픈된 경우가 대부분이다. 정부 발표는 공수표가 되는 경우가 거의 없기 때문이다. 그래서 빠른 정보 수집과 정확한 분석력이 필요하다. 이런 노력 없이 그저 남의 말만 믿거나, 신문 기사를 믿고 투자했다가는 자칫 타이밍을 놓치고 실패하는 경우가 많다.

비판적 기사가 실릴 때는 주의를 요한다

예를 들어 아파트 등 부동산값이 계속 오르면 신문에는 비판 기사가 자주 오르내리게 된다. 이른바 언론의 공익적 성격이 이때부터 발휘되는 것이다. 기사를 읽을 때는 바로 이런 점을 감안해서 읽어야 한다. 어차피 언론은 여론 편 아닌가?

이런 기사가 신문 지면에 자주 오르내릴 경우 정부 역시 대책 마련에 나서지 않을 수 없다. 특히 기자와의 인터뷰 등을 통해 **정부 쪽 관계자가 한 말에 특히 주의를 기울여야** 한다. 간접적으로 정부의 의사를 전달하는 경우가 많기 때문이다. 이 말에 귀담아 정부의 대책이 무엇인지를 꼼꼼히 파악하고, 향후 부동산 가격에 어떤 영향을 미칠 것인지를 분석하는 노력이 필요하다.

이때 알아두어야 할 한 가지. 투자의 격언 중에 정부정책에 맞서지 말라는 말이 그것이다. 이는 정부가 의지를 갖고 대책을 마련, 추진하는 경우 부동산 시장이 정부를 이기기는 어렵다는 뜻이다. 이 점을 염두에 두고 투자에 임해야 한다.

상반된 기사, 누구 말을 믿어야 하나

부동산 기사를 읽다 보면 종종 상반된 내용을 접하게 된다. 특히 부동산 가격 전망에 대한 경우가 그러하다. 이는 관련 기관이나 전문가 간의 입장이나 이해관계 차이 때문에 일어난다. 예를 들어 건설사 등 관련 기업은 정부를 상대로 유리한 정책을 이끌어내려 할 것이고, 부동산컨설팅회사는 회사대로 부동산 시장에 긍정적인 입장을 취해야 거래가 활발하게 이루어지기 때문에 시장에 우호적인 시각에서 발언을 할 가능성이 높다.

이 경우 기사를 읽는 독자는 누구의 말을 믿어야 할까? 물론 기사를 읽는 독자 입장에서는 양쪽 의견을 다 알고 있을 필요가 있다. 글을 올린 기자 역시 공정성을 기하기 위해 상반된 내용 그대로 올리는데, 이 경우 양쪽 말 모두 일리가 있을 수 있기 때문이다. 그렇더라도 글을 읽는 독자는 나름 정확한 판단을 내릴 수 있어야 한다. **상반된 기사를 읽고 냉철한 분석을 이끌어낼 수 있는 역량을 길러야** 한다.

시장의 움직임을 신속히 읽을 수 있어야 한다

부동산 시장을 정확히 읽으려면 거시적, 미시적 관점, 장기적, 단기적 관점 모두를 볼 수 있는 안목이 요구된다. 부동산은 주식과 달리 장기 투자가 많기 때문에 멀리 내다볼 수 있는 능력이 특히 필요하다. 아울러 최근 부동산 시장이 매우 빠르게 돌아가는 점을 감안할 때 단기적 관점에서 부동산을 보는 순발력 또한 요구된다.

또한 부동산 기사를 통해 시장의 움직임을 빨리 집어낼 수 있는 감각이 있어야 시장이 어디로 흘러가는지 감을 잡을 수 있다. 부동산에서 한발 앞서 나가는 투자는 그만큼 중요하기 때문이다.

산업 관련 기사를 눈여겨보자

부동산과 산업은 얼핏 보면 연관성이 없어 보이나 실제 밀접한 관련이 있다. 대표적인 것이 기업이전이나 산업단지 조성이다. 이런 기사만 제대로 살펴도 의외로 훌륭한 투자처를 알아낼 수 있다. 이는 대부분 중앙 일간지에 실리지만, 경우에 따라서는 **지방지에 먼저, 자세히 실리는 경우**가 종종 있다. 또 중앙 일간지라도 산업면이 아닌 지방면에 실리는 경우도 있으니 꼼꼼히 살필 필요가 있다. 특히 관심을 두고 있는 개발 호재지역 내의 지방지나 지역지는 더욱 그렇다.

이와 함께 산업면에서 눈여겨볼 내용 중 하나가 바로 주요 인물의 인터뷰나 투자 관련 기사이다. 인터뷰 과정에서 기업체 최고경영진이 향후 투자 계획을 언급하는 경우가 많기 때문이다. 이는 부동산 시장의 호재로 작용한다. 특히 이들 최고경영진의 동향을 눈여겨 볼 필요가 있다. 어디를 가고 누구를 만나는지를 보다 보면 향후 투자와 관련된 정보를 미루어 알아낼 수 있기 때문이다.

부자들의 생각을 읽어라

현실적으로 부동산 시장은 돈 많은 부자들에 의해 움직인다. 부자들일수록 대부분 실제 투자를 하고 있거나, 투자해 본 경험이 풍부하기 때문이다. 따라서 부자들이 어떤 방향으로 움직이는지, 어떤 생각을 하고 있는지를 생각하고 알아보는 노력이 요구된다. 실제 부동산 시장에서 부자들이 선호하는 상품일수록 오르는 성향을 보이는 반면, 이들이 외면할수록 현 수준에 머무르거나 침체될 가능성이 높다.

예를 들어 최근 2~3년 동안의 강남 재건축 투자 과열은 강남 부자들이 대거 투자에 뛰어든 결과이다. 안타깝게도 일반 투자자들은 이들과 궤를 같이하지 못하고 언제나 한 발 뒤늦게 뛰어들어 낭패를 보는 경우가 허다하다. 이것이 무얼 의미하는지를 현명한 투자자라면 반드시 곱씹어봐야 한다.

부동산 정보를 읽는 법①

기획부동산도 활용하기 나름이다

기획부동산에 대한 오해와 진실

땅 투자를 고려하는 사람들이 많이 들어봤을 법한 용어의 하나가 바로 '기획부동산'이다. 기획부동산에 속아 땅 투자에 피해를 당했다는 기사가 잊을 만하면 방송에 등장하곤 하는데, 그렇게 해서 기획부동산의 영업 행위는 땅을 속여 파는 사기 행각으로 등치다.

그렇다면 기획부동산과 사기꾼은 같은 범주의 집단일까? 그렇지 않다. 기획부동산은 일종의 부동산 프로젝트 회사라고 보면 된다. 법인 부동산 또는 종합부동산회사라고 봐도 무방하다. 참고로 종합부동산회사는 단순 부동산 중개서비스에서 탈피하여, 자본력과 전문 인력을 바탕으로 부동산 개발, 부동산 매매, 자산관리, 주거관리서비스 등 부동산과 관련한 다양한 용역 및 서비스를 제공하는 선진국형 종합 부동산회사다.

올해 국토교통부는 부동산산업 육성 및 활성화 방안의 하나로 종합부동산회사 육성을 꼽았으며, 부동산 매매업과 대부중개업을 겸업하는 법안도 제정할 계획이다.

기획부동산은 대량으로 땅을 값싸게 사들인 후 이를 소량으로 나누고 쪼

개가며 소매(필지 또는 지분)로 판매한다. 거대한 하나의 필지를 여러 개로 나누어 파는 공동 투자 방식을 진행한다. 말하자면 혼자서는 결코 매입하기 어려운 큰 규모의 땅을 값싸게 매입하여 팔기 쉽게, 적당한 필지로 분할한 후 적절한 이윤을 붙여 판매하는 부동산 회사가 곧 기획부동산이다.

그러한 판매 방식이 잘못된 것은 아니기에 기획부동산의 영업 행위 자체가 문제 되는 것은 아니다.

전문적인 토지분석 능력과 개발사업 정보, 그리고 막대한 자금력을 동원하여 땅(토지)에 도소매의 개념을 끌어들여 소규모로, 그것도 중개보다는 판매에 주력하는 것이기에, 어찌 보면 위험 부담을 고스란히 안고 사업을 영위하는 지극히 정상적인 사업체라 할 수 있다.

요는 일부 악덕 업체가 일삼는 사기 행각이다. 이른바 '떴다방' 식으로 영업장을 차려 놓고 투자자를 속여 가며 땅을 판 후, 얼마 후 소리 소문 없이 사라지는 그런 회사가 이에 해당한다. 그들은 사기 치기로 작정하고 개발되지도 않을 땅을 값싸게 사들인 후, 온갖 거짓 정보를 흘려가며 땅을 파는데 열중한다. 굳이 땅이 아니더라도, 우리 주변에 그리고 여러 분야에 그런 악덕 기업들은 많이 존재한다.

부동산, 특히 땅의 속성에 대해 잘 알고 있지 못한 투자자들이라면, 기획부동산으로 판단되는 회사와는 가급적 거래하지 않는 것이 좋다. 그런 회사들을 구분하는 것은 간단하다. 영업을 지속한 지 채 1년도 안 되었다거나, 또는 수시로 사업장을 바꿔가며 영업을 하는 회사라면, 한번쯤은 색안경을 끼고 들여다봐야 할 것이다.

요즘에는 일반 투자자들의 안목이 높아진 탓에, 사기 행각을 벌이는 악덕 기획부동산은 시장에서 거의 퇴출하였다.

오히려 적게는 수년 길게는 십수 년 넘게 영업을 지속해오면서 투자자에게 많은 이익을 안겨 주고 있는 내형 도지기획 부동산 회사도 여럿 있다. 이들 기업은 기획부동산이 아니라 부동산 프로젝트 기업 또는 법인 부동산회사라고 보는 게 더 적절할 듯하다. **(따지고 보면, 도시개발 예정지역 토지를 수용·환지 방식으로 일괄 매입하여 이를 합법적으로 분양하는 방식으로 매각하는 LH공사 역시 다 같은 땅 장사꾼이자 기획·판매 회사란 점에서 다를 바 없지 않은가?)**

그럼에도 기획부동산이라는 오해 아닌 오해를 받으면서도 **그들이 계속해서 영업을 지속해 올 수 있었던 이유가 바로 다름 아닌 토지 투자자들의 재구매란 사실은,** 우리에게 시사하는 바가 많다. 특히 종잣돈이 없는 일반 서민의 경우, 수천만 원의 자금만으로도 매입 가능한 품질 좋은(즉, 땅값 상승 여력이 높은) 땅을 투자해 볼 수 있다는 점에서 기획부동산의 존재는 구세주와도 같다.

정보가 곧 돈이다

그렇기에 기획부동산(이제부터 '토지부동산 프로젝트 기업'이라고 하자)에서 우리가 주목해야 할 것은 다음과 같다. 그것은 그들의 탁월한 기획 능력이다. 특히 이들 기업의 정보력은 타의 추종을 불허한다.

부동산 전문가, 특히 개발사업에 대한 뛰어난 정보 분석력을 갖춘 분야의 전문가들이 매일같이 쏟아지는 개발 정보를 꼼꼼히 분석하고 또 현장을 직접 발로 뛰면서 확실한 양질의 정보만을 수집한다. 그리고 이를 토대로 가격이 상대적으로 저평가되어 있는 부동산을 매입한다. 사업추진 단계별로 땅값이 어느 정도 오를 것인가에 대한 예측 또한 정확하다. 땅을 소매로 판매하는데 따른 적지 않은 세금 부담에도 불구하고 투자자들에게 높은 수익을 제공할 수 있는 것도 따지고 보면 **그들이 그만큼 뛰어난 기획력과 정보력을**

갖추었기 때문이다.

이것을 확인하는 것은 어렵지 않다. A씨는 수년 전에 경기 곤지암에서 이천으로 넘어가는 곳에 위치한 땅(밭) 300평을 지역 내 현지 부동산을 통해 매입했다. 필자가 보기에는 주변 시세보다 높다고 생각되어 주변지역을 살펴보니, 바로 인접한 지역을 어느 한 기획부동산에서 이미 판매한 이후였다. 기획부동산이 가격을 올려놓은 탓에 A씨는 불과 1년 전보다 꽤 높은 가격으로 사들인 것이다.

A씨는 높은 가격으로 땅을 사들였다는 말을 듣고는 이내 당황했지만, 그 땅에서 불과 수백 미터 앞에 경강선 '신둔 도예촌' 정류장이 들어설 예정이어서 크게 염려하지 말라고 위로했다. 그리고 몇 년이 지난 지금, 예정대로 역이 들어섰고, 일대는 전원주택지로 새롭게 부상하였다. 땅값은 비싸게 사들인 당시보다 무려 세배나 올랐으며, 인근 부동산으로부터 그 땅을 되팔 수 없느냐는 문의 전화가 심심찮게 걸려 왔다.

주변지역의 사례를 하나 더 들어보자. 지금으로부터 6년 전인 2012년에 여주 모 골프장 인근의 땅을 평당 20만 원에 매입한 B씨. 비록 땅 옆으로 농노가 길게 이어져 언젠가는 지적도상에 도로가 날 예정이라고 해서 산 것이지만, 그렇더라도 맹지임에는 분명한 탓에 그만큼 위험부담이 따랐다. 기획부동산이 땅을 대량으로 매입하여 판매한 지역 주변의 땅(농지)이었는데, 역사 건너편으로 경강선 여주역이 들어설 예정으로 있었고, 이것이 기획부동산이 대량으로 인근 지역 땅을 매입한 이유였다. 부동산에 해박한 B씨가 이를 결코 놓치지 않은 것이다.

6년이 지난 지금, 역사가 들어섰고, 인근 지역은 한창 도시개발이 이루어지고 있는 중이다. B씨가 매입한 땅은 지역 이장이 힘을 쓴 데다가 인접한 땅 주인들과 힘을 합쳐 대처한 끝에 마침내 지적도상의 도로가 들어섰다.

지금 이곳은 인접한 골프장의 풍광과 맞물려 최고의 전원주택지로 개발 중에 있으며, 당시 가격보다 무려 5배 이상 뛴 상태이다.

실제 기획부동산을 통해 땅을 매입하여 성공한 사례도 많다. C씨는 지금으로부터 4년 전인 2015년에 서해안 평택 안중역 역세권 인접 토지를 평당 70만 원에 강남의 한 기획부동산으로부터 사들였다.

그 후 평택의 각종 개발 호재로 땅값이 급등하면서 이 땅 역시 덩달아 뛰기 시작했다. 2020년 개통 예정인 안중역 주변 역세권 토지인 이 땅의 현재 시세는 평당 300만 원을 훌쩍 뛰어넘고 있으며, C씨는 불과 4년 만에 무려 4배 이상의 투자 수익을 올렸다. 지금 C씨는 그 땅을 높은 가격에 되살 수 없겠냐는 예전 거래했던 기획부동산으로부터의 연락을 받고 입이 함지박만큼 커졌다.

말하려는 요점은 이것이다. **기획부동산은 사기꾼이라는 선입견에서 벗어나, 그들을 활용할 수 있는 안목을 기르라는** 것이다. 일반 투자자들이 투자 가치가 높은 땅, 확실한 개발사업이 추진될 예정인 땅을 고르기란 결코 쉽지 않다. 게다가 소액으로 그런 땅을 투자하는 것은 현실적으로도 어려운 일이다.

때문에 당장 눈앞에 보이는 모습으로만 땅의 가치를 판단하려 든다거나, 어쭙잖은 지식을 들이대며 개발사업을 분석하려 들다가 낭패를 보지 말고, 기왕 땅, 그것도 개발 호재지역 땅에 투자할 요량이라면 **기획부동산의 뛰어난 정보력을 십분 활용할 수 있도록 생각의 전환을 꾀할** 필요가 있다.

그들에게 반드시 땅을 사라는 얘기가 아니다. 땅 투자를 고려하는 과정에서 어쩔 수 없이 만나야 하는 대상이라면, 무턱대고 그들을 피할 것이 아니라, 그들의 제안 내지는 그들이 제공하는 정보를 자연스럽게 받아들이고 이를 잘 활용할 수 있는 방법을 찾는 것이 현명한 투자자가 할 일이다.

물론 기획부동산이 아닌 토지 프로젝트 기업을 잘 선정하여 그들에게 땅을 구입하는 것도 나쁘지 않다. 특히 종잣돈이 많지 않은 경우라면 기획부동산의 뛰어난 정보력을 인정하고 제대로 된 회사를 고를 줄 아는 안목을 기르는 것, 이것 역시 땅 매입에 관심이 있는 투자자라면 마땅히 생각해 봄직한 대안의 하나는 아닐까?

부동산 정보를 읽는 법②

개발 정보를 선점하는 방법

개발 정보는 정부가 발표하기 훨씬 이전부터 시중에 떠돈다. 하지만 일반 투자자들은 대부분의 개발 정보를 신문 등의 뉴스를 통해 얻는다. 하지만 이는 늦다. 이른바 부동산 고수들은 뉴스에 나오기 이전부터 개발 정보를 정확하게 파악해 낸다. 그들은 어떤 방법으로 개발 정보를 알아낼까. 이것만 정확히 알아내는 것만으로도 부동산 투자에 성큼 한 발을 내딛는 효과가 있다.

정부의 부동산 정책 자료를 보고 정책 변화를 예측한다

국토교통부 등 부동산 정책을 관장하는 부서에서 생성하는 정책 자료를 보면 부동산 정책 변화를 예측할 수 있다. 특히 개발계획은 산하 각 위원회의 심의 및 조정 절차를 거치게 되는데, 이를 잘 살펴보면 각 개발 정보의 추진 단계를 알 수 있다.

[토지 관련 중앙부처별 주요 위원회]

부처	위원회	심의 내용
국토 교통부	국토정책위원회	국토종합계획, 도종합계획, 지역계획에 관한 사항 심의
	도시계획위원회	도시기본계획 및 도시관리계획 심의, 중앙도시계획위원회(국토부)와 도(시) 도시계획위원회 심의
	산업입지정책심의위원회	국가산업단지와 지방산업단지의 지정 및 승인,개별공장입지 개발기준 마련
	주택정책심의위원회	택지개발예정지구(신도시 포함) 심의
	대도시광역교통위원회	대도시의 교통시설 건설계획 심의
	사회간접자본건설추진 위원회	고속도로, 철도, 공항 등의 건설계획 심의
	철도산업발전위원회	철도건설 정책 심의
	물류정책위원회	복합유통단지 건설 심의
	신공항건설심의위원회	공항건설계획 심의
	도로정책심의위원회	도로건설계획 심의
기획 재정부	부동산가격안정심의 위원회	부동산정책 심의, 토지투기지역 지정
기획 예산처	민간투자사업심의위원회	민간투자로 건설하는 SOC건설계획 심의

정부의 국토개발계획을 정기적으로 살핀다

정부의 2020년까지의 제4차 국토종합계획 수정계획에 의한 국토종합계획과 지방자치단체의 도(광역시) 종합계획, 시(군)의 도시기본계획과 관련한 자료를 살핀다. 아래의 각 홈페이지에 들어가면 자세한 정보를 얻을 수 있다.

- 국토종합계획 정보 – 국토교통부 국토균형발전본부
- 도(광역시)종합계획 – 해당 시·도 도시계획과
- 도시기본계획 – 해당 시 · 군 도시계획과
- 고속도로건설계획 – 한국도로공사 건설사업단
- 철도건설 – 한국철도시설공단, 국토교통부 기반시설본부
- 혁신도시 – 국토교통부 공공기관지방이전추진단
  (이노시티:http://innocity.molit.go.kr)
- 경제자유구역 – 산업통상자원부 경제자유구역기획단(http://fez.go.kr)

부동산 시장 동향을 수시로 파악한다

부동산 포털이나 각 경제지의 토지 관련 코너를 북마크 해 정기적으로 살핀다. 인터넷 부동산 카페나 블로그 중 유용한 정보를 제공하는 곳 역시 눈여겨 보는 것도 좋은 방법이다.

현지 관련 업체의 도움을 받는다

특히 시군지역의 개발 정보는 그 지역 공인중개사사무소, 건축사, 세무사 등 부동산 관련 업체에서 정확하게 파악하고 있는 경우가 많다. 그러므로 평소에 해당 지역 관련 종사자와 친분을 유지하여 그들로부터 수시로 개발 정보를 듣는다.

[부동산 및 토지 관련 정보를 입수할 수 있는 인터넷 홈페이지 일람]

홈페이지		제공정보
정부24	www.gov.kr	토지(임야)대장, 건축물대장 열람.발급. 지적도(임야도) 열람. 발급, 토지이용계획확인원 신청
전자관보	gwanbo.mois.go.kr	정부의 정책 발표내용을 인터넷으로 제공
국세청	www.nts.go.kr	세법자료, 토지투기지역 등
국토교통부	www.molit.go.kr	토지거래허가지역, 국토종합계획, 고속도로·철도 등 사회기반시설의 장래계획 국토포탈(land.go.kr) 운영
법제처	www.moleg.go.kr	각 부처의 법률안 입법 예고
광역자치 단체	각 지자체 홈페이지	특별시, 광역시, 도의 종합계획
시군	각 지자체 홈페이지	도시계획조례, 건축조례 공시지가, 토지대장
대법원 인터넷등기소	www.iros.go.kr	등기부등본 발급
LH공사	www.lh.or.kr	분양 및 매각업무, 정보제공 상가, 주택용지 등의 분양계획 정보
자산관리 공사 공매	www.onbid.co.kr	공매의 매물정보, 청약
한국도로 공사	www.ex.co.kr	고속도로 건설계획 및 추진현황
한국철도 시설공단	www.kr.or.kr	철도건설 정보 제공
미래철도DB	www.frdb.wo.to	신설예정 철도, 지하철, 광역전철, 경전철 노선정보 제공
한국감정원	www.kab.co.kr	부동산테크를 통한 정보 및 매물정보 제공

한국부동산 연구원	www.kreri.re.kr	부동산시장 동향 정보
건국대학교부동산 도시연구원	http://kreus.konkuk.ac.kr	부동산정책, 자료 제공
국토연구원	www.krihs.re.kr	국토종합개발계획, 건설교통정책 및 제도 연구용역
한국개발 연구원	www.kdi.re.kr	현안진단, 경제정책정보, 언론동향, 나라경제, 국내외기관 자료
서울 연구원 등 각 시도 개발연구원	www.si.re.kr	각 시도개발연구정보, 주요 분야의 정책개발, 연구자료 제공
한국건설산업 연구원	www.cerik.re.kr	주택건설 등 관련자료 제공
삼성경제 연구소	www.seri.org	국내외 주요경제지표, 연구자료, 산업동향 등 제공

개발지역 땅 투자, 그 적기①

도시기본계획 수립 공청회 전후

땅 투자는 다음 두 가지가 정말 중요하다. 첫째, "투자 적기는 언제인가"이다. 이는 부동산 투자 리스크와도 직접적으로 관계가 되는데, 자칫 소문만 믿고 투자할 경우 낭패를 볼 수 있기 때문이다. 단순히 소문이 아닌, 확실한 개발 정보에 근거할 때 땅 투자는 비로소 가치 있는 투자로 이어진다.

둘째, "어느 지역에 투자할 것인가" 하는 것이다. 개발지역을 잘못 알고 투자하였을 경우 나쁜 결과를 가져올 수 있기 때문에, 투자지역을 정확히 짚어내는 일은 그만큼 중요하다. 이 두 가지 관점에서 땅 투자의 적정 시점을 살펴보는 것이 개발 호재지역 땅 투자의 처음과 끝에 해당한다.

도시기본계획 관련 공청회 전후가 투자 적기다

땅 투자에 있어 **정부나 지자체의 개발계획 정보를 정확히 알아내는** 것은 매우 중요하다. 특히 요즘처럼 규제가 심한 상황에서 땅의 가치는 정부나 지자체의 개발계획에 크게 좌우되는 경우가 많기 때문이다. 하지만 이러한 개발 정보를 일반 투자자가 얻기는 어렵다. 그렇더라도 방법은 있다. 바로 이들 **지자체가 자체적으로 수립하는 도시기본계획을 살펴보는** 것이 그것이다.

도시기본계획이란 시·군 등 지방자치단체의 기본적 공간 구조와 중장기 발전계획을 제시하는 종합계획으로 도시관리계획 수립의 지침이 되는 계획이다. 여기에는 신규 개발예정지역, 도로교통 신설·확장계획, 용도변경계획 등이 담겨있다. 따라서 **도시관리계획을 잘 들여다보면 향후 어디가 개발될지를 가늠할 수** 있다. 하지만 이는 일반인에게는 비공개를 원칙으로 하는 것이기 때문에 그 세부 내용까지 세세히 알아내기는 어렵다. 다음은 도시계획 수립절차의 흐름도이다. 도시계획에 대해서는 제4장에서 자세히 설명한다.

[도시계획 수립 절차]

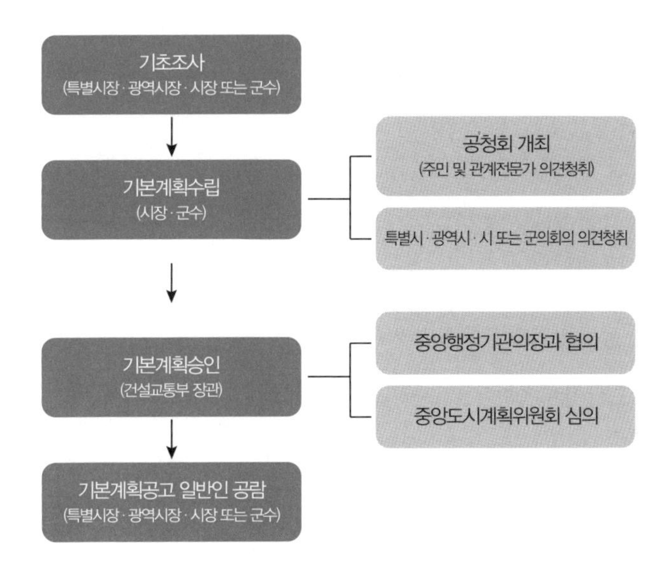

도시기본계획의 수립 절차에서 중요한 부분이 있다. 바로 '주민공청회'다. 대부분의 지자체는 **도시기본계획을 확정하기 전에 주민 의견 수렴을 위한**

공청회 절차를 거친다. 바로 이때가 투자적기다. 주민공청회는 도시기본계획이 확정되기 이전의 중요 단계로서, 이때 신규개발 예정지가 어디까지인가에 대한 개략적인 파악이 가능해진다.

도시기본계획 수립을 위한 공청회는 보통 개최 15일 전에 해당 지자체 관보와 인터넷 사이트에 함께 공고된다. 해당 지역에 관심 있는 투자자라면 반드시 공청회를 통해 개발계획을 꼼꼼히 확인해야 하는데, 이때 배부한 자료를 통해 시가화예정용지 지정계획, 도로교통계획, 인구계획 등을 파악할 수 있다.

일반적으로 **공청회를 거치면서 개발계획이 확정된 이후에는 해당 지역의 땅값은 급등한다.** 발 빠른 투자자들은 이때 이미 정보를 선점하고 투자에 나선다. 하지만 일반 투자자가 이를 따라 하기에는 자칫 위험하니 주의를 요한다. 왜냐하면 공청회를 거친 개발계획이라도 이후 정부의 최종심의 과정에서 변경될 수도 있기 때문이다.

개발 계획의 축소·변경 가능성에 주의한다

일반 투자자들은 **공청회에서 공개된 도시기본계획 내용을 바탕으로 직접 현지 확인을 거친 다음 투자에 나서는** 것이 좋다. 그럼에도 불구하고 공청회는 도시기본계획이 곧 승인되어 개발이 진행될 것임을 알리는 중요한 단계이다. 주민공청회 이후 사실상의 개발계획이 확정되기 때문이다. 그렇더라도, 지자체에서 입안한 개발계획이 공청회 이후 최종 심의과정을 거치면서 취소되기보다는 축소되면서 진행되는 경우가 많으니 특별한 주의를 요한다.

이 경우 **주의 깊게 들여다보아야 할 항목이 바로 인구계획이다.** 해당 지자체의 인구계획의 적정성 여부가 도시기본계획의 확대 또는 축소에 직접적인 영향을 미치기 때문이다. 도로교통계획 역시 세밀하게 살펴볼 항목이다. 이를 통해 향후 어디에 어떤 도로가 뚫릴지를 미리 파악할 수 있기 때문이다. 도로 등 교통시설의 신설·확장은 땅값 상승의 직접적인 요인이 되기 때문에 그만큼 중요하다.

공청회 이후 현장 답사를 통해 실제 개발예정지가 어디인가를 확인하는 것 또한 중요하다. 이 경우 현지 부동산중개업소를 이용하는 것이 좋다. 왜냐하면 해당 지자체가 개발계획수립을 위한 기초 조사 작업으로 사전 측량을 하게 되는데, 이때 대부분 그 위치가 이들 중개업소에 노출되기 때문이다. 따라서 신뢰할 수 있는 현지 부동산업소를 알아두고 지속적으로 접촉하는 것도 좋은 방법 중 하나임을 알아 두자.

개발지역 땅 투자, 그 적기②

도로 및 철도 건설 기본계획(안) 공고공람 및 주민설명회

'돈은 길을 따라 움직인다'라는 말이 있다. 이 말을 뒤집어서 생각하면, 땅의 가치를 높이기 위해서는 철도·도로를 따라가면 된다는 말에 상응한다. 실제 이런 사례는 많다. 도시지역 밖의 땅이었다가 도로가 뚫리고 철도가 건설되면서 그 주변으로 건물이 들어서고, 주변 땅값이 수배에서 수십 배 오른 경우가 그것이다.

도로·철도의 존재 여부 및 역사 위치에 따라 땅의 가치는 크게 달라진다. 더군다나 요즘 추진되고 있는 미니신도시 건설과 관련한 도시개발계획은 도로·철도 등의 교통계획과 병행하여 추진되는 경우가 대부분이다. 새로 신설되는 철도나 전철·지하철 역사를 주변으로 계획되는 도시개발사업 또한 마찬가지다.

건설 기본계획 수립 시점이 실질적인 투자 출발점

철도 건설은 여러 과정을 거치면서 추진되고 개발된다. 철도 건설 사업 기본 구상을 마치고 타당성 조사를 끝내면 사업시행자는 이를 토대로 기본계획을 수립하고, 이어서 기본설계를 하게 된다. 이 기본계획이 수립되면 대략의 노선이 결정되는데, 이때 주요 경유지와 역의 위치, 공사 기간 등이 정해진다.

이 시점은 아직 노선이 확정된 단계는 아니지만, 그럼에도 당초 확정된 기본계획안대로 노선이 결정되는 경우가 대부분이다. 이 **기본계획 수립 전후가 이른바 부동산 투자 고수들이 투자를 고려하는** 시점이다. 이 시점에서의 투자는 물론 기대 수익이 매우 높지만, 아직 노선이 확정되지 않아 그만큼 위험이 따른다. 이때 자칫 선불리 접근할 경우 낭패를 볼 수 있으므로, 일반 투자자라면 가급적 이 시기를 투자 시점으로 고려하는 것은 신중에 신중을 기해야 한다. 그렇더라도 **이 시점을 실제 땅 투자를 고려하는 사실상의 출발점으로** 봐도 무방하다.

[철도건설사업 추진절차와 적정투자시점]

절차	세부업무	투자포인트
예비 타당성 조사	■ 철도건설 관련 계획 및 정책 입안 (→국토교통부 기반시설본부) →근거 상위계획 -국가기간교통망계획 -21세기국가철도망구축기본계획 -국가철도망구축계획 -중기교통시설투자계획 ■ 사업 심사 및 선정 작업 →기획예산처에서 용역 시행	
타당성 조사 및 기본계획 수립	■ 타당성 검토분석 및 관련계획 검토 ■ 도상 선형검토 및 노선(안) 선정 →노선 및 정거장 입지계획 검토**(현장답사 및 측량·지반조사)** ■ 기본계획(안) 결정 →개략적인 노선 및 차량기지 배치계획 ■ 사전 환경성 검토	▶현장답사·측량 과정을 통해 지역 부동산사무소에서 건설계획을 감지

	■ 기본계획(안)에 대한 중앙행정기관과의 협의 →노선도&기본계획(안)요약보고서 **■ 기본계획 노선 결정 및 고시(국토교통부장관)** →공사기간 및 **주요 경유지·역 위치**	▶국토교통부 홈페이지를 통해 확인 가능하지만, 노선이 확정된 단계는 아님 **(→고수들의 투자고려시점)**
기본설계	■ 용역시행방침 결정 및 설계서 작성 ■ 계약요청 및 입찰 **→관보게재 요청(국토교통부→행정안전부)** ■ 도상 선형검토 및 노선(안) 선정 →주변도시계획 현황 및 역세권 개발 여건 등을 비교 검토 ■ 기본설계 노선(안) 관련 지자체 및 관련기관협의 →노선도 첨부 ■ 기본설계 노선 결정 **■ 기본설계(안) 공람공고 협의**(→해당 지자체) →14일 이상 일반에게 공람 **■ 노선설명회 개최** ■ 주민의견 접수 및 검토반영 **■ 기본설계 완료**	**▶1차 투자 고려 중요 시점** (→해당 지자체 홈페이지에 들어가 확인)
실시설계	■ 실시설계 계약 및 착수 ■ 실시계획 시설계획 수립 →노선 및 정거장 입지계획 검토 ■ 실시설계 구조물계획(안) 관련 기관과 협의 →노선도, 선로 종•평면도 ■ 실시설계 성과물 작성 및 완료 보고회 개최 **■ 사업실시계획 승인 요청** ■ 실시설계 완료 →설계적정성 검토 요청(공단→조달청)	**▶2차 투자 고려 시점** (→가격이 많이 상승된 시점)
실시계획 승인	■ 실시설계서 작성(사업시행자: 한국철도시설공단) →사업실시계획협의서 작성 후 국토교통부 승인요청 ■ 관계 행정기관에 협의 및 철도건설심의위원회 심의 **■ 승인 및 관보 고시** →지형도면 고시 포함	▶실시계획 승인 이후는 늦다(개발 호재가 뛰어난 지역에 한해 투자 고려)

개발 호재 투자는 장기적인 관점에서 고려한다

도로·철도 등 교통망 계획을 따라 이뤄지는 개발 호재지역 투자는 엄청난 투자수익률을 보장한다. 하지만 실제 주변을 돌아보면 알 수 있듯이, 이 지역 내의 부동산 투자가 그리 녹록하지 않음을 깨닫게 된다. 그 이유는 다음과 같다.

첫째, 사업 기간이 길다. 물론 정부가 특별법을 제정하여 신속하게 처리하는 경우도 있지만, 일반적으로는 개발계획이 구상되어 발표, 착공에서 완공에 이르기까지 짧게는 7~8년, 길게는 15년 정도까지의 기간이 소요된다. 타당성 조사와 기본·실시계획 설계과정만 해도 대략 3~7년의 오랜 기간이 소요된다.

더군다나 이 시기는 물밑 작업이 차근차근 진행되는 과정이어서, 일반 투자자들도 모르게 개발계획이 진행되는 경우가 대부분이다. 하지만 투자의 고수들은 이를 항상 예의 주시하면서 개발의 진행 과정을 수시로 확인한다. **이들이 줄기차게 참조하는 것이 바로 해당지역 지자체 의회의 홈페이지다.** 사업추진 과정에서의 협의내용이 의회 회의록에 그대로 남기 때문에, 투자 고수들은 이것을 잘 살펴 개발사업 전반에 대해 미루어 짐작한다.

이는, 도시개발과 관련한 권한이 지자체로 대폭 이양되면서, 지방의회의 개발사업 승인권한이 그만큼 커진 때문이기도 하다. 지방의회는 지방정부의 도시계획 수립단계에서부터 주요 개발계획에 대한 의견을 내놓을 뿐 아니라, 지자체 의원 역시 지방도시계획위원회 위원으로 참여하여 지역 내 각종 개발사업에 대한 타당성과 적법성 여부를 심의하는 일이 잦아지고 있다. 그만큼 지방의회의 역할 및 지자체 의원의 권한은 막강하다. 이런 이유로, **지방의회 회의록을 살피는 일은** 무척 중요하다

일단 실시 계획이 승인되어 고시를 마치면, 이후의 공사 시행 과정은 오히

려 짧다. 물론 고시를 전후해서부터 땅값이 다시 가파르게 뛰기 시작하지만, 이때는 투자수익률이 그만큼 낮아지며, 게다가 투자 시점을 잡는 것도 쉽지 않다. 이는 마치 증시가 가파르게 오르는 시점에서 선뜻 투자 시점을 잡지 못하는 이치와 같다.

이 **개발의 잠복 기간 동안의 어느 한 시점이 투자의 적정 시점이** 된다. 하지만 이를 일반 투자자가 정확히 판단해 내는 것은 결코 쉽지 않다. 왜냐하면 투자자가 일일이 발품을 팔아가며 관련한 사실을 직접 알아내야만 하기 때문이다. 그렇다고 그것이 아주 어려운 것은 아니다. 일반 투자자들이 개발계획 절차를 훤히 꿰뚫고 분석해 내는 것은 비록 힘은 들지만, 그렇다고 아주 불가능하지는 않기 때문이다. 일반 투자자들이 투자에 실패하는 이유는, 개발계획 절차를 파악하는 작업에 있다기보다는 오히려 오랜 기다림을 참지 못하는 투자자의 그릇된 습성 때문은 아닐까?

둘째, 일반 투자자가 개발지역에 투자할 경우에는 다음 두 시점을 적정 투자시기로 잡으면 크게 무리 없다. 우선, **기본 설계가 수립되고 노선이 결정되어, 해당 지자체에서 공람공고하고 노선설명회 등을 개최하는** 시점이다. 이 시기가 1차 투자 시점이다. 이는 해당 지자체 홈페이지에 들어가면 확인할 수 있다. 사실상의 노선 및 정거장 입지계획이 완성되는 시점이다.

그렇더라도 계획이 변경될 가능성 또한 상존하므로 주의할 필요가 있다. 이 모든 것을 고려하더라도 이 시점에서의 투자가 매력적인 것은, 그만큼 개발에 따른 투자수익률이 높다는 사실 때문이다. 물론 역세권 내의 상업지역·주거지역 개발 예정지역이나 도로 I/C에 인접한 도시 계획지역에 한할 경우이다.

셋째, 이것도 불안하다면 **사업실시계획이 완료되는 시점을 전후로 투자를 고려하는** 것도 나쁘지 않다. 2차 적정 투자시점이 이에 해당된다. 하지만 정부의 승인이 완료되어 고시가 벌어지는 시점 이후에 투자를 계획한다면, 이는 생각해볼 필요가 있다. 이때부터 땅값이 가파르게 올라 기대한 만큼의 투자 수익을 올리기 어렵기 때문이다.

이 시점부터는 이른바 '큰손'들의 무대가 된다. 때문에 소액 투자자들이 끼어들기는 매우 힘들다. 그럼에도 불구하고 개발 호재가 뛰어난 지역은 투자를 적극 고려해볼 만하다. 적어도 2배 이상의 투자 수익은 올릴 수 있기 때문이다. 개발 호재만큼 부동산 투자에 있어서의 매력적인 투자 요인은 없다.

현명한 투자 시기와 정확한 투자지역 이 두 가지만 생각하라

역세권 개발과 같은 개발 호재지역 투자는 '투자 시점'이 대단히 중요하다. **투자시기를 언제로 잡을 것인가에 따라서 수익 폭이 크게 달라지기** 때문이다. 하지만 아무리 투자 시점을 잘 잡았더라도 개발 예정지역 밖의 땅을 매입할 경우에는 소용없다. 투자한 곳이 개발지역 내에 포함되는가, 그렇지 않은가는 개발이 완료된 이후의 땅값에서 엄청난 차이를 가져오기 때문이다.

예를 들어 여주·이천과 같은 자연환경보전지역 내의 개발지역은 특히 그러하다. 수도권정비법상의 자연환경보전지역 지정 관련 기본 개념에 따르면, 정부·지자체는 개발할 곳은 확실히 개발하지만 그 이외의 지역은 개발을 철저히 막겠다는 취지를 고수한다. 때문에 **개발지역에서 불과 수 미터 거리 이내에 있는 땅일지라도 개발지역 내의 그것과는 천지 차이를** 보인다.

이 모든 것을 고려하더라도, 일반 투자자들이 개발지역을 정확히 찾아내기는 매우 어렵다. 투자 시점이야 정부나 지자체, 철도시설관리공단, LH공사, 도로공사 등 시행 주체의 홈페이지를 찾아 직접 확인하면 어느 정도는 가늠할 수 있겠지만, 개발 예정지역을 정확하게 알아내는 일은 그리 간단한 사안이 아니다. 무엇보다 **직접 현장을 방문하는 등으로 발품을 팔아 일일이 확인해야 하며,** 필요한 경우 전문가의 도움을 받아야 한다. 실제 투자의 성패는 여기에 달렸다 해도 과언이 아니다. 그렇다 하더라도 방법이 아주 없는 것은 아니다.

우선 사업 주체는 사업 타당성 조사 및 기본 계획을 수립하면서 현장 답사 및 측량·지반조사 등을 수행하게 되는데, **그 과정을 지켜보면서 해당 지역 부동산은 관련 개발계획을 개략적으로나마 감지할 수** 있다. 따라서 현지의 믿을 만한 부동산이나 측량 사무소 등을 알아놓고 수시로 확인하는 작업이 필요한데, 이것이 그 하나다.

다른 하나는 기본설계 노선이 결정된 이후에 해당 지자체에서 공고·공람하는 기본설계(안)을 살피거나, 사업시행자 또는 지자체가 주민설명회를 통해 사업을 구체화하는 과정을 주도면밀하게 파악하는 것이다. 그중에서도 **개략적인 노선계획이나 정거장계획 등을 알 수 있는 주민설명회는** 특히 중요하다. 사업시행자와 지자체는 그 결과를 좇아 시행하는 경우가 많기 때문이다. 따라서 이 시점에서의 확인 작업은 실제 투자에 있어서의 성패를 좌우하는 중요한 시점이 된다.

마지막으로 고려해야 할 사항이 바로 투자의 신중함이다. 개발지역 내 투자는 사업단계별로 선별적으로 이뤄져야 한다. 실제 입안되었던 계획이더라도 심의를 통과하지 못해 끝내 폐기되거나, 사업이 장기간 지연되는 경우가 많기 때문이다. 특별법에 의한 개발계획이 특히 그렇다.

이런 이유로, **국토계획법에 근거한 상위 계획에서부터 하위 계획인 시·군 도시계획까지 일련의 궤를 같이하는 개발계획에 주목할** 필요가 있다. 이런 계획은 그만큼 실현 가능성이 높기 때문이다. 경우에 따라 사업이 다소 지연될 수는 있겠지만, 반드시 추진되는 계획이다. 철도건설 절차별 세부 업무와 이를 통해 확인할 사항, 투자 적정 시점 등은 앞 자료인 [철도건설사업 추진절차와 적정투자시점]을 참조하면 된다. (도로건설 절차별 세부 업무내용과 투자 시점 역시 자료에서 설명하는 절차 및 내용과 크게 다르지 않다.)

철도건설계획과 거의 동시에 추진되는 도시계획 및 이에 따른 도시개발사업(이를테면, 역세권 개발사업) 또한 자료를 준용하여 살펴보면 되는데, 이 역시 해당 지자체 홈페이지에 들어가면 보다 자세히 알 수 있다. 이상의 내용을 염두에 두고 철도·도로건설계획별 사업개요, 추진현황 및 유망 투자지역 등을 꼼꼼하게 살펴보면 해당 지역 유망 투자지역을 살펴보는 데 큰 어려움이 없을 것이다.

[반드시 살펴야 하는 철도건설 관련 계획]

- 국가기간교통망계획 제1차 수정계획
  - –계획기간: 20년(2000~2019년)
  - –계획대상: 도로 · 철도 · 공항 · 항만 등 교통 SOC와 교통정책
  - –철도건설부문 주요내용: 경부·호남고속철도 및 고속화 간선철도망(6축×6축) 구축
- 제3차 국가철도망 구축계획
  - –계획기간: 10년(2016~2025년)
  - –계획의 성격: 철도건설법 규정에 의한 법정계획, 국가기간교통망계획·대도시권광역교통계획과의 연계계획, 전국계획
  - –사업의 범위: 고속철도, 일반철도 및 광역철도 건설계획

개발지역 땅 투자, 그 적기③

도시개발 사업지구 지정·고시 전후

다른 개발계획과 마찬가지로 정부의 대규모 개발사업도 준비단계, 계획단계, 시행단계에 이르는 일련의 과정을 거치면서 시행되고 개발된다. 하지만 차이가 있다. 타당성 조사나 개발계획의 수립에 앞서 발표와 동시에, 또는 발표에 이어서 곧바로 사업예정지구 지정·고시의 단계가 이루어진다는 점이 그것이다. '선 계획·후 발표'의 순서가 뒤바뀌어 추진되는 것이다. 그 이유는 이렇다.

행정복합도시·혁신도시 건설 등 특별법에 의해 추진되는 정부 공약사업, 국가산업단지·경제자유구역 건설 등의 국가개발사업, 그리고 신도시건설 등의 국토개발 사업처럼 국가가 주체가 되어 추진하는 대규모 개발사업은 발표와 동시에 땅값은 급등한다. 개발의 폭발성과 추진압력이 그만큼 크기 때문이다. 이런 이유로 정부는 발표 즉시 해당 지역을 개발사업 예정지구(및 구역)로 지정함과 동시에 토지거래 허가구역, 투기 억제지역으로 묶는 등의 온갖 잠금장치를 마련한다. 하지만 그럼에도 불구하고 땅값은 여전히 치솟는다.

그러면 도시개발 사업지구로 지정·고시된 이후 땅값이 치솟고 있는 상황에서 일반 투자자들은 어떻게 해야 할까. 땅값은 땅값대로 오르고, 또 각종 투기억제책으로 선뜻 투자하기가 녹록하지 않은 환경 하에서 말이다.

물론 지정·고시된 이후에도 땅값은 얼마든지 오르므로 그만큼 투자 여력은 있다. 하지만 그보다는 관점을 달리하여 투자하는 것이 바람직하다. **사업 예정지구로 지정되기 바로 직전 단계를 살펴보는** 것이 그것이다. 이 단계까지의 추진 과정을 살펴보면 다음과 같다.

최초 단계인 개발사업 구상이 끝나면 먼저 관계 담당부서에서 사업후보지를 조사 선정하고 이어서 투자사업 타당성을 심의한다. 이후 예정지구 지정제안을 상정한 후 예정지구 지정 및 시행자 지정단계로 이어진다. 이 예정지구 지정제안 이후의 단계에서 주민 및 관계자 의견청취와 관계기관 협의·심의가 이루어지는데, 이것이 통과되면 사업 예정지구로 지정·고시되는 것이다. 이 **주민의견청취를 위한 공고·공람 개최일 시점이** 바로 투자 적기다. 왜냐하면 이후 계획이 변경될 소지는 그만큼 적기 때문이다.

따라서 이 시기를 적정시점으로 잡아 투자에 나서도 크게 위험하지는 않다. 정부개발 사업은 그만큼 투자에 공격적일 필요가 있다. 실제 정부의 대규모 개발사업은 주민공고·공람 절차가 유명무실한 요식 행위인 경우가 많다. 그만큼 정부가 일방적으로 밀어붙이는 경우가 많기 때문이다. 경우에 따라서는 발표와 동시에 투자를 적극 검토함도 바람직하다. 신도시개발 발표가 그런 경우다.

정부 공약사업은 그 실효성 여부를 철저히 따져야 한다

하지만 여기서 주의해야 할 것이 있다. 정책의 실효성 여부를 파악하는 것이 그것이다. 매번 정권이 바뀔 때마다 새 정부는 많은 공약사업을 쏟아낸다. 이는 대부분 특별법을 제정하여 추진하게 된다. 특별법을 제정하려면 국회의 동의를 얻어야 하는데, 그 과정에서 뜻밖의 난관에 부딪히는 경우가 종종 생긴다. 야당의 반발과 환경단체 등 압력단체의 거센 저항 등이 그것이다. 그 결과 추진이 좌절되는 경우를 우리는 종종 목격할 수 있다. 지난 이명박 정부의 '한반도 대운하 개발' 추진 중단이 그 대표적인 사례다.

이 경우 정부의 개발사업 발표를 그대로 믿어 투자한 사람은 지금 어떻게 되었는가? 이른바 가능성만 믿고 하는 '묻지마' 투자의 전형으로, 매우 위험한 투자 방식이다.

따라서 정부의 개발사업 발표가 있으면, 먼저 그 사업의 실효성 여부를 면밀히 따져보아야 한다. 그 결과 정권과 관계없이 언젠가는 반드시 추진되는 사업, 예를 들어 **'신도시개발' 사업 등은 미리 한발 앞서 투자를 선점하는** 것도 좋은 투자 방법이다. 시간이 흐를지는 몰라도 언젠가는 반드시 추진되는 사업이기 때문이다. 이른바 국토의 유한성·부증성 때문에 그렇다. 그렇지 않고 대운하 사업처럼 불투명한 사업은 반드시 사업 확정 발표, 즉 개발계획이나 실시계획 승인 이후에 투자해야 안심할 수 있다.

또 하나 주의해야 할 것이 있다. **사업의 축소 또는 지연 가능성이다.** 정부 공약사업은 새 정부가 들어서면 이전 정부가 추진해오던 정책이 중단되거나, 축소·지연되는 경우가 생길 가능성을 전혀 배제할 수 없다. 이미 이전 정부의 몫으로 챙긴 성과를 굳이 새 정부가 떠안아 가면서까지 이를 활성화시키거나 발전시킬 이유가 없다고 생각하기 때문이다. 그 때문에 이전 정부의 정책은 그만큼 일관성 있게 지속적으로 추진하기를 기대하기 어렵다. 이전 노무현 정부가 추진해 온 혁신도시가 그렇고 기업도시가 그렇다.

새 정부가 들어서 이전 정부가 추진해 오던 정책이 중단, 축소될 경우 이는 부동산 거품만을 만드는 결과를 가져올 뿐이다. 그리고 이 과정에서 이를 그대로 믿어 투자한 투자자는 막대한 손해를 입을 뿐이다.

개발사업별 사업내용 요약

구 분	철도건설	도로건설	정부개발사업	신도시 · 도시개발	지자체 역점사업
투자적정시점	■1차: 기본계획& 노선결정 · 고시 ■2차: 기본설계(안) 노선설명회 ■3차: 실시계획 승인 ■4차: 착공 직전 ■5차: 개통 직전	■1차: 기본계획& 노선결정 · 고시 ■2차: 기본설계(안) 노선설명회 ■3차: 실시계획 승인 ■4차: 착공 직전 ■5차: 개통 직전	■1차: 예정지구 지정 · 고시 ■2차: 개발계획 승인 · 고시 ■3차: 실시계획 승인 ■4차: 착공 직전 ■5차: 준공 직전	■1차: 발표직후 ■2차: 예정지구 지정 · 고시 ■3차: 개발계획 승인 · 고시 ■4차: 착공 전후	■1차: 기본계획 수립 공청회 ■2차: 개발계획 승인 · 고시 ■3차: 실시계획 승인 ■4차: 착공 직전 ■5차: 준공 직전
투자유망지역	■신설역사 역세권 도시개발 편입지역 ■환승역 주변지역 ■역인근 전원주택지	■IC 인접 반경 내 지역 ■IC인근 신도시 ■도로결절점 인근지역 ■IC인근 전원주택지	■사업지구 인근 시가화예정지역 ■지구 내 유망지역	■사업지구 인근 시가화예정지역 ■지구 내 유망지역 ■추가 편입 가능지역	■사업지구 인근 시가화예정 지역, 도시 개발편입 가능지역 ■지구 내 유망지역
주의할 점	■노선 · 역사 변경 가능성 ■역세권 도시개발사업과의 연계개발 여부	■민자추진사업 경우 추진지연 가능성 ■경유지 · IC 변경 가능성	■이전정부 추진사업의 지연 · 축소 가능성 ■새정부 추진사업의 향후 중단 · 축소가능성	■토지수용 여부 확인 ■도시개발의 확대 · 축소 가능성	■지자체 예산편입 여부 확인要 ■지자체개발사업의 상위 우선순위 파악
확인사항	■상위 및 관련계획 ■국가기간망교통계획 ■지자체 도시기본계획 (역세권개발 관련)	■상위 및 관련계획 ■국가 기간망교통계획 ■지자체 도시기본계획 (주변 도시개발)	■상위 및 관련계획 ■광역도시계획 ■광역교통계획 등	■상위 및 관련계획 ■광역도시계획 · 지자체 도시기본계획 ■지자체 인구계획, 광역교통 계획 등	■상위 및 관련계획 ■지자체 도시기본계획 ■지자체 인구계획 광역교통 계획 등
기 타	■해당지역 관련 규제법규 등 파악	■해당지역 관련 규제법규 등 파악	■토지거래허가구역 지정여부 ■기타 규제사항 파악	■토지거래허가구역 지정여부 ■투기과열지구 지정 ■기타 규제사항 파악	■토지거래허가구역 지정 가능성 ■기타 규제사항 파악
관련기관 · 사업부	■국토교통부 (www.molit.go.kr) ■한국철도시설공단 (www.kr.or.kr) ■미래철도DB (frdb2.ivyro.net)	■국토교통부 ■한국도로공사 (www.ex.co.kr)	■국토교통부 ■행정중심복합도시건설청 (www.naacc.go.kr) ■혁신도시 (innocity.molit.go.kr) ■경제자유구역 (www.fez.go.kr)	■국토교통부 ■LH 한국토지주택공사 (www.lh.or.kr)	■국토교통부 ■각 지자체 홈페이지

개발지역 땅 투자, 그 적기④

역세권 개발구역 지정·고시 및 실시 계획 승인 전후

도시개발사업과 마찬가지로 역세권 개발사업도 준비단계, 계획단계, 시행단계에 이르는 일련의 과정을 거치면서 시행되고 개발된다. 하지만 개발계획의 수립·발표와 동시에, 또는 발표되기 직전 단계에서 곧바로 사업(예정)구역 지정·고시가 이루어진다는 점에서 차이 난다. '선 계획·후 발표'의 순서가 뒤바뀌어 추진되는 것이다. 그 이유는 다음과 같다.

참고로, 여기서 설명하는 역세권 개발사업은 도심 내 기존 역세권을 정비하는 사업(예를 들어 도시환경정비사업)이 아닌, 신역사가 들어서는 주변지역으로 개발되는 역세권 도시개발사업에 한정한다.

개발구역 지정을 위한 주민공고·공람 개최 시점을 노린다

국가·지자체가 사업시행 주체가 되어 추진하는 개발사업은 발표와 동시에 땅값은 급등한다. 개발의 폭발성과 추진 압력이 그만큼 크기 때문이다. 역세권 개발사업 역시 이와 다를 바 없다. 이 경우 비록 국가·지자체 등의 지정권자가 사업시행자를 지정하여 사업을 추진하는 것이지만, 사업 주체는 어디까지나 국가·지자체로 그들이 직접 나서 사업을 시행하는 것과 다를 바 없다.

이런 이유로, 정부는 발표 즉시 해당 지역을 개발구역으로 지정함과 동시에 토지거래허가구역이나 투기억제지역으로 묶는 등으로 온갖 잠금장치를 마련한다. 하지만 그럼에도 불구하고 땅값은 여전히 치솟는다. 땅값은 땅값대로 오르고, 게다가 각종 투기억제책으로 선뜻 투자하기가 녹록하지 않은 환경에서 일반 투자자들은 어떻게 해야 할까?

물론 개발구역으로 지정·고시된 이후에도 땅값은 얼마든지 오른다. 이 무렵에도 투자 여력은 높지만, 그렇더라도 이때에는 관점을 달리하여 투자하는 것이 더 현명하다. **개발구역으로 지정되기 바로 직전 단계를 살펴보는** 것이 그것이다. 이 단계까지의 추진 과정을 살펴보면 다음과 같다.

최초 단계인 개발사업 구상이 끝나면 관계 담당 부서에서 사업 후보지를 조사·선정하고, 이어서 사업 투자의 타당성을 심의한다. 이후 개발구역 지정 제안을 상정한 후, 개발구역 지정 및 시행자 지정단계로 이어진다. 이 개발구역 지정 제안 이후의 단계에서 주민 및 관계자 의견 청취와 관계기관 협의·심의가 이루어지는데, 이것이 통과되면 곧바로 사업(예정)구역으로 지정·고시되는 것이 일반적이다.

이 **주민의견 청취를 위한 공고·공람 개최일 시점이** 바로 투자의 적기다. 왜냐하면 이후 계획이 변경될 소지가 그만큼 적기 때문이다. 따라서 이 시기를 적정 시점으로 잡아 투자에 나서도 크게 위험하지는 않다.

이처럼 정부개발 사업은 투자에 공격적일 필요가 있다. 실제 정부의 대규모 개발사업은 주민공고·공람 절차가 유명무실한 요식 행위인 경우가 많다. 그만큼 정부가 일방적으로 밀어붙이는 경우가 많기 때문이다. 따라서 경우에 따라서는 발표와 동시에 투자를 적극 검토하는 것도 생각해볼 만하다. 신도시건설 발표가 그런 경우이다. 이런 경우에는 (예비)타당성 조사단계에서부터 적극 투자를 검토하는 것도 나쁘지 않다.

개발사업 실시계획 승인 단계는 사업의 확실성을 보장한다

역세권 개발사업 실시계획이 승인되는 단계에 이르면 개발구역 내의 땅값은 또 한 차례 급등한다. 사실상의 사업계획과 개발구역이 확정되면서 이때부터 사업이 급물살을 타기 때문이다. 재개발·재건축사업에서 정비계획이 결정·고시되면서 정비구역으로 확정되는 것과 같다고 보면 된다.

실시계획에는 사업 내용이 구체적으로 반영된다. 개발구역의 위치 및 면적, 사업시행 기간, 토지이용 및 교통처리 등에 관한 계획, 기반시설 설치계획 등이 이때 전부 확정된다. 이미 승인받은 실시계획을 변경하는 경우 또한 같다.

지정권자(정부·지자체)가 실시계획을 승인하는 경우에는 이를 14일 이상 일반인이 열람할 수 있도록 관보나 공보에 고시하게 된다. 이때 국토계획법에 따른 도시관리계획의 결정에 관한 사항이 포함되어 있는 경우 지형도면이 함께 고시된다.

바로 이 **지형 도면을 통해 역세권의 동선을 파악할 수** 있다. 그리고 이 동선을 중심으로 도시의 외연이 점차 확산된다. 물론 해당 역세권을 중심으로 인구가 모여들고 계속해서 주택이 들어설 지역에 한해서다.

어찌 보면 이런 지역에 대한 토지 투자가 오히려 더 현명한 투자일 수 있다. 개발구역 내의 토지는 어차피 사업시행자에게 수용·사용될 수밖에 없어, 자칫 토지보상가액이 문제될 수 있기 때문이다. 더군다나 실시계획 승인 단계가 되면 이미 땅값은 크게 오른 상태라, 투자수익률은 그리 높지 않다.

따라서 그 보다는 향후 **역세권을 반경으로 도시가 확산될 지역 안의 주요 동선을 따라 투자할 때 기대 이상의 성과를 올릴 수** 있다. 도시계획(도

역세권 개발 및 철도·도로건설사업 시행단계 및 사업기간

정부개발사업(도시개발사업 포함) 시행단계 및 사업기간

	준비단계	계획단계	시행단계
시형업무	■ 예정지구 조사 ■ 예정지구 지정제안(시행자) ■ 예정지구 및 시행자 지정(국토부장관) ▶주민의견 청취 및 공람공고(시군구) ▶관계중앙기관장 협의 ▶중앙도시계획위원회 심의	■ 개발계획 수립 ▶광역교통개선 대책수립 (100만㎡↑) ■ 개발계획 승인 · 고시(국토장관) ■ 개발사업 실시계획수립 ▶지구단위계획수립(도시개발)	■ 개발사업 실시계획 승인 ▶지구단위계획구역 지정 · 결정(도시개발) ▶부지(택지)공급계획 수립 ■ 공사준공 ■ 완공
소요기간	3~5년(D+5)	3~5년(D+8~10)	3~5년(D+10~15)

철도 · 도로건설사업 시행단계 및 사업기간

	준비단계	계획단계	시행단계
시행업무	■ 예비타당성 조사 ■ 타당성조사 및 기본계획 수립 ▶노선 및 입지계획 검토 ▶사전환경성 검토 ▶기본계획 노선결정 · 고시	■ 기본설계 ▶기본설계 노선결정 ▶기본설계(안) 공람공고 및 주민설명회 개최 ▶기본설계 완료 · 승인 ■ 실시설계 ▶실시계획 시설계획 수립 ▶실시계획 완료 · 승인 ▶관계기관 협의 · 심의	■ 도로 · 철도건설사업 실시설계 승인 ▶관보고시(지형도면포함) ■ 공사착공 ■ 개통
소요기간	3~5년(D+5)	3~5년(D+8~10)	3~5년(D+10~15)

▶각 개발사업의 준비단계 기간 동안에는 외형적으로는 잘 드러나지 않는다. 하지만 이 기간 동안에 실질적인 개발의 물밑작업은 이미 이루어지는 것이다. 이 기간 동안의 어느 한 시점이 투자의 최적정 시점이 된다.
▶만일 준비단계 기간이 길어지면 그만큼 이후의 계획단계 · 시행단계는 빨라 진다. 반대로 신도시 개발처럼 먼저 개발계획을 발표한 이후 시간을 두고 추진하는 경우도 있다.
어느 것이나 사업의 추진주체,추진속도,확장 · 축소 가능성 등을 시간의 흐름을 갖고 이에 대한 관심의 끈을 놓지 않아야 한다.

시기본계획과 도시관리계획)상의 교통계획을 집중적으로 살펴야 하는 이유가 이 때문이다. 특히 **역세권과 연계되는 주 간선교통망에 주목할** 필요가 있다.

그렇더라도 주의해야 할 것이 있다. 최근 들어 수도권 외곽지역에 철도역사가 새로이 들어서고, 그 주변으로 역세권 개발사업이 이뤄지는 지역을 중심으로 땅을 팔고 사는 거래가 성행하고 있다. 문제는 그 과정에서 자칫 지나치게 높은 가격으로 매입할 수 있다는 것이다.

즉, 발 빠른 중개업자들이 역세권 개발정보를 미리 입수하여 원주민이 소유한 땅을 대량으로 매입한 후, 이를 일반 투자자들에게 높은 가격으로 매도하는 경우가 그것이다. 이 경우 자칫하다가는 수용·보상되는 가격보다도 높은 가격으로 사들여 낭패를 볼 수 있으므로, 특히 주의해야 한다.

때문에 어디까지나 주변의 시세를 물어 확인한 후, 이것과 비교하여 적정 시세를 가늠할 수 있어야 한다. 자칫 잘못된 정보를 그대로 믿어 투자했을 경우, 이는 막대한 손실로 이어질 수가 있음을 반드시 염두에 두고 투자에 임해야 한다.

개발계획, 이렇게 살펴라①

도로 건설계획의 예: 제2영동고속도로 건설

이제부터 국토종합계획, 광역도시계획 및 시·군도시기본계획 등 국토계획과 그동안의 신문기사에 실린 내용을 비교하면서 개발계획을 보는 눈, 읽는 법을 살펴보자. 먼저 '2020 여주군 도시계획'상의 반영 계획인 '제2영동고속도로(광주-원주 고속도로)' 건설 사업을 예로 들어보자. 이해를 돕기 위해 인터넷에 들어가서 그동안 실린 관련 기사 전체의 흐름을 꼭 읽어보기 바란다.

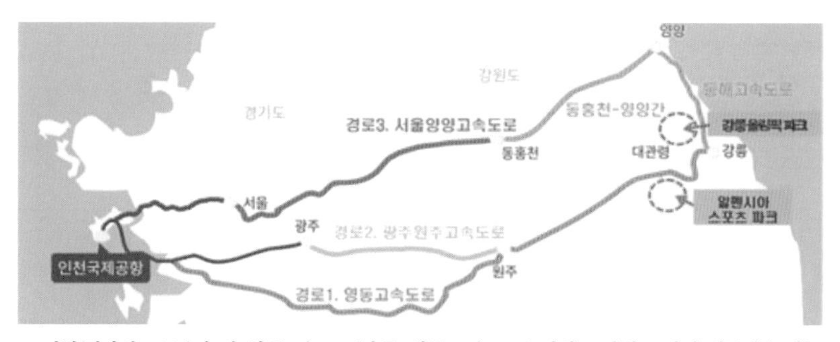

▲ 전철(경강선, KTX)과 제2영동고속도로(광주-원주 고속도로) 건설로 강원도 발전 대동맥을 잇는 '올림픽 로드'가 완성됐나.

개발 소문이 나오면 먼저 국토계획부터 살펴라

2020 여주군 핵심발전계획의 하나인 '맞춤형 전원주택단지'가 제2영동고속도로 건설과 맞물려 여주군 내의 IC개설 예정지인 흥천·대신IC 인근지역을 중심으로 조성되고 있다. 제2영동고속도로 추진계획은 2002년 초부터 신문지상에 오르내렸으며, 2003년부터 본격적인 타당성조사가 시작되었고, 오랜 추진기간을 거쳐 2016년 드디어 개통됐다. 사업 초기단계에서부터 인근지역 땅값이 들썩였다는 기사가 연일 계속해서 흘러나왔다. 그렇다면 이 시기에 개발 호재를 그대로 믿어 지역 내의 땅에 투자하는 것이 온당한 일일까? 먼저, 관련 계획을 살펴보자.

그 첫 번째로, 2020년 제4차 국토종합계획을 살펴보자. 국토종합계획 상의 권역별·시도별 발전 전망을 보면, '인천~서울~원주~강릉 간 철도 및 고속도로망을 구축하여 인천국제공항과 동해안경제권을 연계하고 국제 동계스포츠 개최를 촉진'하기 위한 인프라를 구축할 계획이 잡혀있다. 여기서 주목할 것이 바로 '평창 동계올림픽'이다. 제2영동고속도로 추진의 가장 직접적인 이유가 바로 '2018년 평창 동계올림픽 유치'와 관련한 것임을 알 수 있다.

이어서 2020년 수도권광역도시계획을 살펴보면 이렇다. 이 계획과 제2영동고속도로 건설과의 직접적인 관련성은 없다. 하지만 이 역시 '수도권 간선도로망 계획노선' 상에 인천~안산~신갈~이천~원주를 동서 2축으로 잇는 도로망계획(비록 도로 신설 또는 기존 영동고속도로의 확장 여부는 명기되어 있지 않지만)이 잡혀있다.

그리고 2020년 원주시 도시기본계획과 여주시 도시기본계획은 2003년에는 아직 승인이 떨어지지 않았다. 따라서 당연히 관련 시·군도시계획에 반영된 상태는 아니었다. 이들 지자체의 도시기본계획은 2007년을 전후하여 승인되었으며, 여주군의 경우에는 사업의 사실상의 확정단계인 2007년 하반기 이후에 이를 도시계획에 반영했다.

이상의 내용을 종합해보자. 첫째, 제2영동고속도로는 발표 소문이 났던 2002~3년 당시에는 국토계획은 물론 시·군 도시기본계획 상 어느 곳에도 본 사업의 개발계획이 명시되지 않았다. 다만, 국토계획법의 공간계획상 어떤 형태로든 이곳 지역을 잇는 도로건설 계획이 수립될 가능성은 있었다. 다시 말해 개발의 근거는 충분한 상태였다.

둘째, 당시 국내 여건상 '2018년(당초에는 2014년에는 확실히 유치될 것으로 기대했다) 평창 동계올림픽 유지'는 큰 개발 이슈였다. 만일 동계올림픽이 유치된다면 이에 따른 SOC의 개발이 매우 시급한 실정이었다. 이상의 내용을 배경으로 하여 2002년 하반기부터 제2영동고속도로 개발 이슈가 표면화되기 시작한 것이다. 그렇다고 그 시점에서 개발 가능성이 높았다고 섣불리 단정할 수 있을까?

일반 투자자가 제2영동고속도로 호재발표로 동부권 땅값이 들썩이던 2003~4년 시점에 투자함은 과연 옳은 판단이었을까? 사업추진이 확정되어 착공을 눈앞에 둔 현시점에서 볼 때 결과적으로 성공한 판단이었지만, 그렇더라도 그 시기의 투자는 신중하게 고려했어야 함이 옳았다. **사업 중단 등의 불확실성 또한 그만큼 컸기** 때문이다. 왜냐하면 이는 **국토계획법으로 확정한 개발계획이 아니어서 투자의 성공 가능성 또한 그만큼 불확실했기** 때문이다.

그렇다면 언제가 투자 적정 시점이었을까

'제2영동고속도로 추진 관련 실시간 신문기사 내용'을 살펴보면 2002년 하반기부터 주요 일간지에 개발계획이 실린 이래 2007년 상반기까지 '건설한다, 안 한다'라고 엎치락뒤치락하는 기사가 계속해서 실렸다. 특히 평창 동계올림픽 유치가 무산된 2007년에는 더욱 그러했다. 그러다가 **2007년 하반기 사업 관련 '주민설명회'가 개최되면서 이후 사실상의 개발계획이 확정된** 것이다. 하지만 이 시기에도 그곳 땅값의 오름폭은 그다지 크지 않았다. 정작 크게 오르기 시작한 것은 곧 있을 대통령 선거를 전후해서부터였다.

여기서 우리가 주의 깊게 살펴볼 것이 있다. 2007. 7월 평창올림픽 유치 실패로 인한 사업재검토 기사가 실린 지 불과 몇 개월도 채 안되었는데도 불구하고 그 이후 어떻게 사업추진이 급물살을 타고 확정되는 일련의 과정이 이어졌는가 여부이다.

그 이유는 바로 대통령선거에 있었다. 당시 각 후보자마다 표심을 얻기 위해 일제히 공약을 남발하였는데, 제2경부고속도로 건설계획 또한 예외가 될 수 없었다. 이후 이명박 정부가 정권을 잡은 이래 국무총리를 비롯한 이른바 강원도 출신 인사가 다수 포진해 있는 당시 시점에서 개발계획은 보다 탄력을 받게 되었다. 그 결과 'MB정부 광역개발 30개 선도 프로젝트'에 선정되어 2009년 착공을 약속했지만, 그 이후에도 사업은 한동안 지연되어 2011년에 이르러서야 착공됐다.

여기서 우리가 부동산 투자와 관련해서 살펴야 할 또 하나의 요인이 있다. 이른바 **개발계획을 둘러싼 '외부 요인'이** 그것이다. 대통령 선거가 그렇고, 올림픽 유치가 그렇고, 장기간의 경기침체에 이어지는 고강도의 경기부양책이 또한 그렇다.

그렇더라도 이런 식의 투자는 바람직하지 않다. 불분명한 실현 가능성에 투자하는 것은 전문가가 아닌 일반 투자자의 영역이 아니기 때문이다. 불확실성을 제거하면서 투자 수익을 최고로 올리는 것이 곧 투자의 묘미 아니던가?

이상을 종합할 때, 결과적으로 본다면 제2영동고속도로 개발 호재와 관련한 적정 투자 시점은 **사실상의 사업 확정 단계인 '주민설명회' 전후 시점인 2007년 하반기 무렵 및 착공이 확실시되었던 2009년 무렵이** 아니었나 싶다. 좀 더 공격적으로 투자한다면 사업자 선정이 완료된 시점인 2006년 하반기 무렵으로 정해도 무방할 듯했다. 이 시점 이후에는 비록 사업 추진이 지연되더라도 이후 무산될 가능성은 그만큼 낮았기 때문이다.

알고 있어야 할 것은, 제2영동고속도로 건설계획은 제4차 국토종합계획에서 수립된 계획이 아니라는 사실이다. 만성 정체되는 기존의 영동고속도로 여건과 평창 동계올림픽 유치와 관련해서 구상되고 추진되어 온 계획이다. 그러기에 애초부터 민자 사업으로 추진되어 온 것이다.

민자 사업은 추진 과정에서 많은 우여곡절을 겪는다. 제2영동고속도로 또한 이 범주를 크게 벗어나지 않았다. 그런 이유로 사업자가 선정된 이후에도 요금 문제 조정 등으로 난항을 겪어 왔던 것이다. 그러던 것이 정권이 바뀌면서 급물살을 타고 있다. 이른바 정책이 계획을 주도하는 형국이다. 그런 우여곡절을 겪은 끝에, 제2영동고속도로는 2011년 11월 착공해 5년 만인 2016년 11월 개통됐다. 민자 사업(BTO) 방식으로 건설된 제2영동고속도로는 준공과 함께 소유권이 국가에 귀속되고 30년간 민간이 운영하게 된다.

개발계획, 이렇게 살펴라②

철도 건설계획의 예: 경강선 복선전철화사업 및 여주신역사 역세권 도시개발사업

이어서 개발계획을 어떻게 읽어내는지를 〈성남~여주 복선전철화사업 및 역세권 개발사업〉을 예로 들어 살펴보자. 국토계획과 해당 지자체 도시계획, 관련 신문기사 등을 읽고 이를 분석하여 정확한 투자 시기와 투자 지역을 읽어내는 안목을 기르는 것이 바로 개발 호재 땅 투자의 포인트가 된다. 일반적으로 다음 단계를 거치면서 분석하면 된다.

참고로 경강선 성남~여주 복선전철화사업과 관련한 역세권 도시개발사업은 이미 기존의 해당 시·군도시계획으로 반영되어 있다. 이런 이유로 **역세권 개발법에 따른 도시개발 시행사업과는 관계없이 이미 오래전부터 추진되어 온 사업이기도** 하다. 국가철도망구축계획에 반영된 철도건설 계획과 지자체별 도시기본계획에 따른 역세권 도시개발사업이 그 주변지역을 중심으로 순차적으로 진행되고 있는 중이다. 따라서 **개발사업에 대한 분석은 관련 철도건설 기본계획을 살피는 것으로부터 출발하면** 된다.

[경강선 여주역으로 들어오고 있는 전철]

▲ 2016. 9월 24일 여주·이천·광주 등 경기동부권지역의 수도권전철시대를 열게 될 열차가 여주역을 향해 달려오고 있다. (자료: 여주시)

1단계: 국토계획부터 살펴본다

①성남~여주 복선전철화 사업

■ 제4차 국토종합계획 수정계획

→네트워크형 인프라구축 중 철도 부문 內 '일반철도의 복선화율 제고'

■ 2020 수도권광역도시계획

→공간 구조계획 중 교통축 중심의 개발축 內 '전국 간선망 동서 3축 구축'

②역세권 도시개발사업

■ 제4차 국토종합계획 수정계획

→6대 추진 전략 중 자립형 지역거점 형성 부분 內 '역세권 개발'

■ 2020 수도권광역도시계획

→광역토지이용계획 중 도시화예정용지의 단계적 개발체계 확립 內 동부지역 '서

울반경 20km외곽의 주요 교통 결절점이 있는 역세권 우선 개발'

■ 2020여주군 중·장기 종합발전계획: 도시기본계획

→수도권 공간 구조 개편 중 도로 및 철도신설 內 '성남~여주 복선전철계획에 따른 역세권 개발'

③이상을 통해 유추해 낼 수 있는 사업추진 가능성은

■ 성남~여주 복선전철화 사업은 제4차 국토종합계획에 의거하여 제2차 수도권정비계획(광역도시계획) 반영 사업으로 1997년 처음 사업 구상된 계획이다. 따라서 추진 시기만 정해지지 않았을 뿐, 언젠가는 반드시 추진되는 사업계획이었다.

■ 역세권 도시개발사업 역시 국토계획 및 해당 지자체 도시기본계획상에 명문화되어 있는 핵심 추진사업이다. 따라서 신역사가 건설되면 반드시 그 주변으로 역세권 도시개발이 이루어진다.

2단계: 관련 법규를 살핀다

■ 우선해서 살펴봐야 하는 것이 바로 '수도권정비법'이다. 여주지역은 전역이 수도권정비법상의 '자연보전권역'에 해당된다. 이는 곧 개발할 지역만 한정해서 개발하되, 이외의 지역은 자연보전지역으로 묶여 개발을 제한한다는 의미이다. 따라서 투자 범위를 아주 좁혀야 한다. 역이 들어설 지역을 중심으로 반경 1~2km 이내의 지역으로 한정해서 투자해야 한다.

■ 이어서 살펴보아야 하는 것이 해당 지자체의 도시관리계획을 살펴보는 일이다. 이는 토지이용계획확인서를 발급받아 각 항목별 규제사항을 확인하는 것으로부터 시작한다. 특히 토지이용계획확인서상의 1번 도시관리계획 중 '용도지역·용도지구·용도구역' 부분을 유의해서 살펴본다. 또한 토지거래허가구역에 해당되는지 여부 등도 살펴본다.

- 만약 주변지역에 투자했을 경우라면 토지 취득과 관련한 법규를 잘 살펴야 한다. 개발지역 대부분이 농지이기 때문에 외지인의 농지 취득과 관련한 사항을 충분히 알고 투자에 임해야 한다.

3단계: 사업이 확정되는 시점을 알아낸다

- 성남~여주 복선전철화 사업은 철도건설기본계획 수립 이후 기본설계, 실시설계 및 사업자 선정 과정이 사업구간별로 턴키로 이루어지는 사업이다.
- 복선전철화 사업 '주민설명회'가 열린 2004년 6월 전후를 사업이 사실상 확정되는 시점으로 잡아 투자에 들어가도 리스크는 별로 없었다. 왜냐하면 '2020 국토종합계획'에 이미 반영된 사업이기 때문이다. 실제, 이 시기 이후에 땅값이 급등했는데, 여주 능서신역사가 들어설 예정인 신지리의 그때 당시의 땅값은 평당 20만 원을 넘지 않았다. 신역사가 들어서면 상업 · 주거지역으로 바뀌고 있는 이 지역은 지금 평당 5~6백만 원을 훌쩍 넘는다.
- 사업추진 과정에서 2005년경 예산초과 등의 이유를 들어 사업재검토 논의가 잠깐 있었다. 하지만 이는 대세에 지장을 주지 않는 이른바 '찻잔 속의 태풍'이었다. 따라서 이 시점에 기사를 보고 지레 겁먹고 서둘러 처분했다면 결과적으로 엄청난 손해를 본 셈이다. 왜냐하면 신역사 건설과 함께 또다시 땅값이 뛰었기 때문이다. 그렇더라도 역세권 도시개발사업은 현재 진행 중이어서, 인근지역 투자는 여전히 매력적이다.

결론은

- 어떤 개발사업이 소문으로 나돌면 가장 먼저 살펴볼 것이 바로 국토계획이다. 국토계획상에 반영된 경우 틀림없이 추진되는 사업이기 때문이다. 상위 계획인 국토종합계획에서부터 하위계획인 시·군 도시계획까지 일관적으로 반영된 경우에는 더욱

그러하다.

- 따라서 이러한 사업은 좀 더 이른 시기에 공격적으로 투자해도 무방하다. 비록 기간이 오래 걸리겠지만, 그렇기 때문에 초기 투자 수익은 훨씬 크다. 이 경우, 여주 역세권 도시개발사업은 수도권정비법상의 자연보전권역 내의 개발사업이기 때문에 반드시 지역을 한정해서 투자해야 한다. 발품을 팔아가며 직접 확인하는 과정을 필요로 하는 이유가 여기에 있다.
- 철도건설 공사 진행상황을 보면, 2016년 9월 전 구간이 개통됐다. 역세권 도시개발에 따른 도시개발계획 또한 승인 · 고시되어 계획대로 추진되고 있는 중이다. 이 경우, 역세권 도시개발계획으로 결정고시된 사업구역 안의 땅값과 밖의 땅값은 그야말로 천지 차이다. 수용 · 사용되더라도 그렇다.
- 사례의 개발 호재 투자의 포인트는, 여주 능서신역사가 들어서는 정확한 위치를 여하히 빨리 알아내, 이 신역사가 들어설 예정지역 반경 범위 내에 투자하는가에 달렸다. 즉, 철도건설사업 기본설계(안) 공람 · 공고 전후 무렵부터 노선설명회까지의 기간 동안에 부지런히 발품을 팔아 사실 여부를 확인하고, 그에 맞춰 투자 여부를 결정했을 경우에 목적한 결과를 얻을 수 있었을 것이다.
- 이상을 통해 알 수 있듯이, 해당 지자체 도시계획(도시기본계획과 도시관리계획)은 역세권 도시개발사업 추진 가능성 여부를, 철도건설기본계획은 역세권 도시개발사업구역의 정확한 위치를 파악해내는데 있어서의 중요한 포인트가 된다.

개발사업 분석방법 및 분석절차

구 분	분석순서	확인사항	비 고
1단계 : 개발소문 입수단계	①개발정보의 진위파악 ②자료수집・정리	■개발정보는 믿을만한 정보인가 →신문의 추측성 기사인가, 정부의 공식적 보도자료인가 ■개발정보의 소스는 어디인가 →정부당국자,지자체담당자,부동산업자,신문기사… ■자료수집・정리 →모든 관련자료・기사를 수집・정리한다	
2단계 : 개발사업 분석단계	③국토계획 분석 ④지자체・관련기관 확인 ⑤관련법규・규제 파악 ⑥현장방문・조사	■국토계획 상위 및 관련계획 분석 →국토종합계획,도 종합계획,시・군종합계획,광역계획 등 국토계획과 관련 계획을 종합하여 추진상황 분석 ■지자체 및 관련기관 확인 →해당 지자체 및 추진담당기관・부서를 직접 방문하거나 홈페이지 등을 통해 개발계획 진행상황 등을 확인 ■관련법규 및 규제파악 →그 지역내의 한 필지에 대한 토지이용계획확인서를 발급받아 공법상의 규제사항 등을 파악 ■현장방문・조사 →해당지역내의 부동산사무소나 측량사무소 등을 직접 방문하여 현지여건 및 상황,향후 가능성 등을 파악	■특히 광역 교통계획을 살펴 개발의 축(동선)을 파악한다 →매우 중요
3단계 투자결정단계	⑦개발사업성 적정성 파악 ⑧투자시점・지역 분석 ⑨투자물건 조사 및 선정 ⑩상담 및 계약체결	■정부・정부기관 추진사업인가, 민자사업인가 →민자사업의 경우에는 지연・축소가능성에 유의 ■중앙정부 추진사업인가, 지자체 추진사업인가 →지자체 추진사업인 경우 예산편성 여부 확인要 ■국토계획에 따른 사업인가, 특별법을 제정・추진사업인가 →특별법을 제정・추진하는 경우 국회통과 가능성 파악 ■투자시점 및 지역분석 →개발사업 단계별로 이와 연동한 투자시기,지역,기간 등을 파악하고 투자의 우선순위를 결정한다 (1순위)국가추진계획으로 철도망 환승지역이면서 역세권지역 (2순위)국가추진계획으로 철도 역세권지역 (3순위)국가추진계획으로 도로IC 입접지역으로 도시개발지역 … ■투자물건 조사・선정 →반드시 현장을 최소 4~5회 이상 방문하고, 복수의 부동산과 접촉	■항상 투자의 포트폴리오를 고려하여 우선순위를 정한다 (3・5・7・10년)

개발계획, 이렇게 살펴라③

교통계획도 눈여겨보자: 평택 고덕신도시 건설

앞서 말했듯이, **역세권 도시개발사업 투자 시에 가장 주목해야 하는 관련 계획이 바로 '광역교통계획'이다.** 역세권 도시개발사업의 경우, 개발계획의 발표와 동시에 수용지역으로 묶이거나 토지 전매가 제한되므로 투자 메리트는 그만큼 떨어진다.

수도권에 가까운 지역이라면 오히려 개발예정지 주변지역이 투자 메리트가 뛰어난 경우가 많다. 이를 뒷받침하는 것이 바로 '광역교통계획'이다. 이를 정부 주도의 대규모 개발사업이나 택지 개발사업을 포함하는 일련의 개발 호재지역으로 뭉뚱그려 설명하면 이렇다.

◀ 경기도 평택 고덕국제신도시 전경으로, LH공사가 공급하는 신도시 내 중심상업지역에 위치한 개발 예정용지이다. (자료: 동양건설산업, 2017)

광역 교통계획부터 살핀다

광역교통계획 역시 '제4차 국토종합계획', '2020 국가기간 교통망계획', '2020 수도권종합광역 교통계획' 등 상위 관련 계획 및 해당 지자체의 도시기본계획상에 반영되어 개발계획과 함께 추진된다. 그 결과 모든 관련 교통계획은 일련의 상관관계를 갖는데, 이는 교통계획이 개별적으로 추진되는 것이 아니라 하나의 단위로 묶여 체계적으로 추진됨을 의미한다. 특히 다음과 같은 중요한 의미를 내포하고 있다.

첫째, **개발계획이 크고 종합적일수록 그만큼 교통계획도 광역적·체계적으로 수립되고** 추진된다. 다시 말해 개발사업이 상위 계획에 근거하여 추진되는 경우, 그에 따른 교통계획도 상위 계획에 의거하여 광역적이고 체계적으로 추진됨을 의미한다. 특히 개발지역을 경유하는 철도 및 고속도로 신설계획 등은 모두 상위 계획에 의거해서 추진된다.

예를 들어 신도시 건설의 경우, 광역교통망 등 기반 시설이 얼마나 잘 구비되어 있는가에 따라 사업의 성패가 좌우된다. 분당 신도시가 다른 신도시에 비해 집값이 비싼 이유가 바로 이것으로, 특히 광역교통체계가 잘 구축되어 있기 때문이다. 또 아산·천안 신도시가 KTX역세권 개발 등과 맞물려 수도권 신도시 못지않은 규모로 크게 개발되고 있는 것도 같은 이유 때문이다.

둘째, **개발지역의 광역교통계획을 통해 향후 발전 가능한 개발의 축을 미루어 짐작할 수** 있다. 도시는 교통망을 축으로 하여 발전하기 때문에, 이 광역교통망 구축에 따른 개발축이 바로 투자 유망지역이 된다. 분당에서 시작해서 용인으로 이어지는 개발 축, 수원에서 시작해서 인근 오산, 평택으로 이어지는 개발 축, 인천-안산-시흥으로 이어지는 개발 축이 그 예다.

어떤 의미에서 개발사업과 관련한 부동산 투자는 그 사업과 함께 추진되는 광역교통계획을 보고 투자하는 것과도 같다. 그러므로 **상위 관련 교통계획은 물론 해당 지자체의 도시기본계획상에 반영된 교통계획을 최우선 순위로 고려해야** 한다. 예를 들어 최근 확정·발표된 평택 고덕 국제화계획지구 광역교통계획을 살펴보면 향후 개발의 축과 발전될 지역을 보다 쉽게 알 수 있다.

어디가 개발축인가

정부에서 발표한 '고덕국제화계획지구 광역교통 개선 대책'을 보면, 지구 내로 접근하는 주요 광역교통 체계는 크게 다음 세 가지 도로축을 중심으로 건설됨을 알 수 있다. (주요 개선대책 세부내용은 지면상 생략한다. 해당 지자체 홈페이지에 직접 들어가 확인하면 된다.)

기존의 협소한 국도 1호선을 대체하는 우회도로를 신설하여 국제화도시와 연결하는 도로축, 고속철도 환승역사인 신설 지제역과 국제화도시를 연결하는 도로축, 경부고속도로 평택~음성 구간과 고덕 국제화도시를 연결하는 38번국도 도로축이 그것이다.

[평택 고덕국제화계획지구 광역교통계획 중 철도망 계획]

노선축	철도망	비고
고속철도	경부고속철도	-
	수서~평택 간 고속철도	개통
철도	경부선 및 복선철도	-
	서해안 복선전철	공사 중
	포승~평택 간 철도	공사 중
	평택~안성 간 철도	구상 안

▲자료: 평택시 2020 도시기본계획

우선, 국도 1호선 대체 우회도로가 신설됨에 따라 서울~용인으로 연결되는 고속도로 및 영덕~오산 간 고속화도로와 연결됨으로써 수도권 및 경부고속도로, 동서고속도로 등과의 접근성이 빨라진다. 그 결과, **이 신설도로 주변지역을 중심으로 도시가 개발될** 것이 분명하며, 개발과 함께 이 지역을 따라 땅값도 뛸 것이다. 서울 수서에서 평택을 잇는 SRT 고속철도역사인 신설 지제역 또한 고덕국제화도시의 배후 역세권으로 개발될 것이 확실하다.

특히 2016년 개통된 '수서-평택 SRT 고속철도' 사업은 평택의 지형도를 완전히 바꿔 놓았다. 이 사업으로 평택 도심과 부도심이 SRT 평택 지제역을 중심으로 개발되고, 향후 평택 삼성산업단지와 통하는 연결도로가 신설되면서, **평택 지제역세권이 명실상부한 평택의 중심 상업지역**으로 한창 개발되고 있는 중이다.

따라서 SRT **신평택 역사와 국제화도시를 잇는 신설도로 주변 지역**이 향후 개발의 중심축이다. 고덕 국제화도시에서 경부고속도로를 직선으로 잇는 **38번 국도변 확장계획에도 주목**할 필요가 있다. 왜냐하면 인근의 평택~음성 구간에 접속IC가 신설됨에 따라 앞으로 고덕 국제화도시를 잇는 메인도로가 될 가능성이 높기 때문이다.

반면, 오산에서 송탄, 평택으로 이어지는 기존의 1번 국도와 302번 지방도의 도로변은 어떠할까? 도로가 협소하여 접근 도로로서의 기능을 제대로 수행하기 어려울 것으로 보인다. 따라서 그만큼 투자 가치는 떨어지게 된다.

이처럼 대규모 개발계획이 이루어지면 이는 새로운 도로 축을 필요로 하는데, **개발에 따른 도시 확장의 축은 바로 이 광역교통계획을 중심으로** 이루어진다. 그러므로 **광역교통계획은 개발 호재지역 투자 시에 가장 먼저 고려해야 하는** 중요한 포인트가 되므로, 개발계획이 발표되면 가장 먼저 이것부터 확인해야 한다. 중요하다.

부동산 가치 투자의 포인트-2

국토·도시계획을 살펴야
부동산의 내재가치를 알 수 있다

국토·도시계획을 따라가면 돈이 보인다

국토·도시계획은 부동산 투자를 위한 보물지도와도 같다. 국토·도시계획은 **부동산 개발의 개념이 담겨있는 장기 로드맵이기** 때문이다. 부동산 투자를 고려할 때 어디에 언제 투자해야 할 것인가에 대한 방향을 잡을 수 있는 중요한 자료가 바로 국토·도시계획이다.

2000년부터 2020년까지 제4차 국토종합계획이 수립되어 있고, 다시 2006년부터 2020년까지 수정계획이 수립되어 있다. 따라서 적어도 오는 2020년까지는 이 제4차 국토종합계획대로 국토·도시가 개발된다고 보면 된다. 이 국토종합계획에 기초하여 특별시·광역시·시·군마다 도시의 장기발전을 제시하는 도시기본계획과 그 실천계획인 도시관리계획이 수립되어 개발계획이 차질 없이 진행되고 있다. 이러한 **국토계획의 체계를 파악하고 흐름을 이해하는 것은 부동산 투자에 절대적인 영향을** 미친다.

국토·도시계획의 체계는 '국토기본법' 제6조에 의한 국토종합계획, 시·군종합계획(도시계획), 지역계획, 부문별 계획, '국토의 계획 및 이용에 관한 법률'에 의한 광역도시계획, 도시계획(도시기본계획, 도시관리계획), 개별법에 의한 사업계획(수도권정비계획법, 도시 및 주거환경정비법, 도시개발법, 도시재정비촉진특별법, 도시재생특별법, 택지개발촉진법), 건축법에 따른 건축계획 등으로 구성된다.

국토종합계획

모든 국토 및 도시개발은 철저히 계획의 테두리 안에서 이루어진다. 모든 개발계획은 당연히 인과관계를 갖는다. 그저 막연하게 개발계획이 수립되는 것이 아니라, 상위법에 근거하여 이후 하위법으로 이어지면서 개발은 계획되고 실행되는 것이다. 물론 특별법 제정을 통해서 추진되는 경우도 있겠지만, 이 역시 국토종합계획의 큰 틀을 벗어날 수는 없다. 그리고 계획의 최상부에 국토종합계획이 있다. 특히 **도시개발에서 국토종합계획은 무척 중요하다.**

따라서 만일 중앙정부나 지자체에서 어떤 개발계획(도시계획 및 철도·도로건설계획)을 구상 중에 있다면, 가장 먼저 확인해야 할 것이 바로 **그 계획의 국토종합계획에 반영됐는지** 여부이다. 만약 그렇다면 이는 반드시 실행되는 계획으로 봐도 무방하다. 그리고 국토종합계획-광역도시계획-시·군도시계획으로 이어지는 개발계획은 그 시행 시기만 고려될 뿐, 분명 투자 1순위가 된다.

하지만 부동산에 투자할 때 이 국토·도시계획을 잘 살피지 않고 간과하는 투자자들이 많은데, 이는 마치 미로 속을 헤매는 것과 다를 바 없다. 무엇보다 국토계획의 체계와 흐름을 이해하고 파악하여 남보다 한발 앞서 개발정보를 선점하는 노력을 기울이는 한편, 개발과 관련하여 주의해야 할 각종 규제사항 등을 파악하여 손실을 보는 경우가 없도록 해야 한다.

국토계획 흐름도

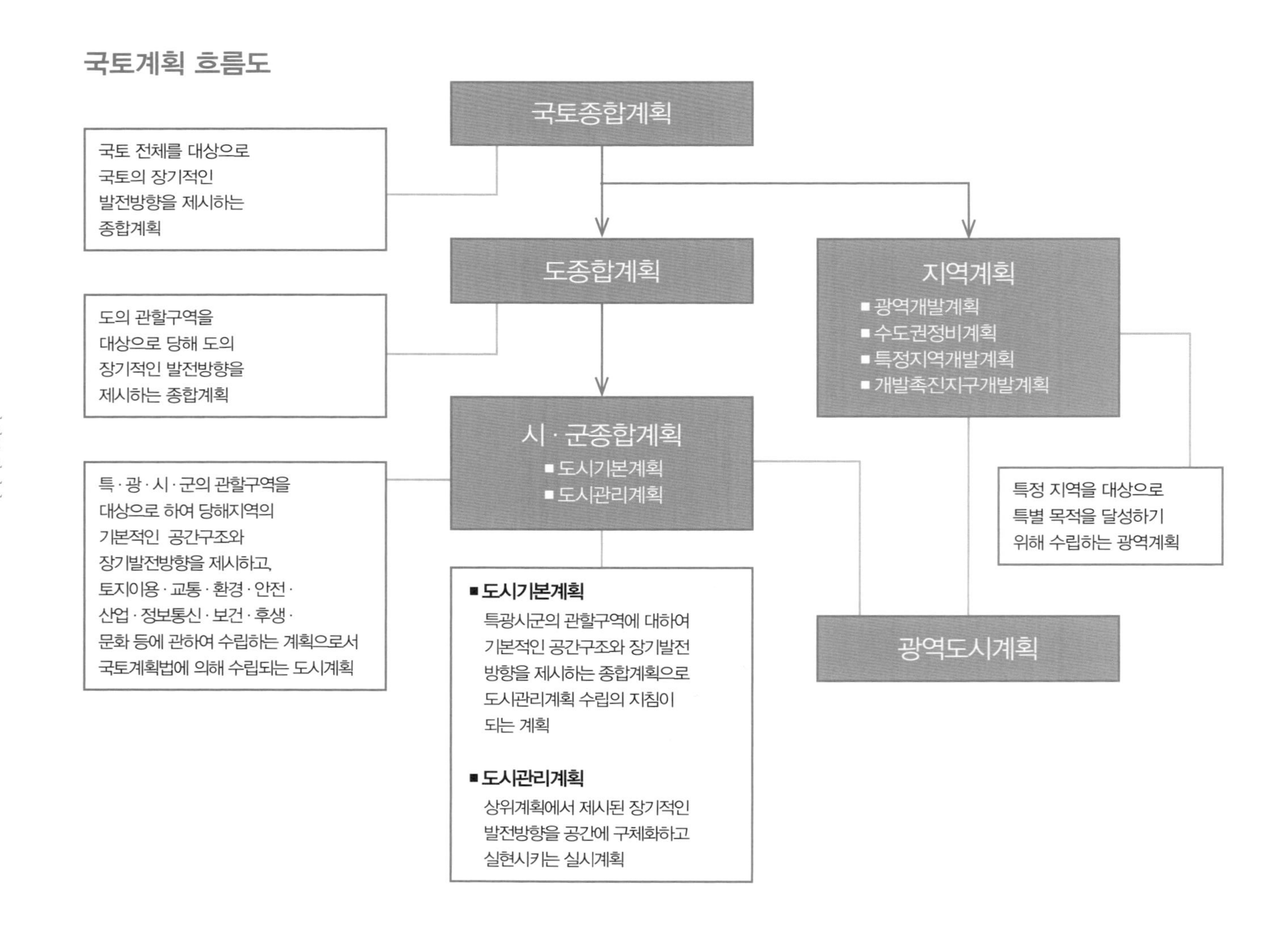

국토종합계획
국토 전체를 대상으로 국토의 장기적인 발전방향을 제시하는 종합계획
도종합계획
도의 관할구역을 대상으로 당해 도의 장기적인 발전방향을 제시하는 종합계획
시 · 군종합계획
■ 도시기본계획
■ 도시관리계획
특 · 광 · 시 · 군의 관할구역을 대상으로 하여 당해지역의 기본적인 공간구조와 장기발전방향을 제시하고, 토지이용 · 교통 · 환경 · 안전 · 산업 · 정보통신 · 보건 · 후생 · 문화 등에 관하여 수립하는 계획으로서 국토계획법에 의해 수립되는 도시계획
■ 도시기본계획
특광시군의 관할구역에 대하여 기본적인 공간구조와 장기발전 방향을 제시하는 종합계획으로 도시관리계획 수립의 지침이 되는 계획
■ 도시관리계획
상위계획에서 제시된 장기적인 발전방향을 공간에 구체화하고 실현시키는 실시계획
지역계획
■ 광역개발계획
■ 수도권정비계획
■ 특정지역개발계획
■ 개발촉진지구개발계획
특정 지역을 대상으로 특별 목적을 달성하기 위해 수립하는 광역계획
광역도시계획

수도권 광역도시계획

수도권 광역도시계획 역시 중요한 상위계획이다. 광역도시계획은 둘 이상의 특별시·광역시·시·군의 행정구역 전부 또는 일부를 광역계획권으로 지정하여, 도시권 범위에 따라 해당 지자체장과 국토해양부 장관이 광역계획권의 공간구조와 기능 분담, 녹지관리체계와 환경보전, 광역시설의 배치 등에 관하여 정책을 정하는 계획이다.

해당 지자체에서 수립하는 도시기본계획은 당해 광역도시계획에 부합해야 한다. 왜냐하면 광역도시계획은 도시관리계획의 최상위 계획에 해당하기 때문이다. 광역도시계획이 정하는 사항은 도시기본계획 등의 하위계획에서 기본적 취지를 검토하여 집행되는 것이기에 이들 계획에 대해 지침적인 성격을 갖지만, 도시관리계획처럼 직접적으로 개별적 개발 행위나 토지이용행위를 구속하지는 않는다.

국토종합계획-광역도시계획·도시기본계획-도시관리계획으로 이어지는 개발계획의 흐름을 잘 살펴보면 어느 지역이 어떻게 개발되는지를 파악할 수 있다. 2000년부터 시작되었으니(2000~2020) 개발계획의 많은 부분이 완료된 상태다.

하지만 제4차 국토종합계획 초기 단계부터 서울시를 비롯한 서울·수도권 지자체장이 교체되면서 도시계획은 대폭 변경·시행되었으며, 그에 따라 지금 한창 진행 중인 개발계획도 상당하다. 수도권 광역도시계획은 수도권 개발지역 땅 투자와 관련하여 아주 중요한 자료이다.

시·군종합계획: 도시기본계획과 도시관리계획

각 지자체별 도시계획에 의한 개발은 끊임없이 이루어지고 있다. 이 경우 어느 지역이 발전할 것이고, 그 계획이 국토종합계획, 수도권 광역도시계획 등 상위계획과는 어떠한 관계를 맺고 있는가에 대한 파악이 중요하다. 바로 이것이 해당 지역 땅 투자의 핵심이기 때문이다.

따라서 관심을 두고 있는 개발 호재별로 각 지자체의 홈페이지를 둘러보거나 해당 지자체를 직접 방문하여 '시·군 도시기본계획'의 내용을 확인하는 작업은 부동산 투자에서 아주 중요하다. 개발계획의 전체 구상, 추진 일정 등을 직접 확인할 수 있기 때문이다.

이제 마지막으로 확인할 것이 남았다. **도시관리계획상의 용도지역·용도지구·용도구역 중 어디에 해당되는지 여부와 토지이용계획확인서상의 관련 법규별 제한 사항을 파악하는** 것이 그것이다. 이는 부동산 공법에 대한 기초지식과 더불어, 때로는 그 이상의 전문지식을 필요로 한다. 그렇더라도 이를 세세히 알아 둘 필요는 없다. 정책과 계획은 그때그때 수시로 바뀌기 때문에 필요한 때마다 찾아 살피면 된다.

왜, 국토·도시계획을 살피는 과정이 중요한가

'국토종합계획-광역도시계획·도시기본계획-도시관리계획'으로 이어지는 일련의 개발계획의 흐름을 살피면 어느 지역이 어떻게 개발되는지를 파악할 수 있다.

이를 통해 국토계획-광역계획-시군계획에 모두 잡혀있고, **예산까지 이미 확보된 개발계획을 중심으로 투자를 고려하는 것이 가장 성공할 가능성이 높다는** 결론에 도달한다.

분명한 사실은 제4차 국토종합계획으로 반영된 개발계획이 최우선적으로 추진된다는 것과 2020년까지의 국토개발계획은 곧 제4차 국토종합계획에서 정한 방향에 맞춰 추진된다는 것이다. 앞서 말했듯이, 2000년부터 시작되었으니(2000~2020) 개발계획의 상당 부분은 완료된 상태이다. 하지만

계획의 잦은 변경·지체로 인해 지금 한창 진행 중인 개발계획도 많으며, 기간 안에 완료하지 못한 계획은 2020년부터 시작되는 제5차 국토종합계획(2020~2040)에 편입되어 차질 없이 추진된다.

즉, 정부는 2018년부터 제5차 국토종합계획(2020~2040)을 새로이 수립할 예정이다. 그간의 국토종합계획이 산업화와 도시화를 촉진하고 경제 성장을 지원하는 역할을 수행해 왔다면, 앞으로 20년을 준비하는 제5차 국토종합계획에서는 인구 감소와 저성장, 4차 산업혁명, 환경·기후 변화와 가치관 변화, 자치분권 등 메가트렌드 변화에 대응할 수 있도록 새로운 국토의 비전과 전략을 담아낸다.

제5차 국토종합계획의 중점 추진사항은 다음과 같다. 먼저, 정부(국토교통부)는 인구가 감소하는 상황에서 비효율적인 대규모 신도시개발을 지속하기보다는 노후 도심에 활력을 불어넣는 도시재생사업을 활성화하기 위한 장기 플랜이 담길 것으로 보인다. 그와 더불어 교통망의 확충으로 전국이 일일 생활권으로 편입됨에 따라, 특히 **철도 역세권을 중심으로 한 소규모 도시개발사업이 더욱 박차를 가할 것으로** 보인다.

따라서 현명한 투자자라면 이 두 포인트를 염두에 두고 국토·도시계획을 면밀히 살펴야 한다. 이를 위해, 이 장에서의 설명, 즉 국토·도시계획에 따른 도시개발사업의 체계와 흐름에 대한 파악이 얼마만큼 중요한지를 반드시 이해할 필요가 있다.

여기까지의 설명을 통해, 개발계획을 잘 숙지하고 분석하여 남보다 한발 앞서 투자지역을 선점하는 것, 바로 이것이 개발지역 땅 투자의 핵심이란 사실을 잘 알 수 있을 것이다. 앞으로의 토지 투자를 통해 수익을 얻으려 한다면, 인구가 늘어날 지역을 살펴보고, 일자리가 늘어나는 지역이 어디인지,

도시의 성장 동력이 있는 지역인지, 등등을 꼼꼼히 살펴야 한다. 일자리가 지역 내의 인구를 유입하고, 인구가 늘어나면 교통 접근성 편리를 위해 도로나 철도가 들어서며, 주거 안정을 위해 토지의 용도 변경으로 택지를 개발하고, 개발 지역 내에 유통 및 상업 시설이 갖춰지게 된다.

이 모든 것들이 국토도시계획을 따라 빈틈없이, 차질 없이 추진되는 것이라면, 국토계획과 도시계획에 대해 잘 알아 본 이후에 투자를 결정해야 함은 당연하다. 그런 점에서 볼 때, 국토·도시계획은 부동산 투자의 나침반과 다름없다.

국토개발의 청사진, 국토종합계획

국토종합계획은 어디를 어떤 식으로 개발할지를 결정하는 국토의 마스터 플랜에 해당한다. 지금까지의 고속도로, 철도, 산업단지, 항만, 공항, 신도시 등 대규모 국책개발 사업은 바로 이 국토종합계획에 따라 계획되고 추진되어 왔다. 국토종합계획에 의한 국토계획과 도시계획, 도로 및 철도건설 계획은 개발의 모든 것이 들어있는 청사진과도 같다. 즉 부동산 투자를 고려할 때 어디에 언제 어떻게 투자할 것인지에 대한 방향을 잡을 수 있는 기본 자료가 바로 국토종합계획이다.

국토종합계획은 국토개발의 로드맵

국토종합계획은 20년 단위로 중앙정부가 수립한다. 현재 제4차 계획기간(2000~2020년)이 진행 중인데, 이는 다시 2006년부터 2020년까지의 수정계획으로 수립되었다. 참고로 제4차 국토개발계획의 대강은 90년대 말과 2000년 초에 수립된 것이다. **이 계획을 잘 들여다보면 장차 어느 곳이 어떻게 달라질 것인지를 대충 짐작할 수** 있다. 적어도 오는 2020년까지는 이 국토종합계획대로 우리 국토, 다시 말해 전국의 땅이 차근차근 개발된다고 보면 된다.

따라서 토지에 대한 장기투자를 고려한다면, 2020년까지의 국토개발계획을 유심히 살펴볼 필요가 있다. 여기에는 정부가 추진할 국토개발 방향과 부동산 정책들이 총괄적으로 담겨있다고 해도 무방하다. 부동산 투자자에게는 대단히 중요한 정보인 것이다.

현재 시행 중인 제4차 국토종합계획의 주된 골자는 지방 분권과 국가의 균형발전을 통한 지방화의 실천이다. 이전(1~3차)까지의 종합계획이 수도권을 중심으로 짜였다면, 제4차 국토종합계획은 지방 개발 위주로 수립됐다. 이는 결과적으로 지방 지역 토지의 개발 가능성을 높여주면서 전국의 땅값 상승에 크게 영향을 끼쳤다. 현 정부의 정책 역시 이들 지역을 광역권으로 묶어 개발하려는 효율성 차원에서 차이 날뿐이지, 실제 국토종합계획의 범주를 결코 벗어날 수 없다.

또 다른 예를 들어보자. 2020년까지로 예정된 제4차 국토개발계획에는 부동산 실거래가 전환, 종합토지세 및 양도세 과세표준 현실화, 신혼부부 및 대학생·사회초년생을 대상으로 한 행복주택 건설, 부동산투자신탁 허용 등이 들어있다. 이 정책들은 이미 시행되고 있거나 시행을 계획하고 있다. 이것이 의미하는 바가 무엇이겠는가. 곧 국가의 모든 부동산 관련 정책은 국토개발계획을 근간으로 하고 있음을 뜻하는 것이지, 다른 것 없다.

어떻게 투자에 활용할 것인가

대형 국책사업은 면밀한 연구 검토 끝에 추진된다. 정치권의 선심성 공약처럼 처음만 요란했지 흐지부지 끝나는 사업이 결코 아니다. 국토개발계획에 맞춰 입안 단계에서부터 완공될 때까지 온갖 시행착오를 점검하고 수정하면서, 향후 주변지역에 미치는 영향까지 고려하는 사업이다.

큰 틀에서 보면 **땅값은 어차피 정부의 개발계획과 부동산 정책에 따라 변할 수밖에** 없다. 정책이 바뀌면 바뀐 정책에 따라 개발이 될 것이고, 그 결과 그곳 땅값은 당연히 올라간다. 그렇더라도 그 정책과 계획은 국토종합계획의 틀에서 벗어날 수는 없다. 바로 이것이 우리가 국토종합계획에 주목해야 하는 이유다.

국토교통부는 '4대강 살리기', 'KTX시대 본격화', '5+2 광역경제권형성' 등의 내용을 담은 제4차 국토종합계획 수정계획(2011~2020)을 2012. 1월 확정·고시했다. (이후 들어선 박근혜 정부 재임기간 동안 정책 변화는 거의 없었다고 보면 된다. 한마디로, 달리 한 게 없다.) 제4차 국토종합계획(2000-2020)은 확정·고시된 이후 지난 2005년 말에 1차 수정된 바 있는데, 이때 '녹색성장', '광역경제권 개발' 등 새로운 국가발전 전략이 추가로 제시됐다. 시간이 흐르면서 국토 공간의 여러 변화 요인이 발생함에 따라, 이를 국토종합계획 차원에 반영하기 위해 수정 작업을 실시하게 된 것이다.

국토계획 수정계획을 통해 우리가 도출해 낼 수 있는 핵심 테마는 무엇일까? 계획에 따르면, 전국은 '5+2 광역경제권'으로 개편되어 거점 도시권별로 특성에 맞게 개발된다. 이를 위해 전국에 KTX망을 구축하고, KTX 정차도시는 거점 도시권의 핵심 도시로 성장한다. 도시개발 역시 신도시를 건설하여 도시 외곽으로 확장하기보다는 **도심 고밀도 개발과 도시 재생 등을 통해 압축 도시를 건설하는** 쪽으로 선회한다. 이와 함께 고령화 및 1인 가구 증가와 같은 인구구조 변화에 맞춰 고령자 전용 주택이나 대학생·신혼부부를 위한 도심 소형 주택의 공급을 확대한다.

따라서 현명한 투자자라면, 다음과 같은 국토계획 추진 방향을 미루어 짐작할 수 있을 것이다. 그것은 다음과 같다. 첫째, KTX 정차역을 중심으로 도시가 확산하고 발전할 것이 확실해지면서, 이와 연계된 철도 정차역을 중심으로 도시 기능이 강화될 것이라는 점이다. 둘째, 앞으로의 도시개발 역시 철도 정차역을 중심으로 이뤄질 것이라는 점이다. 즉, 철도 정차역 내의 기성 도시는 이 역을 중심으로 압축 고밀도화 될 것이며, **새로이 건설되는 정차역에는 인접한 반경 범위 내에서 도시개발사업이 함께 이뤄질** 것이다.

어느 쪽이든 그 개발은 **역세권 개발법규 및 개발계획에 따라 차질 없이 추진될 것은 분명해** 보이는데, 이것을 국토법상의 최상위계획인 **제4차 국토종합계획 수정계획으로 확실히 못 박은** 한 것이다. 이는 또한 현 정부(및 서울시)의 핵심 국정 과제인 **도시재생뉴딜사업과도 궤를 같이** 한다.

도시재생뉴딜사업은 '도시재생 활성화 및 지원에 관한 특별법'에 따라 추진되는 거점 중심의 도시재생사업으로, 주거환경 개선뿐 아니라 도시기능의 재활성화를 목적으로 추진된다. **그 중심에 철도 역세권 및 주변지역 개발이** 있다. 앞으로 전국 낙후 지역 500곳을 대상으로 2018~2022년까지 5년간 500조 원의 공적 자금이 투입된다. 특별법이 제정되면서 국토계획법, 도정법 등 도시계획 관련 법규 및 관련 계획, 관련 사업은 이 특별법에 따라 의제 처리된다.

역세권 개발법과 역세권 개발계획에 주목해야 하는 이유가 바로 여기 있다. 하여, 눈치 빠른 투자자라면 KTX를 비롯한 철도 신설 지역 인근 토지 및 도심 역세권 주변 건물에 벌써 눈을 돌렸을 것이다. 실제로도 그렇다.

제4차 국토종합개발계획 및 도시재생뉴딜사업 시행에 따른 효과는 이미 효력을 발휘하고 있는 중이다. 평택, 천안, 용인, 시흥, 구리, 양주, 파주, 이천 등 2020년까지의 전철화 사업, 신설도로 개설 발표와 함께 들썩였던 수도권 인근 도시의 부동산 가격은 사업 완공과 함께 다시 한 번 들썩였다. 앞으로도 서울·수도권 및 지방 주여 거점도시 역세권 인근에 건설되는 행복주택을 중심으로 부동산 가격은 계속 상승할 것으로 보인다. 특히 온갖 개발 호제를 다 안고 있는 평택지역(특히, 지제 SRT 역세권)은 그야말로 '상전벽해'란 말이 어울릴 정도로 괄목 성장했으며, 지금도 끝없이 발전하고 있는 중이다.

따라서 만약 어떤 개발계획이 발표되기 전에 누군가가 그것의 가치를 먼저 깨닫고 이를 치밀하게 분석하여 개발 재료를 선점했다면, 그 투자자는 막대한 시세 차익을 거두었을 것이다. 이러한 **부동산 가치 분석을 위한 토대가 바로 국토종합계획이다.** 앞으로도 국토계획은 계속 유효하다. 우리가 관심 가질 투자처는 아직 많다. 부동산 가치 투자에서 성공하려면, 다른 무엇보다 국토계획에 담긴 의미를 잘 알고 있어야 한다.

국토·도시계획의 흐름과 관련 법체계를 숙지하자

국토·도시계획이 무엇이고 어떤 의미를 지니고 있는지 알았다면, 이제부터는 국토·도시계획의 구성 체계와 각 세부계획별 역할, 계획의 흐름을 파악하는 일이 남았다. 분명한 것은 계획의 모든 방향은 국토의 개발을 목적으로 하고 있다는 점이다.

하지만 다른 한편으로는 무분별한 국토개발을 막기 위해, 토지의 공적·사적 이용을 제한하는 방향으로 각종 규제 관련 개별법 및 특별법이 시행되고 있다. 만일 이런 법규로써 토지 개발 및 이용을 제한하고 규제하지 않는다면, 국토의 난개발은 불을 보듯 뻔하다.

개별법·특별법 등 관련 법규와 규제 사항을 잘 알고 있어야

실제 국토개발은 국토계획법 등 상위법에 의한 개발 압력과 이를 제한하는 개별법·특별법의 규제 사이에서 균형을 맞춰나가는 과정이라 해도 과언은 아닐 것이다. 따라서 부동산 투자를 염두에 두고 있는 사람이라면 국토계획 및 도시계획은 종류별로 각각 어떻게 구성되어 있고 또 하위의 세부계획은 어떠한 의미와 역할을 지니고 있는지, 그리고 각각의 계획을 추진함에 있어 맞닥뜨리게 되는 규제 사항에는 어떤 것들이 있는지를 꿰뚫고 있어야 한다. 이를 2007년 당시 논란이 되었던 하이닉스반도체 공장 증설 관련 문제를 예로 들어 설명해보자.

결론만 놓고 본다면 하이닉스 이천공장 증설 계획은 마침내 이뤄졌다. 지난 2007년 격렬했던 투쟁과 약 7년에 걸친 시민들의 집요한 노력 끝에 마침내 M14 공장 증설로 이어졌다. 그렇더라도 반도체 고유의 성격에 비춰봤을 때 사업 지체로 인한 국가와 기업의 손실은 얼마였던가? 그동안 이천시 지역 경제에 미치는 손실은 또 어떠했겠는가? 도대체 왜 이런 일이 일어난 것일까? 바로 수도권을 강력하게 규제하는 '수도권정비계획법' 때문이다. 이천 지역은 수도권정비법 상의 자연보전권역에 속한다. 이 자연보전권역 내에는 공장 증설이 강력히 제한된다. 이 때문에 수도권에 있는 많은 기업이 공장을 증설하지 못하고 해외로 이전하고 있는 것이다. 그런 점에서 볼 때, 이천 하이닉스 공장 증설은 기업사에 있어 가히 기념비적인 사건이라 할 수 있다.

이와는 반대로 LG필립스 단지가 들어선 파주의 경우는 어떠한가? 파주가 접경지역임에도 불구하고 대단위 공장이 들어설 수 있는 근거는 무엇인가? 비록 수도권정비법상의 과밀억제권역에 속해있지만, '산업입지개발에 관한 법률'이라는 특별법에 근거해서 공장이 별다른 규제 없이 들어설 수 있었다. 지금의 파주가 있게 한 것은 다름 아닌 LG산업단지라 해도 과언은 아닐 것이다.

이처럼 국토개발계획이 추진되고 있는 이면에는 토지 이용을 제한하여 국토의 난개발을 막으려는 반작용과 그와는 반대로 규제 완화를 통해 개발을 강화하려는 압력은 지금 이 시각에도 끊임없이 일어나고 있는 중이다. 토지이용을 제한하거나 이를 허용하는 개별법·특별법은 물론 관련 규제법규 등도 잘 알고 있어야 함은 물론, 정부정책의 흐름을 파악하는데 있어서도 관심의 끈을 놓을 수 없는 이유가 바로 여기 있다.

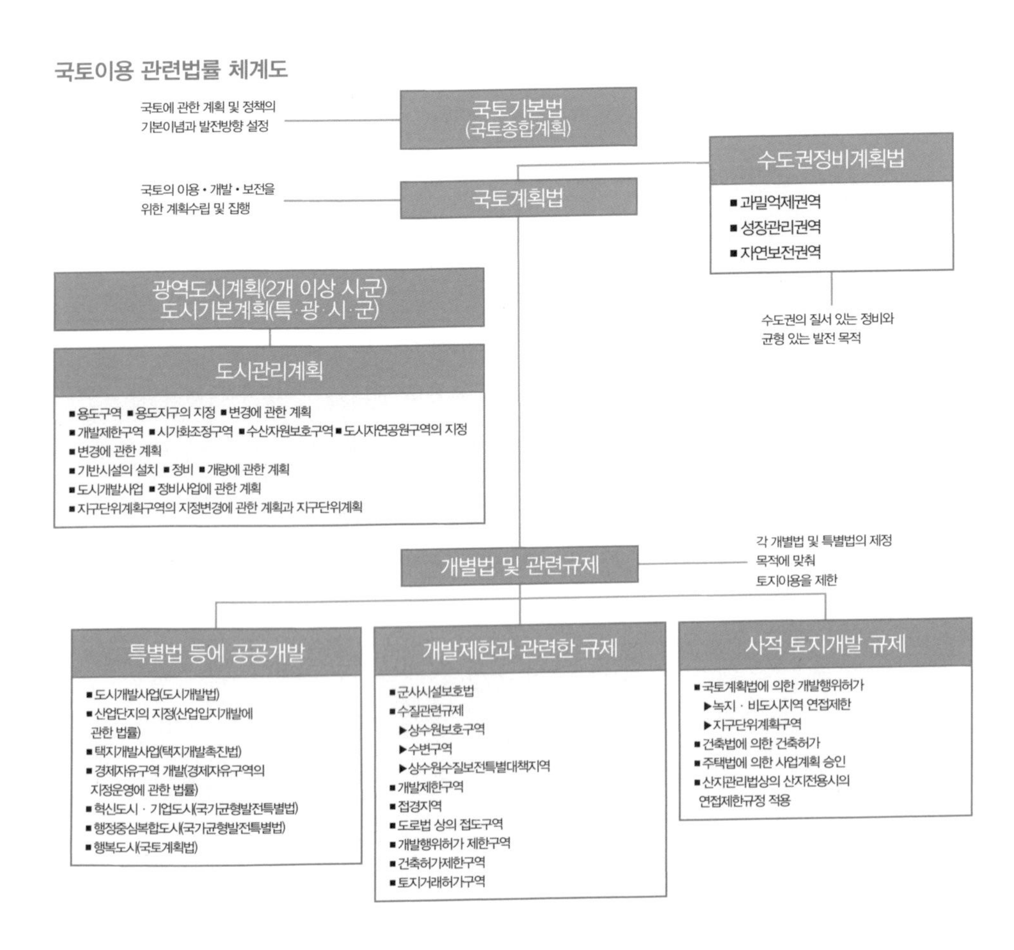

국토·도시계획 체계의 흐름을 파악해야

국토계획은 '공간계획'과 '개별계획'으로 구분된다. 공간계획은 개별계획의 상위개념으로, **이 공간계획에서 행위를 허용해야 개별계획에서 개발 행위를 할 수** 있다. 즉, 개별계획은 반드시 공간계획 내에서 수립되고 시행된다. 국토계획법, 수도권정비계획법, 도시 및 주거환경정비법(도정법) 등의 상위계획을 뒷받침하는 법이 이 공간계획법에 해당하며, 농지법, 산지관리법 등 대부분의 하위법이 개별계획법에 해당한다.

공간계획은 국토의 장기발전계획으로 보통 20년 단위로 이루어진다. 이를 집행하는 실시계획이 바로 '도시관리계획'인데, 이는 공간계획의 범위 내에서 단기(5년 단위)로 집행한다. 이를 경기도 파주시의 도시개발계획을 예로 들어 설명하면 다음과 같다.

국가계획인 제4차 국토종합계획에 따라 '파주시 도시기본계획'이라는 장기발전계획(2020년 완성)이 만들어지고, 이는 5년 단위로 집행하게 되는데, 바로 이 집행계획이 '파주시 도시관리계획'이다. 도시관리계획은 미래의 공간계획을 집행하는 실시계획으로, 파주신도시는 파주시 도시기본계획에 의해 수립되고 도시관리계획에 의해 실시된다.

국토·도시계획은 다시 전국계획, 시·도계획, 권역별계획 및 시군·계획으로 구분된다. 전국계획은 국토건설종합계획, 시·도계획은 시·도발전종합계획, 권역별계획은 권역계획, 시·군계획은 도시기본계획으로 20년을 기간으로 결정된다. 이 중 도종합계획의 수립 대상과 명칭이 다소 혼란을 줄 수 있어 이를 따로 정리하면 다음과 같다.

· 강원, 충남, 충북, 전남, 전북, 경남, 경북 등 7개도 → 도종합계획 수립

· 서울특별시 및 6개 광역시 → 도시기본계획으로 대체

· 경기도 → 수도권정비계획으로 대체

· 제주도 → 제주국제자유도시종합계획으로 대체

하위계획은 상위계획의 범위 내에서 수립되는데 5년 단위로 타당성을 검토한다. 즉, 시·군계획(도시기본계획)은 시·도계획 범위 내에서, 시·도계획은 국토계획 범위 내에서 수립된다. 여기서 우리가 알아야 할 **가장 기본적인 계획이 바로 시·군의 장기개발계획인 '도시기본계획'이다.**

장기발전 공간계획, 도시기본계획

도시기본계획이란 시·군의 기본적인 공간구조와 장기발전방향을 제시하는 종합계획으로, 도시관리계획 수립의 지침이 되는 계획이다. 수도권, 광역시, 광역시와 경계한 시·군 및 인구 10만이 넘는 모든 시·군에서 의무적으로 수립·시행한다. 도시기본계획과 유사한 개념으로 광역도시계획이 있다.

광역도시계획이란 2개 이상 시·군의 공간구조 및 기능을 상호 연계하면서 환경을 보전하며, 광역시설을 체계적으로 정비하기 위하여 필요한 경우 관할 구역의 전부 또는 일부를 대상으로 수립하는 계획이다. 예를 들어 청주시와 청원군, 수원시와 화성시, 파주시와 고양시 등 두 개 이상의 시·군에 걸쳐 개발되는 신도시의 경우에는 계획이 공평하게 수립될 필요성이 있기 때문에 광역계획의 이름을 붙여가며 도시계획을 수립하는 것이다.

광역계획에는 인천, 부산, 광양만 등 6개 지역에 수립된 경제자유구역과 제주자치도 등의 특정지역 개발계획이 포함된다. 또 권역별 개발계획 중 수도권 이외의 지역, 즉 비수도권을 개발시키는 법률인 '지역균형개발 및 중소기업 육성에 관한 법률'에 의해 지정된 개발촉진지구 역시 광역계획에 의해 수립된다.

도시관리계획은 도시기본계획의 구체적 실행계획

각 시·군별 도시기본계획이 결정되면 이에 따라 **기본계획을 집행하는 실시계획이** 만들어진다. 이것이 바로 '도시관리계획'이다. 도시관리계획은 광역도시계획·도시기본계획에서 제시된 시·군의 발전 방향을 공간에 구체화하고 실현하는 실시계획을 말한다. 도시지역의 공간 관리가 도시관리계획이고, 농촌지역의 공간 관리가 농촌관리계획이다. 농촌지역의 개발계획은 국토계획에 따라 이미 전부 수립되어 있다. 따라서 도시지역에만 이를 새로이 수립되기 때문에, 둘을 통칭하여 '도시관리계획'이라고 부르는 것이다.

도시관리계획은 **5년 단위로 집행하되 반드시 기본계획의 틀 안에서 집행해야** 한다. 만일 기본계획의 범위를 벗어나는 경우에는 '기본계획 변경' 인가 후에나 가능하다. **도시관리계획은 집행계획으로 법적 구속력을 갖고** 있다. 따라서 이를 국민에게 반드시 알려야 하는데, 국민에게 **도시관리계획을 고시하는 것이 바로 '토지이용계획확인서'다.**

도시관리계획은 **용도지역·용도지구·용도구역의 지정·변경, 도시계획시설의 결정, 도시계획사업·지구단위계획의 지정·변경, 광역시설의 설치 등이 포함되는 구체적인 실행계획이다.** 특히 광역시설인 도로 및 철도 개발계획의 수립과 주거·상업·공업·녹지지역의 용도지역 경계설정 및 그 개발계획 수립 등이 모두 도시관리계획으로 수립되고 집행된다. 그만큼 중요한 실행계획이다.

도시계획에서 반드시 알고 있어야 할 사항은

도시기본계획, 연접개발 제한규정을 이해하고 있어야

도시기본계획은 비록 외적구속력은 없지만 하위 계획인 도시관리계획과 지구단위계획 수립의 지침이 되는 중요한 개념의 행정 지침이다. 즉, 도시기본계획의 큰 그림 안에서 하위계획들이 수립되는 것이다.

여기서 우리가 짚고 넘어가야 할 것이 바로 연접개발 제한 규정과의 관련성이다. 연접개발 제한 규정은 토지 구입에 있어 무척 중요한 개념의 하나다. 특히 '계획관리지역에서 연접하여 합산한 개발면적이 3만㎡를 넘어가면 제2종지구단위계획을 수립한다'는 내용이 중요하다.

얼핏 생각할 때 연접히여 합산한 개발면적이 3만㎡를 넘더라도 제2종지구단위계획을 수립하여 개발할 경우에는 연접개발 제한 규정에 위배되지 않는다고 해석할 수 있다. 하지만 그렇지 않다. 즉, 해당 토지가 당해 시·군의 도시기본계획상에 제2종지구단위계획으로 개발하려는 행위로 먼저 반영되어 있어야만 연접개발 제한 규정에 위배되지 않고 지구단위계획에 따라 개발 가능하다.

예를 들어 이미 2만 평 규모의 공장이 먼저 들어서 있는 지역에 연접해서 3만 평 규모의 아파트 단지를 지을 경우, 제2종지구단위계획을 수립하여 아파트를 지을 수 없다. 먼저 개발된 공장부지까지 합칠 경우 연접개발 제한 규정으로 먼저 위배되기 때문이다. 이를 잘 이해하고 있어야 자칫 연접개발 제한 규정으로 인해 피해 보는 사태를 미연에 방지할 수 있다.

도시관리계획, 토지이용계획확인서 확인은 필수

도시관리계획이란 도시기본계획을 기본으로 하여 토지의 용도지역·용도지구·용도구역·도시계획시설·지구단위계획·기반시설계획 등을 지정·변경하는 계획이다. **용도지역의 결정·변경 역시 도시관리계획에** 따른다. 따라서 일반인이 토지를 어떤 용도로 이용하고자 할 때에는 반드시 도시관리계획에서 정한 용도에 적합해야 한다. **도시관리계획은 강력한 외부 구속적인 효력을 갖고 있기** 때문이다.

도시관리계획으로 결정되어 고시된 것을 확인하는 서류가 바로 '토지이용계획확인서'다. 이는 토지의 행위 제한, 개발 가능성 등 도시관리계획으로 정한 모든 것을 담고 있다. 그러므로 토지이용계획확인서에 담긴 내용을 이해할 수 있어야 한다. 토지이용계획확인서에 대해서는 이 장의 끝에서 자세히 설명한다.

도시계획에 땅 투자의 모든 것이 담겨 있다

부동산의 가치는 용도지역지구제가 결정

앞서 부동산의 가격을 결정짓는 가장 중요한 요인이 바로 토지이고, 이 토지 가치를 높이는 게 곧 부동산 가격을 올리는 것이라고 말했다. 각각의 토지는 저마다의 가치가 매겨져 있는데, 이는 다름 아닌 **용도지역·용도지구·용도구역이라는 '용도지역지구제(Zoning)'에 따라** 결정된다.

용도지역지구제는 토지이용 제한의 기준이 되는 지역 구분이다. 용도지역지구제를 법으로 제도화해 놓은 것이 곧 '국토의 계획 및 이용에 관한 법률 국토계획법'이고, 이 법에 따라 각각의 토지이용계획을 규정한 것이 바로 도시관리계획이다. 즉, **용도지역·용도지구·용도구역의 지정·변경은 도시관리계획의 결정·고시에** 따른다.

각각의 **용도지역·용도지구·용도구역별로 건물용도·용적률·높이 등이 규제(이제부터 이를 '용도규제'라고 하자)되는데,** 이에 따라 토지의 내재가치는 당연히 차이난다. 도시지역 내의 땅값과 농림지역 내의 땅값이 크게 차이 나는 이유가 이 때문이다. 같은 도시지역 안이더라도 주거지역과 상업지역의 땅값이 차이나고, 같은 정비구역 내이더라도 재개발구역과 도시환경정비구역 내의 땅값이 차이나는 것 또한 마찬가지 이유 때문이다.

■용도구역 개념

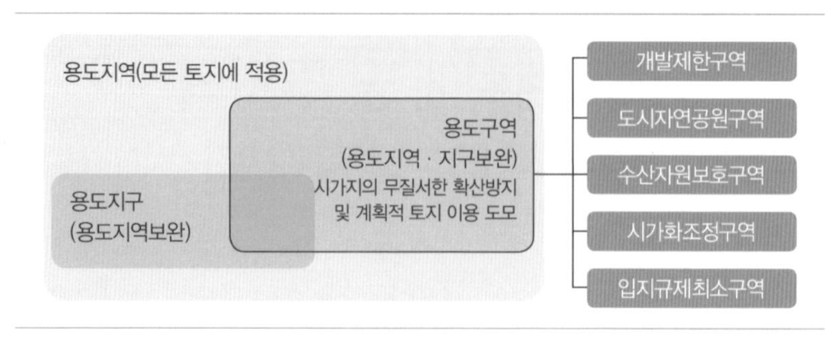

출처: 서울시 도시계획국

용도지역지구제는 국토계획과 도시계획에 따라 지정되고 변경된다. 이는 도시의 밑그림을 그리기 위한 토지의 용도변경이라고 보면 된다. 개별차원에서 이루어지는 건축물의 용도변경과는 달리 국가차원에서 지정되는 강력한 결정이다.

특히 용도지역의 지정·변경이 그렇다. 만약 이 지정권한을 중앙정부에서 갖지 않고 지자체에서 행사한다면, 국토의 효율적인 이용은커녕 전 국토가 난장판이 될 것은 불을 보듯 뻔하다. 이 같은 부작용을 막기 위해 국가가 직접 나서서 국토를 체계적으로 관리하는 것이다.

용도지구나 용도구역의 경우에는 그 지정권한의 많은 부분이 해당 지자체(시군구)로 위임되고 있는 추세이다. 이는 지자체 실시에 따른 행정절차의 간소화와 지방분권의 확립을 위해서다. 국토계획법 개정안이 2011년 초 국회를 통과하면서 용도지역지구제가 본격 시행됐다. 그 주요 내용은 다음과 같다.

지구단위계획구역 및 지구단위계획 지정·결정 권한을 현행 시·도지사에서 시장·군수로 이양됐고, 동일한 시·군·구 안의 일부지역에서의 토지거래허가구역의 지정 및 축소·해제 권한을 시·도지사에게도 부여했다. 또 국토교통부 장관이 직접 결정해왔던 시가화조정구역의 지정·변경 권한을 시·도지사에게 이양하며, 광역계획권 지정·변경 시 국토교통부 장관과의 협의 대신에 중앙 행정기관과의 의견청취로 간소화함으로써 도지사의 자율권을 확대한다. 이러한 일련의 조치에 따라 해당 지자체장의 도시계획 추진권한은 크게 확대됐다.

용도지역·용도지구·용도구역은 국가·지자체·공사 등의 사업시행자가 일련의 도시개발 시행사업을 추진하면서 각각의 사업계획에 맞게 다시 도시관리계획으로 변경·결정된다. 이런 과정의 통해 기존 토지에 적용됐던 용도지역·용도지구·용도구역이 변경되며, 그 결과 부동산의 가치는 높아지고, 가격은 오른다.

용도지역·용도지구·용도구역은 이후 계획 추진과 함께 각각의 용도에 적합하게 개발됨으로써 토지 가치를 극대화하는데, 이를 토지의 '최유효 이용'이라고 한다. 여기에 개별토지의 입지적 요인을 감안하여 산정되는 가치가 바로 그 부동산의 내재가치(즉, 기대가격)가 반영된 '시세'이다.

부동산의 가치 투자는 관련한 부동산 법규를 이해하는 데서부터 출발한다. 엄밀히 말해, '사업-계획-법규'를 일관되게 꿰뚫고 있어야만 가능하다. 그래야만 용도지역지구제의 지정·변경 여부를 제대로 파악할 수 있으며, 각각의 행위제한으로부터 발생할지도 모를 피해를 사전에 막을 수 있다. 때문에 이를 모르고 하는 부동산 투자는 그야말로 '묻지마'식 투자라고 봐야 할 것이다.

[용도지역·용도지구·용도구역의 개념]

구분	용도지역	용도지구	용도구역
지정목적	■ 토지의 경제적·효율적 이용 ■ 공공복리의 증진	■ 용도지역의 기능증진 ■ 미관·경관·안전 등 도모	■ 시가지의 무질서한 확산 방지 ■ 계획적·단계적 토지이용 도모 ■ 토지이용의 종합적 조정· 관리
행위제한	■ 건축물의 용도, 건폐율, 용적률, 높이 등을 제한	■ 용도지역의 행위제한을 강화 또는 완화하되, 주로 용도지역의 범위 내에서 제한	■ 용도지역·용도지구의 행위제한과는 별도의 행위 제한
지정범위	■ 전국의 모든 토지	■ 용도지역 내 일부토지	■ 용도지역·용도지구와 별도 규모로 지정 가능

관련법규를 제대로 읽어내야 하는 이유

도시계획이 수립·시행되면 당연히 그 지역 내의 용도지역·용도지구·용도구역은 변경된다. 그에 따라 부동산의 가치가 증가하는데, 이는 크게 다음 세 경우이다.

첫째, **용도지역이 변경되는** 경우이다. 예를 들어 용도지역 상의 관리지역, 농림지역 내의 땅이 신도시라든가 택지개발 예정구역으로 지정되면, 이는 일련의 도시개발 시행과정을 거친 후에 도시지역으로 탈바꿈된다. 그 결과 지정된 구역 내의 관리지역, 농림지역에 속했던 땅이 일련의 과정(예를 들어, 시가화예정구역 지정 절차)을 거쳐 도시지역 내의 땅으로 변경된다. 이것이 곧 용도지역 변경인데, 그 결과 당연히 땅값은 오른다.

둘째, **용도지역이 세분 변경되는** 경우이다. 용도지역 간의 '종 상향'을 통해 부동산 가치가 증가했다는 말이 이럴 때 사용된다. 종상향이란 도시지역 내의 용도지역이 '1종 일반주거지역→2종 일반주거→3종 일반주거→준주거지역→상업지역'으로 1단계 또는 2단계 상향 조정되면서 건축물의 용도·용적률·건폐율·높이 등이 달리 적용되는 것을 말한다.

용도지역 세분 변경은 도시개발 시행사업에서의 기부채납의 정도에 따른다. 또한, 도시개발 사업지구로 지정·변경되는 경우에도 용도지역이 세분 변경된다. 이를테면 어떤 지역이 뉴타운구역이라든가 도시재정비촉진지구로 지정된 경우 이는 그 지역이 도시개발 시행사업 추진구역으로 지정 또는 변경됐음을 뜻하며, 그 결과 용도지역은 종 상향된다.

셋째, **용도구역 내의 행위제한으로부터 해제되거나 규제가 완화되는** 경우이다. 예를 들어 시가화조정구역이나 개발제한구역에서 해제되면 그 부동산의 원래의 용도로 환원된다. 그 결과 부동산의 가치가 회복되면서 가격은 오른다. 예전 정부의 보금자리주택 공급발표와 함께 수도권 인근의 개발제한구역 내의 토지가격이 오른 것이 그 예다.

지구단위계획구역으로 지정되는 곳 역시 가치가 높아진다. 지구단위계획은 도시의 일부 지역을 대상으로 평면적인 토지이용계획과 입체적인 건축물계획이 서로 조화를 이루는데 중점을 두는 도시계획이다. 당연히 용도지역이 세분되고 건축 밀도가 완화·강화 적용되면서 토지는 보다 체계적으로 개발된다.

예전 정부(서울시)에서 야심차게 추진했던 한강변 고밀도개발사업 역시 **서울시 '도시재정비촉진특별법(도촉법)'에 따라 지구단위계획으로 추진되었던** 것으로, 이는 아파트 층수를 크게 높여 대부분의 아파트가 한강조망권을 가질 수 있도록 개발하는 것이 사업의 핵심이다. (지금 한창 진행 중에 있는 잠실 5단지 재건축이 이와 유사하다.) 그만큼의 프리미엄 효과가 기대되며, 그 결과는 가격 상승으로 이어진다. (그랬던 것이 박원순 시장이 당선되면서 형평성을 이유로 사업은 지지부진해지고 말았다. 예의 그렇듯이, 국토기본법과 국토계획법과 같은 국가 주도의 법규가 아닌 개별법, **특히 지자체가 제정한 '특별법'으로 추진하는 도시계획과 도시개발사업은 정권이 교체되고 지자체장이 바뀌면서 얼마든지 정책이 중단 또는 지연될 수 있다는 사실을 현명한 투자자라면** 반드시 알고 있어야 한다.)

이제 왜 부동산과 관련한 법규를 잘 알고 있어야 하는지를 이해할 수 있을 것이다. 용도지역이 바뀌는 것, 세분된 용도지역 내에서 종 상향이 이뤄지는 것, 그리고 용도지역지구제에 따른 행위제한에서 해제·변경되는 것 모두 관련 법규의 테두리 안에서 이뤄지는 개발행위이기 때문이다. 이 모든 개발행위는 반드시 그에 따른 법적근거에 의해서만 사업의 타당성을 부여받는다.

문제는 너무 많은 관련 법규가 서로 복잡하게 얽혀있어 이를 파악하고 이해하기 어렵다는 점이다. 무려 100여 개의 법규에서 300개가 넘는 용도지역·용도지구·용도구역을 규정하고 있는 실정이라 자칫 이를 이해하기 어렵고, 또한 저마다의 법규에 따라 제각각의 해석이 필요한 경우도 많다. 각각의 법규에 따른 도시계획 및 관련한 도시개발 시행사업과 연계하여 생각해야 할 경우도 많다. 따라서 일반 투자자가 이를 이해하기에는 무리가 따르는 것 또한 사실이다.

하지만 자세히 들여다보면 반드시 그렇지만은 않다. 즉, 여러 관련법규가 관련한 도시계획 및 도시개발 시행사업에 따라 얽히고설켜 복잡해 보일 뿐, 이를 이해하기 그리 어려운 것은 아니다. 복잡한 것과 어려운 것은 분명 다르다. 복잡한 것은 이를 올바로 풀어내기만 하면 될 뿐, 그 밖의 다른 문제점은 없다.

때문에 제반 부동산 법규의 구성 체계와 전체 흐름, 관련한 도시계획과의 상관관계와 상호작용을 효과적으로 파악하려고 노력해야 한다. 세부적인 법규 내용을 일일이 알기에는 너무 복잡하며, 그럴 이유도 없다. 그때마다 관련한 도시계획과 도시개발 시행사업, 관련법규를 찾아 살펴보는 것만으로도 충분하다.

여기서 한 가지 알고 있어야 할 것은, 모든 계획은 그 근거가 되는 법률에 의거한다는 분명한 사실이다. 만약 어떤 개발계획이 발표됐다면, 이는 법률 개정·제정이라는 후속 조치가 따른 후에야 확정됨을 뜻한다. 하지만 그 과정에서 자칫 여론의 거센 저항에 부딪히거나 야당의 거친 반발로 법안 개정·제정이 지연되거나 통과되지 못할 수도 있다. 이것 역시 한번쯤은 생각하고 있어야 한다.

그 이유를 세종시 신도시(행정중심복합도시) 건설계획 수정(안)을 예로 들어 설명하면 다음과 같다. 지금 세종시는 가장 뜨는 도시로 손꼽힌다. 인구와 세금 증가율, 출산율과 집·땅값 상승률 등 각종 지표가 전국 최고 수준을 기록하면서 사람들의 이목을 집중시키고 있다. 특히 새 정부 출범 이후 세종시를 거점으로 지방분권과 균형발전이 완성될 것이라는 기대가 커지고 있다.

그렇지만 세종시 신도시 건설은 그동안 위헌결정, 수정안, 백지화 파동 등 숱한 우여곡절과 오랜 지역 갈등을 겪은 이후에야 최근 사업을 총괄하는 행정중심복합도시건설청이 설립되었으며, 이른 시일 안에 수정(안) 기본계획을 확정·고시할 방침으로 있다. 이렇게 말하면, 많은 사람들이 뜻밖이라고 생각한다. 오래전에 신도시 건설이 끝난 줄 알고 있다.

이것이 의미하는 바가 뭘까? 세종시는 이제 막 지방분권과 국가균형발전의 모델이자 행정수도로써의 면모를 갖추어 나가기 시작한 상태지만, 신도시 수정 법안은 아직도 주민공람을 앞둔 사업초기 단계에 머물러 있다. 게다가 예전 세종시 건설에 부정적인 태도를 취해왔던 지금의 야당이 법안 개정에 딴죽을 걸 소지 또한 다분하다. 그럼에도 땅값, 집값 상승은 이미 오를 대로 오른 상태이다.

따라서 알고 있어야 할 것은, 세종시 건설과 같은 대형 개발 호재라 하더라도 단순히 신문 발표만을 믿고 호들갑을 떨어서는 안 된다. **관련한 법규와 정계의 동향 등을 면밀히 살피는 한편, 개발의 근거와 타당성부터 차근차근 따져봐야** 한다. 만약 그렇지 않고 단순히 정부의 개발공약을 그대로 믿어 투자했다가 사업 지연 또는 중단으로 인해 손해 본 사람 또한 부지기수다. 세종시 신도시 건설처럼 국토종합계획에 의한 것이 아니라 현 정부가 야심차게 추진하는 개별 개발계획일수록 사업초기 단계에서의 법 개정·제정을 특히 눈여겨봐야 한다. '만사 불여튼튼'이라 했다.

전체 틀부터 잡아나간다

용도지역·용도지구·용도구역의 지정·변경은 도시계획에 따른 토지이용계획의 결과이다. 따라서 먼저 도시계획 체계의 큰 틀을 이해한 후에, 이어서 각각의 도시개발 시행사업과 그에 따른 사업계획, 그리고 이를 뒷받침하는 관련법규를 전체적인 틀로써 파악해야 한다.

즉, 어떤 도시개발 시행사업에 대해 이를 **'사업(도시개발사업 및 정비사업·재정비촉진사업)–계획(상위 도시계획과 하위 사업계획·개발계획기본계획 및 실시계획)–법규(상위 도시계획법기본법과 하위 개별개발법)'로 이어지는 일련의 흐름으로 꿰뚫어 파악할 수** 있어야만, 사업의 전체적인 방향성을 읽어낼 수 있다. 대단히 중요한데, 다음 도표는 그 체계도이다.

■국토공간계획의 체계와 해당법

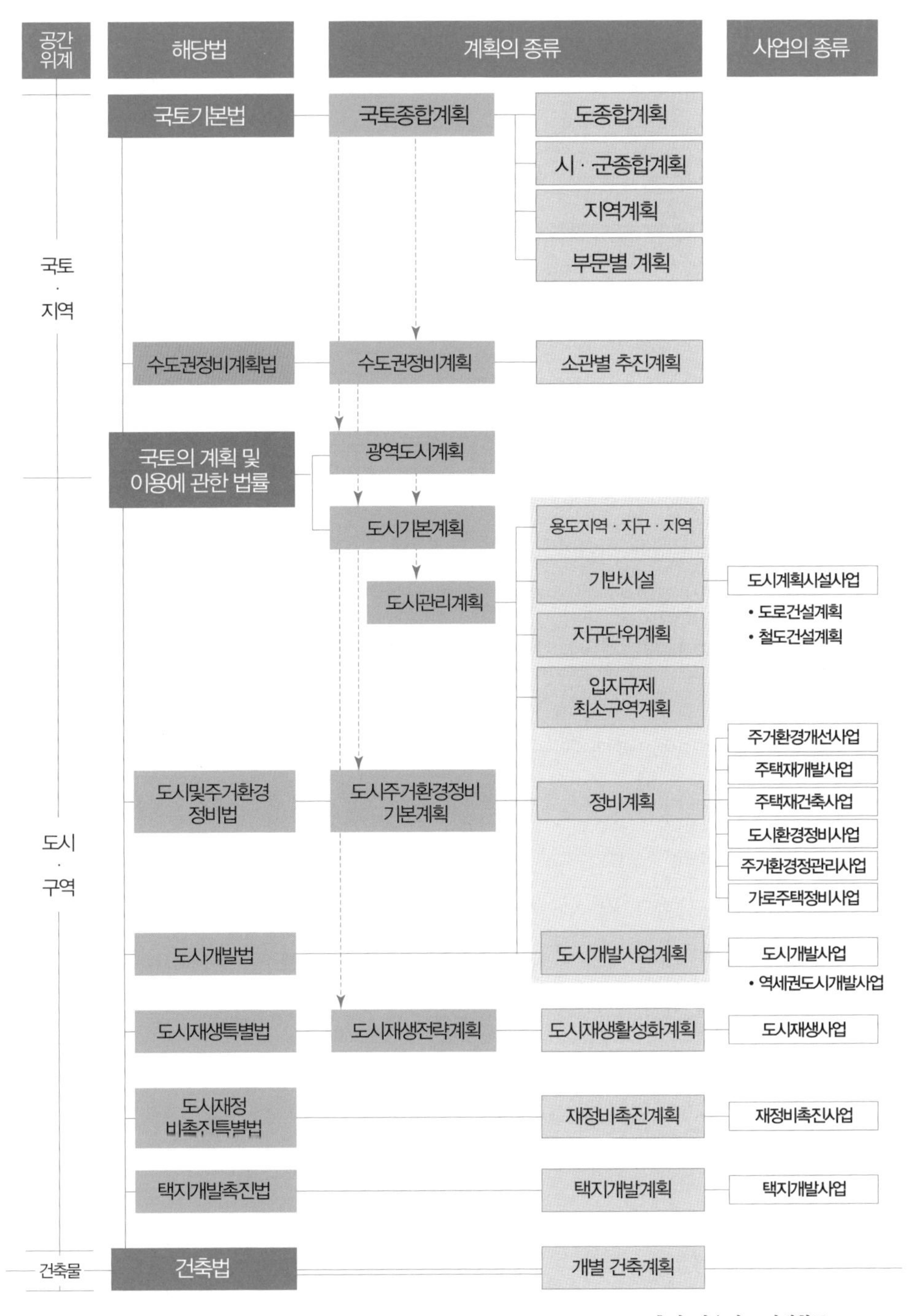

공간위계
해당법
계획의 종류
사업의 종류
국토기본법
국토종합계획
도종합계획
시 · 군종합계획
지역계획
부문별 계획
국토 · 지역
수도권정비계획법
수도권정비계획
소관별 추진계획
국토의 계획 및 이용에 관한 법률
광역도시계획
도시기본계획
도시관리계획
용도지역 · 지구 · 지역
기반시설
도시계획시설사업
• 도로건설계획
• 철도건설계획
지구단위계획
입지규제 최소구역계획
도시및주거환경 정비법
도시주거환경정비 기본계획
정비계획
주거환경개선사업
주택재개발사업
주택재건축사업
도시환경정비사업
주거환경정관리사업
가로주택정비사업
도시 · 구역
도시개발법
도시개발사업계획
도시개발사업
• 역세권도시개발사업
도시재생특별법
도시재생전략계획
도시재생활성화계획
도시재생사업
도시재정 비촉진특별법
재정비촉진계획
재정비촉진사업
택지개발촉진법
택지개발계획
택지개발사업
건축물
건축법
개별 건축계획

출처: 서울시 도시계획국

부동산 투자에서 관련한 '법-계획-사업'의 흐름을 파악하는 것이 얼마나 중요한지를 은평 뉴타운사업과 종로구 옥인구역 재개발사업을 예로 들어 비교하면서 설명하면 다음과 같다. 참고로 옥인구역 재개발 사업은 지자체(서울시)의 무자비한 행정 횡포로 재개발 구역에서 해제되었는데(서울시는 2015. 12월 '도시재생특별법'을 제정하여, 강북 재개발사업·뉴타운사업·주거환경정비사업 등 도시·주거환경정비기본계획에 의한 정비사업, 즉 도시개발을 도시재생사업으로 전환 및 유도하고 있는 중이다), 최근 소송을 통해 다시 부활할 조짐을 보이고 있다.

은평뉴타운사업(도시개발 시행사업)은, ①서울시 지역균형발전계획(도시계획-지역계획)에 따라 서울시 지역균형발전기본계획(사업계획-기본계획)을 수립하여, ②이를 '도시재정비촉진특별법(도시계획법)'에 따라 재정비촉진지구(사업지구)로 의제 처리하여 도시·주거환경정비법 등의 각각의 개별법(도정법 등의 개별개발법)에 따라 추진되는, ③도시관리계획을 실행하기 위한 도시계획사업外(개별계획을 실행하기 위한 개발사업)의 방식으로 추진되는, ④신시가지형 광역 재개발사업(사업방식)이다.

종로구 옥인구역 재개발사업(도시개발 시행사업)은, ①2020 서울시도시기본계획(도시계획-국토계획)에 따라 옥인구역정비기본계획(사업계획-기본계획)을 수립하여, ②이를 국토계획법상의 도시관리계획(도시계획법)을 실행하기 위한 도시계획사업(도시재정비사업)으로 추진하되, ③'도시 및 주거환경정비법(개별 개발법)'에 따라 정비예정구역(사업지구)으로 지정하여 추진되는, ④기성시가지 재개발사업(사업방식)이다.

※ 참고로, 은평 뉴타운 사업은 별다른 잡음 없이 계획한 대로 추진됐지만, 한강 뉴타운 사업을 비롯한 많은 뉴타운 사업의 경우에는 상당기간 사업이 지연되었거나 사업이

축소·폐지됐다. 한편, 종로 옥인구역 재개발사업, 특히 옥인1구역은 박원순 시장이 들어서면서 재개발 구역에서 해제됐지만, 최근 주민들이 서울시를 상대로 제기한 직권해제 취소소송에서 승소했다. 서울시가 개정한 조례 규정이 상위법인 도시 및 주거환경정비법을 벗어났다는 것이 그 이유이다.

이를 통해 알 수 있듯이, 지자체가 특별법을 제정하여 밀어붙이는 도시개발 시행사업은 정책의 유한성으로 인해 사업 확정을 예단할 수 없단 사실을 반드시 알고 있어야 한다. 그동안 이명박 시장, 오세훈 시장, 박원순 시장으로 이어지는 지자체장의 정책 변화로 서울시 도시개발 시행사업은 큰 혼선을 빚고, 그로 인해 죽어난 것은 다름 아닌 애먼 주민들이다.

이처럼 엄연히 사업의 성격과 내용이 다름을 알 수 있다. 그 결과 **사업추진 단계별 결정권을 갖는 해당 관리청, 용도지역·용적률·층수 등의 적용기준, 소형평형의무비율 완화의 정도, 기반시설부지 제공에 따른 인센티브 등 많은 부분에서 차이 난다.**

이 차이를 정확히 알아야만 각각의 도시개발 시행사업에 따른 차이와 그에 따른 투자 가치를 정확히 알아낼 수 있다. 특히 용도지역·용도지구·용도구역의 지정·변경에 따른 부동산의 내재가치를 제대로 파악해 낼 수 있게 된다.

따라서 각각의 **도시개발 시행사업에 따른 '사업-계획-법규'를 제대로 구분해 내는 과정이 부동산의 가치 투자를 위한 첫 번째 단계라** 할 수 있다. 이것만 제대로 이해해도 투자에 따른 많은 혼란을 제거할 수 있다. 각각의 세부적인 내용에 대해서는 뒷장에서 자세히 다루기로 하고, 먼저 도시계획의 체계와 흐름부터 간략하게 살펴보자.

도시계획의 체계와 흐름을 파악하라

도시계획의 체계와 흐름을 읽어라

도시계획은 우리나라의 국토계획 체계를 이해하는 것에서부터 출발한다. 이를 세세히 알 필요는 없다. 개략적으로 이해하는 것만으로도 족하다 우리나라의 국토공간계획 체계는 **'국토계획 및 지역계획→도시계획→개별건축계획'의 3단계로** 구분된다.

국토 전역 또는 일정 지역에 대한 계획을 수립하는 국토계획 및 지역계획, 시·군 단위 또는 개별사업구역을 설정하여 계획을 수립하는 도시계획 및 단지계획, 그리고 개별건축물에 대한 계획을 수립하는 건축계획이 그것이다.

국토계획 및 지역계획에는 국토기본법, 수도권정비계획법, 지역균형개발 및 지방중소기업 육성에 관한 법률 등이 관계된다. 국토기본법에서 정하고 있는 국토계획으로는 국토종합계획, 도종합계획, 지역계획, 부문별계획 등이 있다. 이 중 국토종합계획은 국토계획의 최상위계획으로써 다른 법령에 의하여 수립되는 국토에 관한 모든 계획에 우선한다.

국토종합계획은 국토의 장기발전을 제시하는 20년 단위의 장기종합계획으로 도종합계획의 기본이 된다. 국가기간교통망계획, 주택계획 등의 부문별

계획과 광역권개발계획, 수도권정비계획 등의 지역계획은 국토종합계획과 조화를 이루어야 한다.

지역계획은 특정한 지역을 대상으로 특별한 정책목적을 달성하기 위하여 수립하는 계획이다. 지역계획에는 수도권정비계획, 광역권개발계획, 특정지역개발계획, 개발촉진지구개발계획 등이 있으며, 개별 관계 법률에 의하여 수립된다.

각각의 계획을 일일이 살펴볼 필요는 없다. 개발사업의 투자 이익 실현을 위한 이해(특히, 주택 재개발·재건축의 경우)를 돕기 위한 수준만큼만 이해하면 그것으로 충분하다. 다만 눈여겨볼 것이 수도권정비계획이다. 이는 수도권정비계획법에 의해 수도권 전체를 과밀억제권역, 성장관리권역, 자연보전권역 등 3개 권역으로 구분된다. 각 권역의 정비전략에 의해 관리되는데, 이에 따라 공장, 학교, 택지 등의 입지가 제한된다. 상위법인 도시계획 관련 법규에 우선하여 각 권역의 제한규정이 적용되므로 특히 유의해야 하는 법이다.

'국토계획 및 지역계획'은 모든 도시계획 시행의 근거가 되는 토지이용계획으로, 우리나라의 도시계획은 각각의 상위계획인 이 국토계획 및 지역계획에 의거하여 수립되고 시행된다고만 이해하고 넘어가면 된다.

[보다 자세한 정보를 알려면]

①관련법령정보: 국토교통부(www.molit.go.kr)〉정책정보–국토정보〉법령정보

②국토정책·토지정책: 국토교통부 국토정책국(territory.molit.go.kr)

→국토종합계획, 도종합계획, 수도권정비계획 등 국토 및 지역계획 관련 정보

③주택정보·토지정보: 국토교통부 주택토지실(http://housing.molit.go.kr)

→연도별 주택종합계획

도시계획과 관련한 법규는

도시계획은 상위계획인 국토계획 및 지역계획에서 정한 방침을 수용하고 하위계획인 개별건축계획의 지침을 제시하는 계획이다. 도시계획을 규정한 법규로는 상위법인 '국토의 계획 및 이용에 관한 법률국토계획법'과 각각의 도시개발사업의 시행방식을 규정한 개별법인 '도시개발법', '도시 및 주거환경정비법도정법(도정법)', '도시재정비 촉진을 위한 특별법(도촉법)', '도시재생 특별법(2017년 새로 제정)' 등이 있다.

'국토의 계획 및 이용에 관한 법률(국토계획법)'은 우리나라 모든 도시계획의 근간이 되는 법률로써 광역도시계획 및 도시기본계획, 도시관리계획, 지구단위계획, 기반시설계획, 개발행위허가 등에 관한 계획수립 절차 및 내용에 대하여 규정하고 있다.

'도시개발법'은 도시 내의 복합적 기능을 가진 도시개발사업을 시행하기 위해서 적용되는 법률로, 신도시·보금자리주택 건설 등이 이 도시개발법에 따라 시행된다.

'도시 및 주거환경정비법도정법(도정법)'은 노후·불량주택을 개량하는 재개발·재건축 등의 사업을 위해 제정된 법으로서, 도시·주거환경정비기본계획의 수립과 정비구역의 지정, 정비사업의 시행절차 등에 관해 규정하고 있다.

'도시재정비 촉진을 위한 특별법(도촉법)'은 도시·주거환경정비사업이 개별적으로 시행됨에 따라 충족되지 못하는 기반시설을 확충하기 위한 광역적인 재정비계획을 수립·시행하기 위해 제정된 특별법이다. 이 법에 의해 재정비촉진지구의 지정과 재정비촉진계획의 수립, 재정비촉진사업의 시행을 위한 절차 및 내용이 규정된다.

'도시 재생 활성화 및 지원에 관한 특별법(도시재생법)'은 도시의 경제적·

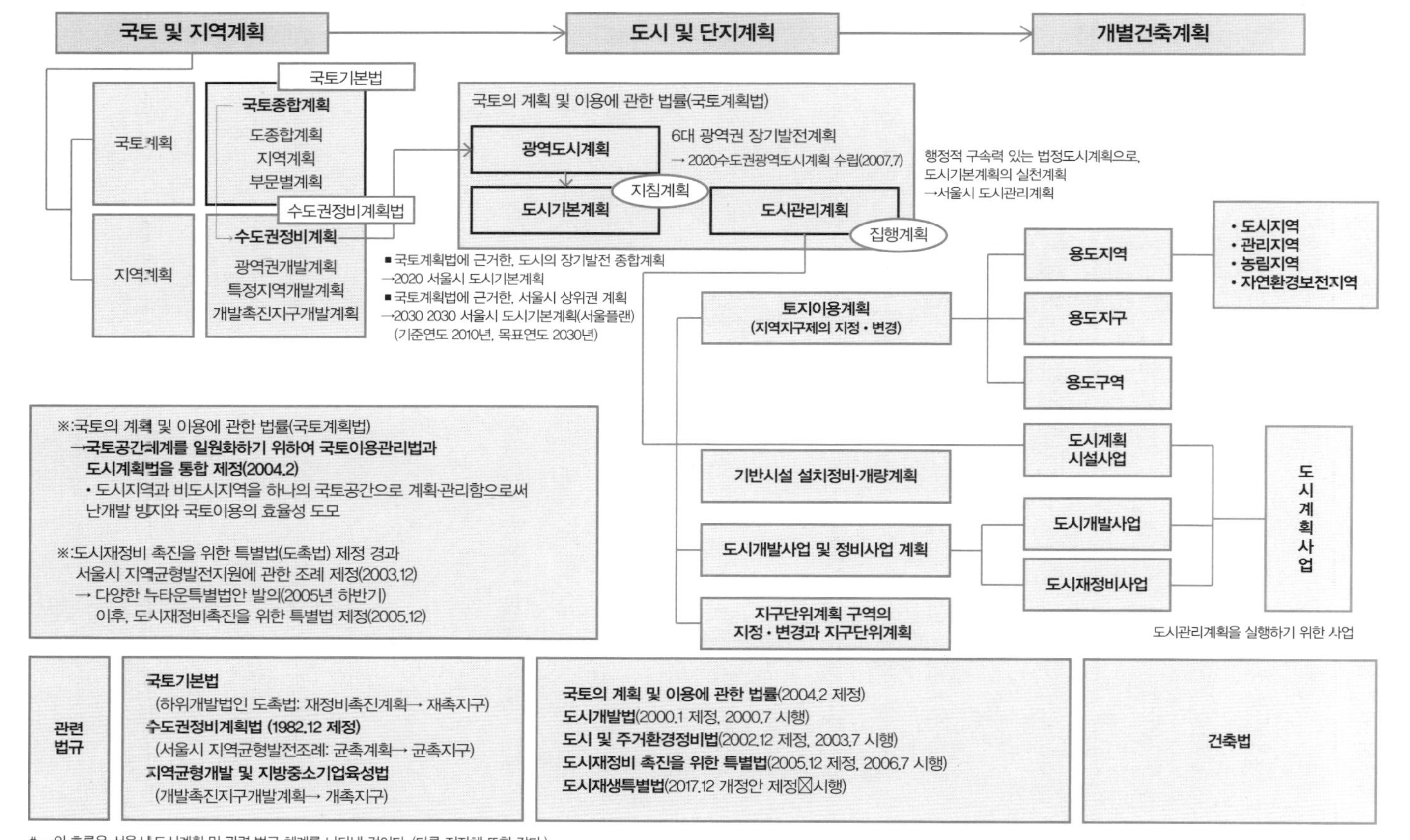

도시계획 및 관련 법체계의 흐름_ 도시계획법
국토 및 지역계획
도시 및 단지계획
개별건축계획
국토기본법
국토계획
지역계획
국토종합계획
도종합계획
지역계획
부문별계획
수도권정비계획법
수도권정비계획
광역권개발계획
특정지역개발계획
개발촉진지구개발계획
국토의 계획 및 이용에 관한 법률(국토계획법)
광역도시계획
6대 광역권 장기발전계획
→ 2020수도권광역도시계획 수립(2007.7)
지침계획
도시기본계획
도시관리계획
집행계획
행정적 구속력 있는 법정도시계획으로,
도시기본계획의 실천계획
→서울시 도시관리계획
■ 국토계획법에 근거한, 도시의 장기발전 종합계획
→2020 서울시 도시기본계획
■ 국토계획법에 근거한, 서울시 상위권 계획
→2030 2030 서울시 도시기본계획(서울플랜)
(기준연도 2010년, 목표연도 2030년)
토지이용계획
(지역지구제의 지정 · 변경)
용도지역
용도지구
용도구역
• 도시지역
• 관리지역
• 농림지역
• 자연환경보전지역
기반시설 설치정비·개량계획
도시개발사업 및 정비사업 계획
지구단위계획 구역의
지정 · 변경과 지구단위계획
도시계획
시설사업
도시개발사업
도시재정비사업
도
시
계
획
사
업
도시관리계획을 실행하기 위한 사업
※:국토의 계획 및 이용에 관한 법률(국토계획법)
→국토공간체계를 일원화하기 위하여 국토이용관리법과
도시계획법을 통합 제정(2004.2)
• 도시지역과 비도시지역을 하나의 국토공간으로 계획·관리함으로써
난개발 방지와 국토이용의 효율성 도모
※:도시재정비 촉진을 위한 특별법(도촉법) 제정 경과
서울시 지역균형발전지원에 관한 조례 제정(2003.12)
→ 다양한 뉴타운특별법안 발의(2005년 하반기)
이후, 도시재정비촉진을 위한 특별법 제정(2005.12)
관련
법규
국토기본법
(하위개발법인 도촉법: 재정비촉진계획→ 재촉지구)
수도권정비계획법 (1982.12 제정)
(서울시 지역균형발전조례: 균촉계획→ 균촉지구)
지역균형개발 및 지방중소기업육성법
(개발촉진지구개발계획→ 개촉지구)
국토의 계획 및 이용에 관한 법률(2004.2 제정)
도시개발법(2000.1 제정, 2000.7 시행)
도시 및 주거환경정비법(2002.12 제정, 2003.7 시행)
도시재정비 촉진을 위한 특별법(2005.12 제정, 2006.7 시행)
도시재생특별법(2017.12 개정안 제정☒시행)
건축법
→의 흐름은 서울시 도시계획 및 관련 법규 체계를 나타낸 것이다. (다른 지자체 또한 같다.)

사회적·문화적 활력 회복을 위하여 공공의 역할과 지원을 강화함으로써 도시의 자생적 성장기반을 확충하고 도시의 경쟁력을 높이기 위한 목적으로 제정된 특별법이다. (2013년 제정, 2017년 도시재생 뉴딜사업의 원활한 추진을 위해 법안 일부 개정) 국토의 계획 및 이용에 관한 법률, 도시 및 주거환경 정비법 등 도시계획 관련법은 이 특별법에 의해 의제 처리된다.

도시계획 수립의 핵심– 도시기본계획과 도시관리계획

도시계획은 둘 이상의 광역시·도를 대상으로 수립하는 광역도시계획을 포함한다. 또한 이를 수용하여 지자체시·군·구별 도시계획의 지침계획인 도시기본계획이 수립된다. 이후 **도시기본계획의 단계별로 발전방향을 도시공간에 구체화하고 실현하는 도시관리계획을 수립함으로써** 법적 구속력을 갖는다.

광역도시계획과 도시기본계획은 도시관리계획 입안의 기준이 되는 지침계획으로, 그 성격은 같다.

둘 다 법적 구속력이 없으며, 따라서 행정소송의 대상이 되지 못한다. 그렇더라도 도시관리계획 및 다른 법률에 의한 부분별 계획 수립 시에는 **반드시 도시기본계획의 내용과 부합해야** 한다.

광역도시계획과 마찬가지로 도시기본계획 역시 20년을 기준으로 수립되는 장기계획이다. 하지만 도시기본계획이 5년마다 타당성을 검토하여 계획의 보완 또는 변경계획을 수립한다는 점에서 차이가 난다.

서울시의 경우 2020년을 목표 연도로 하는 **'2020서울시도시기본계획'이 수립되어** 있는데, 여기에 '토지의 이용 및 개발에 관한 사항'이 명기되어 있다. 이에 근거하여 그 세부내용이 도시관리계획으로 결정·고시되는데, 이것이 바로 용도지역·용도지구·용도구역의 지정·변경이다.

이때 주의 깊게 살펴야 하는 것이, **먼저 발표만 되고, 이후 계획에 반영되지 않거나 추진이 지연되고 있는지** 여부이다. 지자체 선거에 따른 개발공약 남발이 이후의 여건 변화에 따라 무더기로 취소되거나, 계획으로 입안조차 못하고 있는 경우가 발생하기 때문이다. 지자체장이 바뀌면서 이전 지자체가 추진했던 개발계획이나 시행사업이 취소되거나 축소·변경·지연되는 경우도 많다.

이를 강남 개포재건축을 예로 들어 설명하면 다음과 같다. 만약 도시관리계획 입안 행정청인 강남구에서 개포지구 재건축사업과 관련한 지구단위계획 마스터플랜을 작성하여 서울시에 상정하더라도, 이를 서울시가 도시관리계획으로 변경·결정하는 것은 5년 단위로 이뤄진다. 왜냐하면 우리나라의 도시계획(도시기본계획과 도시관리계획)의 변경·결정은 5년 단위 끝자리 0과 5로 반영되기 때문이다. (즉 2005년, 2010년, 2015년…) 이는 또한 도시계획으로 한번 결정하면 이후 5년 이내에는 원칙적으로는 계획을 변경할 수 없음을 뜻한다.

그동안 개포재건축 아파트 추진조합과 강남구청은 용적률·층수 상향을 기대하고 수차례 개포지구 지구단위계획 변경·결정(재건축기본계획으로 의제 처리된다) 요청 안을 서울시에 제출한 바 있는데, 그때마다 이런저런 이유로 결정이 보류되고 말았다. 그러던 것이 부동산 경기 활성화라는 당시의 시대적 요구에 힘입어 결국 개포지구 지구단위계획 재정비(안)은 2010. 11월 말 전격 결정·고시됐다.

만약 그때 결정·고시를 받지 못했다면 어땠을까? 2010년 말까지 도시관리계획으로 결정·고시되지 않았을 경우, 이는 그 후로도 5년이라는 기간을 더 기다려야 한다는 뜻과 같다 그 결과, 이후의 2015년 무렵의 부동산 경기 변동 및 정치 상황과 맞물리면서 다시금 결정·고시는 보류·지연되었으며,

까딱하다가는 2020년까지 다시 한 번 결정·고시를 기다려야 하는 상황으로까지 내몰릴 수도 있었다.

참고로, 현재 사업은 급물살을 타, 개포 주공 2, 3단지는 준공을 눈앞에 두고 있다. 하지만 가장 큰 단지인 1단지는 주민들의 의견이 쉽게 조정되지 않은 탓에 이제 막 관리처분인가를 끝마치고 이주를 준비 중에 있다. 따라서 향후 경제 흐름 및 부동산 경기와 맞물려 2·3단지와 1단지의 앞으로의 시세는 물론이고 투자수익률 면에서 상당한 차이를 보일 것으로 보인다. 둘 중 어느 곳이 더 투자에 유리했는지는 굳이 말하지 않아도 짐작할 수 있을 것이다. 2010년 무렵의 부동산 경기 침체 상황에서는, 적어도 재건축 추진 아파트의 경우에는 무조건 먼저 앞서 나가는 곳이 유리하다. 그런 점에서 볼 때, 부동산 투자에 있어서는 특히 도시계획과 관련하여서는, **계획은 물론이고 경기 흐름, 심지어는 정권의 향방까지 살필 것이 무척 많음을** 이해할 수 있을 것이다.

도시관리계획은 광역도시계획 및 도시기본계획에서 제시된 도시의 장기 발전 방향을 공간에 구체화하고 실행하는 실질계획이다. 지역 종합계획으로서의 구속력 있는 집행계획이기도 하다. 이는 크게 다음 4가지로 구분된다.

–용도지역 · 지구 · 구역의 지정 · 변경에 관한 계획

–기반시설의 설치 · 정비 · 개량에 관한 계획

–도시개발사업 및 정비사업에 관한 계획

–지구단위계획구역의 지정 · 변경과 지구단위계획

용도지역·용도지구·용도구역의 지정·변경에 관한 계획은 토지 이용에 따른 용도 및 개발행위 제한을 규정하는 집행계획이다. 용도지구는 용도지

구 내의 건축물과 관련한 토지이용규제와 관련한 사항을 주되게 규정하는 용도지역지구제의 하나다.

예를 들어 고도지구의 경우에는 건축물을 지을 수 있는 최저·최고 높이를, 개발진흥지구는 지구 내에 건축 가능한 건축물에 대해 규정한 토지이용계획을 뜻한다.

용도지역은 생활중심의 토지이용계획으로 용도지역 내의 토지와 관련한 사항을, 용도구역은 도시문제점 해결과 보전을 위한 토지이용계획으로 구역 내의 행위제한과 관련한 사항을 주되게 규정하는 용도지역지구제의 하나로 이해하면 된다.

따라서 만약 OOO지역이라 하면 토지의 규제사항을, □□□지구라 하면 건축물의 규제사항을, △△△구역이라 하면 개발행위제한 사항부터 살피는 게 우선이다. 토지이용계획확인서에 용도지구와 용도구역이 중복되어 지정됐다면, 이는 그만큼 규제가 많은 부동산이라고 보면 된다.

예를 들어 어떤 재개발지역 내의 주택이 토지이용계획확인서 상의 지역·지구 지정여부 란에 "도시지역/준주거지역(용도지역)-중심지미관지구(용도지구)-상대정화구역/학교보건법(용도구역)"로 나와 있다면, 이는 "도심지 한복판의 땅이어서 땅의 활용가치가 높지만(용도지역), 미관의 유지에 장애가 된다고 도시계획조례가 정한 건축물을 건축할 수가 없으며(용도지구), 특히 교육여건에 배치가 되는 위락시설은 절대 들어설 수 없는(용도구역) 토지 위에 올린 주택"임을 개략적으로 가늠해낼 수 있을 것이다. 이는 부산시 구도심의 내의 한 건축물을 예로 든 것이다.

여기서 우리가 알아야 할 것은 다음과 같다. 즉, **하나의 토지에는 용도지역이 오직 하나 뿐, 즉 중복지정 불가이지만, 각각의 용도지구·용도구역은 두 개 이상의 중복지정이 가능하다.** 그만큼 **용도지역의 지정이 중요하다는**

것인데, 그 이유가 바로 토지의 지정과 관련이 있기 때문이다. 이를 뒤집어 말한다면, 용도지역이 변경되는 것만큼 토지 가치가 상승되는 경우가 흔치 않다는 얘기다.

도시계획시설사업과 도시개발사업·도시재정비사업은 도시관리계획의 실행을 위한 도시계획사업이다. 각각의 사업계획은 도시관리계획 실행을 위한 집행계획으로 보면 된다. 당연히 도시관리계획으로 결정·고시(예를 들어, 서울시의 '합정3 도시환경정비구역(용도지역) 변경결정·고시') 되어야만 사업을 시행할 수 있다.

이는 지자체 홈페이지에 들어가서 직접 확인할 수가 있다. 도시관리계획의 결정·고시는 도시개발 시행사업 투자와 관련하여 반드시 확인해야 하는 중요한 과정을 담고 있는데, 특히 고시 이전의 공람·공고 과정을 유의해서 살펴야 한다.

지구단위계획구역은 도시계획 수립지역 내의 대규모 개발사업을 지구단위계획으로 묶어 시행하기 위한 집행계획으로, 행위제한을 나타내는 '용도지역지구제'와는 다른 개념이다. 이는 중요한 개념이므로 이어서 좀 더 자세히 설명한다.

[보다 자세한 정보를 알려면]

①2020수도권광역도시계획: 국토교통부(www.molit.go.kr)〉정책정보-국토정보〉법령정보

②2020서울시도시기본계획: 서울시 도시계획국(http://urban.seoul.go.kr)〉자료실

③도시계획 열람·공고 및 도시관리계획 결정 · 변경: 각 지자체 홈페이지 (서울시: 서울시 도시계획국)

도시계획 마스터플랜- 지구단위계획

지구단위계획은 도시계획 수립 대상 지역 내에서의 평면적인 토지이용계획과 입체적인 건축물 시설계획이 서로 조화를 이루도록 만들기 위해 수립하는 도시관리계획이다. 지구단위계획구역으로 지정되면 토지이용계획과 시설계획이 동시에 진행되므로 그만큼 체계적이고 계획적으로 개발된다.

지구단위계획은 제1종과 제2종으로 구분된다. 제1종지구단위계획은 도시지역의 기존 시가지 내의 용도지구, 도시개발구역, 정비구역, 택지개발예정지구, 대지조성사업지구 등에 수립하는 계획이다. 제2종지구단위계획은 비도시지역의 계획관리지역, 개발진흥지구를 체계적이면서도 계획적으로 개발·관리하기 위해 용도지역의 건축물 제한을 완화하거나 건폐율·용적률을 완화하여 수립하는 계획이다.

지구단위계획은 먼저 지구단위계획구역이 지정되고, 이어서 지구단위계획을 수립하게 된다. 지구단위계획구역 내에서는 용도지역지구제로 정할 수 없는 사항인 개별 필지별 용적률과 건폐율, 건축물의 용도, 건축선, 건축물의 형태, 색채 등을 정할 수 있다. 따라서 일반 도시계획보다 구체화된 상세 도시계획임을 알 수 있다. 지구단위계획의 수립 내용은 다음과 같다.

–용도지역 · 지구의 세분 또는 변경에 관한 사항

–기반시설의 배치와 규모에 관한 사항

–토지의 규모와 조성계획에 관한 사항

–건축물의 용도, 건폐율, 용적률, 높이 등에 관한 계획

–건축물의 배치, 형태, 색채 또는 건축선에 관한 계획

–환경관리계획 및 경관계획

–교통처리계획

앞 내용을 예를 들어 설명하면 다음과 같다. 서울시 '경복궁 서측 제1종지구단위계획안'에 따라 서촌 일대 한옥이 '한옥지정구역'과 '한옥권장구역'으로 지정 관리된다. 한옥지정구역의 경우 건물 신축 시에 한옥만을 지을 수 있거나, 주택·소매점·한의원 등 들어설 수 있는 건축물의 용도 역시 제한받게 된다. 한옥권장구역의 경우 한옥 이외의 건물을 지을 수 있지만, 전통 담장을 설치해야 하는 등 건축물 외관계획을 지켜야 한다.

지구단위계획이 확정되면 해당 구역 내에서는 이 계획에 맞춰 용도지역이 변경 또는 세분 변경된다. 그리고 건폐율과 용적률, 건축물 용도 등이 완화된다. 이를 통해 **체계적인 개발이 이루어지기 때문에 지구단위계획이 수립된 지역은 그만큼 가치가 상승한다.**

지구단위계획은 한마디로 도시개발 시행사업 실시계획의 전체적인 마스터플랜이라고 할 수 있다. 앞서 예로 든, 2010. 10월 말 결정·고시된 개포 재건축 아파트 단지 지구단위개발계획을 마스터플랜이라고 부르는 이유가 이 때문이다.

지구단위계획에서 한 가지 알아두어야 할 사항이 바로 특별계획구역이다. 이는 제1종지구단위계획 수립 시에 창의적인 개발계획 수립을 요하거나, 계획안 작성 시에 충분한 시간이 필요한 경우에 별도의 계획안을 만들어 이를 지구단위계획으로 수용·결정하는 사업구역을 말한다.

구로본동 구로역 앞 사거리를 지구단위계획 특별계획구역으로 지정해 구로역세권의 활성화를 꾀함은 물론, 인접한 경인로 변을 상업·업무·문화 복합용도로 함께 개발한 것이 이에 해당한다. 한강고밀도 개발에 따른 전략·유도정비구역 역시 지구단위계획 특별계획구역을 지정하여 개발한다. (성수 전략정비구역을 제외하고는, 대부분의 전략·유도정비구역 개발사업은 현재 무산되거나 구역에서 해제된 상태지만, 언제든지 부활할 수 있는 게 또한 도시개발계획이기도 하다.)

특별계획구역에 의할 경우 창의성 높은 복합용도의 개발이 가능하다. 반면, 토지소유주들과의 협의기간이 길어질 경우 자칫 개발비용이 많이 들고, 또한 대규모 동시개발이 어려운 단점이 있기도 하다.

어찌 보면 지구단위계획은 무소불위의 단지계획과도 같다. 즉, **지구단위계획구역 내에서는 다른 모든 계획 및 이와 관련한 법률의 적용이 배제된 채 오로지 지구단위계획에 따라 계획되고 실행된다.** 따라서 어떤 지역이 지구단위계획에 따른 지구단위계획구역으로 지정되어 개발될 경우 지역 전체의 가치는 상승하게 되지만, 개인 단위의 경우에는 자칫 피해를 볼 수도 있다.

경관계획을 위해 주위보다 낮은 용적률을 적용받거나, 도로계획을 위해 가옥이 수용되어 멸실되는 경우가 그것이다. 위의 예에서처럼 한옥지정구역으로 지정되면 존치가옥이 되어 신·증축이 어려울 수도 있다. 따라서 지구단위계획으로 결정·고시된 경우에는 반드시 지형도면을 살펴보는 등의 확인 작업에 주의를 기울여야 한다.

[보다 자세한 정보를 알려면]

①서울시 지구단위계획구역 지정현황 및 결정도면

→서울시 도시계획국(http://urban.seoul.go.kr)〉도시계획소개〉 지구단위계획

②지자체 지구단위계획구역 지정현황 및 결정도면

도시계획 및 관련 법체계를 정리하면

도시계획 및 도시개발과 관련한 법규는 크게 도시계획법과 개별 개발법으로 구분된다. 앞서 제시한 [도시계획 및 관련 법체계의 흐름: 도시계획법]

과 이어서 나오는 [도시개발 사업시행 방식과 도시계획 관련 법체계의 흐름_개별 개발법]은 국토토지이용과 관련한 도시계획 체계를 규정하는 도시계획법과 이에 따른 각각의 도시개발 시행방식을 규정한 개별 개발법규를 도해한 것이다.

도시계획 수립을 위해 토지이용을 규제한 것이 계획법이며, 각각의 도시개발 시행사업은 관련 개별 개발법규에 의해 계획되고 실행된다.

도시계획은 상위 지침계획인 광역도시계획·도시기본계획과 하위 집행계획인 도시관리계획으로 나뉜다. 그리고 그 정점에 국토종합계획이 있다. 도시계획은 광역도시계획 및 도시기본계획에서 도시의 장기 발전방향이 제시되며, 이것이 도시관리계획에 의해 국토공간에 구체화되고 실현된다. 즉, 도시관리계획에 의해 용도지역·지구·구역 지정·변경 등의 토지이용계획, 지구단위계획, 도시개발사업계획이 수립되고 실현된다.

도시계획사업이란 도시관리계획을 시행하기 위한 사업으로서 도시계획시설사업, 도시개발법에 의한 도시개발사업 및 도시·주거환경정비법에 의한 정비사업을 말한다. 이 계획에 적용되는 실행법규가 바로 '도시개발법'과 '도시·주거환경정비법(도정법)'이다.

참고로, 기성시가지의 광역적 개발을 위한 도시재정비 촉진을 위한 특별법으로 추진하는 재정비촉진사업, 대규모 택지공급을 위한 택지개발촉진법의 택지개발사업, 주택건설 공급을 위한 주택법의 주택건설사업은 국토계획법에서 정하고 있는 '도시계획사업' 외의 주택개발사업이다. 따라서 도시관리계획의 적용을 받지 않고 각각의 관련법규에 따른 개별계획에 우선해서 적용받는다.

각각의 도시개발 시행사업을 제대로 이해하려면 도시계획의 흐름 및 관련

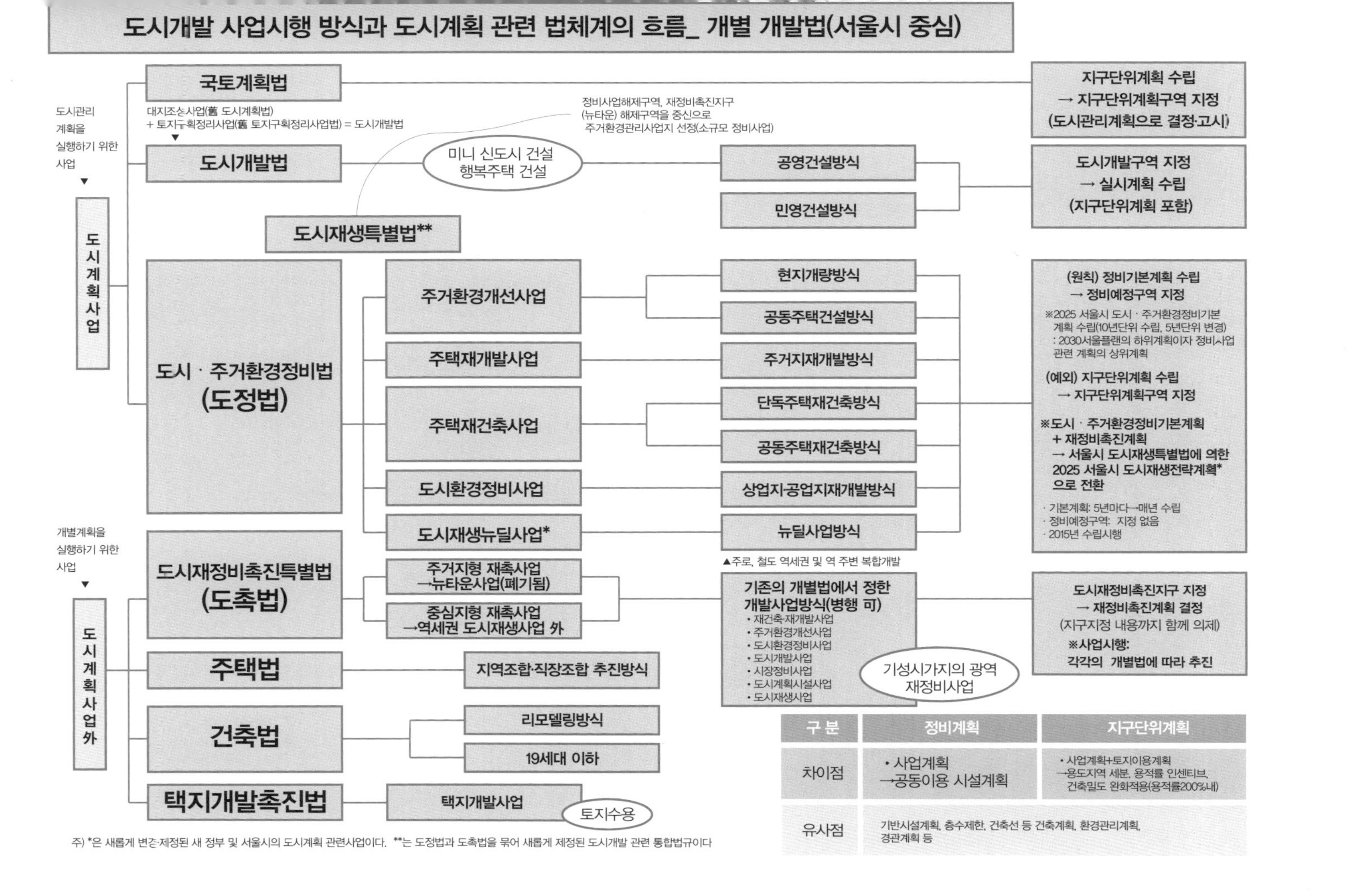

구 분	정비계획	지구단위계획
차이점	· 사업계획 →공동이용 시설계획	· 사업계획+토지이용계획 →용도지역 세분, 용적률 인센티브, 건축밀도 완화적용(용적률200%내)
유사점	기반시설계획, 층수제한, 건축선 등 건축계획, 환경관리계획, 경관계획 등	

주) *은 새롭게 변경·제정된 새 정부 및 서울시의 도시계획 관련사업이다. **는 도정법과 도촉법을 묶어 새롭게 제정된 도시개발 관련 통합법규이다

법규 간의 상관관계를 파악할 수 있어야 한다. 즉, **도시계획 및 도시개발 사업계획, 그리고 여기에 적용되는 법규를 제대로 이해하고, 이어서 이것들을 각각의 '도시개발 사업시행' 방식에 적용하면 전체의 큰 틀을 잡을 수 있다.**

그렇게 해서 '개발사업-도시계획 및 사업계획 기본계획 및 실시계획-관련 법규-사업구역'을 머릿속에 그려 넣고, 각각의 계획수립, 지구·구역 지정, 사업시행 절차 등과 관련한 자료나 법규를 그때그때마다 꺼내 보면 된다. 그것으로 충분하다.

도시계획과 도시개발 시행사업을 읽는 방법

서울시 도시개발 사례를 통해 확인하는 재개발·재건축 가치 투자

항상 "사업-계획-법규"를 묶어서 살핀다

용도지역지구제의 핵심은 도시개발 시행사업 추진에 따른 도시계획 상의 공간계획(즉, 토지이용계획)이 시간의 흐름과 함께 어떻게 변화하고 있는지를 살피는데 있다. 때문에 도시계획은 물론 각각의 도시개발 시행사업과 관련한 사업계획 및 개발계획, 관련법규 등을 제대로 읽어내지 못하면 그 사업이 어떻게 추진되고 또 어떤 사업상의 이점이 있는지를 제대로 파악해내기 어렵다. 그야말로 장님 코끼리 만지기 식으로 흐른다.

따라서 도시개발 시행사업에 대한 전체 체계의 틀부터 잡아야 할 것인데, 이는 다음 순으로 세워나가면 크게 무리 없다. 이를 아래의 서울시 추진 각종 도시개발 시행사업을 예로 들어 살펴보자. 참고로 이제부터 설명하는 서울시 추진 도시개발사업은 지자체장(서울시장)이 바뀌면서 저마다 부침을 달리하고 있는 중이다.

그렇더라도 예전 사업 추진 자체를 살피는 것은 나름 뜻 깊은 일이다. 그 이유는 도시계획에 따른 도시개발 시행사업을 당초 추진 단계에서부터 면밀히 따져 살피는 것은 나름 의미 있고 또 그동안의 추진 경과를 파악하면 앞으로의 방향성을 읽어낼 수 있기 때문이다.

특히 예전 이명박·오세훈 시장이 서울 전역을 들쑤셔 놨던 각종 개발계획은 박원순 시장이 들어서면서 대폭 취소되고 변경되었고(강북의 여러 지역 재개발사업 및 뉴타운지역이 이에 해당한다), 그에 따라 사업은 지지부진했다. 그러던 것이 최근의 부동산 경기 활황에 힘입어 다시금 부활되고 있는 조짐이 여기저기에서 드러나고 있다. 따라서 이 장에서는 예전 서울시에서 추진했던 재개발·재건축·뉴타운 사업을 각각 예로 들어 설명함으로써, 이를 통해 관련한 부동산 투자의 이해를 돕고자 한다. 따지고 보면 재개발·재건축 투자 또한 땅 투자(특히, 지분 투자) 아니던가.

[사례1. 보금자리주택건설사업(행복주택)]

-사업근거: 서민 주거안정대책 발표(8.27대책)- 2020 제4차 국토종합계획 수정계획에 근거

-시행사업: 보금자리주택건설사업

-도시계획: 국토계획(국토종합계획), 도시계획(도시개발사업, 도시기본계획 의제처리)

-사업계획: 보금자리주택건설계획

-관련법규: 국토계획법 및 보금자리주택 건설 등에 관한 특별법(계획법), 각각의 개발관련법률(개발법)

-사업시행자: 국가·지자체, LH공사·지방공사

-사업방식: 공공개발

-지구지정: 보금자리주택지구 지정(주택지구를 지정·변경·해제, 개발제한지구에 주택지구 지정)

-사업특례: 낮은 분양가로 서울·수도권 인근(특히 강남) 아파트 공급

[사례2. 은평뉴타운사업]

-사업근거: 2020 서울시 도시기본계획

-시행사업: 뉴타운사업(기성시가지 광역재개발방식)

-도시계획: 지역계획(수도권정비계획-균형발전촉진계획), 도시계획(도시재정비촉진사업)

-사업계획: 뉴타운사업계획(재정비촉진계획)

-관련법규: 수도권정비계획법 및 서울시 지역균형발전지원에 관한 조례(계획법), 도촉법 시행령(개발법; 재정비촉진지구 의제)

-사업시행자: 은평구 도시개발, SH공사

-사업방식: 공공개발

-지구지정: 뉴타운지구 지정(신시가지형)

-사업특례: 용도지역·용적률·층수 상향, 소형평형의무비율 완화, 기반시설부지 제공 인센티브

[사례3. 성수 전략정비구역 정비사업]

-사업근거: 2020 서울시 도시기본계획

-시행사업: 한강 공공성 재편에 따른 재개발·재건축사업

-도시계획: 국토계획(국토종합계획), 도시 및 단지계획(지구단위계획에 의한 도시계획사업-재개발·재건축사업)

-사업계획: 한강변관리기본계획(지구단위계획 특별계획)

-관련법규: 서울시 도시기본계획·도시관리계획(계획법), 도정법(개발법)

-사업시행자: 서울시, 광진구

-사업방식: 공공+민간개발

-구역지정: 지구단위계획에 의한 특별계획구역 지정

-사업특례: 용도지역·용적률 상향, 높이기준(층수) 완화, 공공용지 기부채납에 따른 인센티브

우선, **도시개발 시행사업과 그 사업추진의 근거가 되는 계획(도시계획 및 사업계획)부터 살필** 필요가 있다. 이것이 중요한 것은 다음 이유에서다. 우선, 정부나 지자체에서 추진하는 도시개발 시행사업은 막연하게 수립·시행되는 것이 아니라, 각자 나름대로의 근거를 갖고 추진되기 때문이다.

대체적으로 상위의 계획법인 국토계획법 및 도시계획법에 근거하여 이것이 하위의 개별법으로 이어지면서 계획되고 실행된다. 물론 특별법 제정을 통해서 추진되는 경우도 있지만, 이 역시 국토계획법의 큰 틀에서 벗어날 수는 없다.

따라서 만약 중앙정부나 지자체에서 어떤 도시개발 시행사업과 관련한 사업계획개발계획을 추진 중에 있다면, 가장 먼저 확인해야 할 것이 바로 **그 계획이 국토종합계획에 반영됐는지** 여부이다. 만일 그렇다면 이는 언젠가는 반드시 실행되는 계획으로 봐도 무방하다. 그만큼 사업추진의 당위성이 뒷받침된 것이기 때문이다. 이것, 앞에서 여러 차례 강조했다.

2000년부터 2020년까지 제4차 국토종합계획이 수립되었고, 다시 2006년부터 2020년까지의 수정계획이 수립되어 있다. 따라서 적어도 2020년까지는 제4차 국토종합계획 수정계획대로 국토가 개발되고, 이에 따른 도시계획이 이뤄진다고 보면 된다.

이 국토종합계획에 기초하여 특별·광역시, 시·군마다 도시의 장기발전을 제시하는 도시기본계획과 그 실천계획인 도시관리계획이 수립되어 도시계획으로 추진된다. 따라서 '국토종합계획→ 광역도시계획→ 시·군도시계획'으로 이어지는 도시계획과 이에 따른 도시개발 시행사업은 그 추진시기만

고려될 뿐, 반드시 실행된다고 보면 된다.

이렇게 놓고 볼 때, 〈사례1: 보금자리주택 건설사업〉은 국토종합계획 상에 명문화된 '지속적이고 다양한 주택공급 추진'이란 전략적 추진과제로서 시행되는 개발사업이란 사실을 알 수 있는데, 이를 2009년 5월 발표된 '2020 수도권 광역도시계획 수정계획'에 반영시킨 것이다.

그 결과 수도권 그린벨트 및 역세권 인근 유휴용지가 대폭 해제되어 보금자리주택(이명박 정부), 국민임대주택, 행복주택(박근혜 정부) 등 서민 주택 공급을 대폭 확대하는 방향으로 정책이 전환됐다. 그리고 이를 일반에 공표한 근거가 바로 2002년에 발표된 '서민 주거안정대책 발표(8.27대책)'이다.

이처럼 보금자리주택 건설 사업은 지난 이명박 정부가 상위계획인 국가도시계획국토종합계획을 등에 업고 특별법으로 제정하여 추진하는 도시개발 시행사업임을 알 수 있다. 그리고 그 특별법의 주된 내용은 개발제한구역 내의 토지를 주택지구로 지정하고, 이를 지정·변경·해제하여 다시 보금자리주택지구로 지정하는 일련의 도시기본계획 의제처리(즉, 간주한다) 내용을 담고 있다. 이어 들어선 박근혜 정부는 이를 이어받아 역세권 중심의 직주근접형 복합 토지 이용을 바탕으로 한 행복주택 건설계획을 추진했는데, 이 역시 도시개발 시행사업이란 점에 있어서는 같다. 이때 도시개발 시행사업에서 반드시 알고 있어야 할 것은, 지구지정을 위한 제반 특례규정에 주목해서 살피는 것이다.

개발사업과 관련한 적용특례를 살피는 게 포인트

다음으로 그 개발사업의 근거가 되는 관련법규를 확인해야 한다. 이는 토지이용계획 체계를 규정한 계획법부터 살핀 후에 이어서 개발사업 시행방식과 관련한 개별 개발법규를 살핀다. 〈사례1: 보금자리주택 건설사업〉의 경우,

국토계획법에서 전체 공간계획과 관련한 지침 부분을, '보금자리주택 건설에 관한 특별법'에서 개발특례의 적용에 관한 부분을, 도시개발법 등의 개별법에서 각각의 개발사업 시행에 관한 부분을 순서대로 살피면 된다.

특별법은 말 그대로 개발사업도시개발 시행사업과 관련한 법규를 모두 아우르는 상위개념의 법규이다. 다른 법률에 우선하여 이 특별법이 적용된다. 즉, 개발사업과 관련한 모든 법규는 특별법에서 규정한 범위 내에서 그 효력이 발생한다.

예를 들어 신도시개발이 추진될 어떤 지역 내의 땅(이를테면 수도권 개발제한구역 내의 농지)이 시가화예정용지로 지정되지 않은 상태에서는 이를 도시계획 수립·변경절차 없이 곧바로 도시지역으로 용도지역을 변경할 수 없다. 하지만 예의 그렇듯이 개발 호재는 발표와 동시에 가격에 즉시 반영된다.

때문에 **이 같은 부작용과 복잡한 도시계획 지정절차에 따른 사업 지연을 막기 위해 이를 특별법으로 의제 처리(즉, 도시기본계획상의 시가화예정용지로 지정된 것으로 간주한다)할 수** 있도록 조치한 것이다. 즉, 보금자리주택 예정지역 내의 농지를 시가화예정용지로 지정할 수 있도록 도시계획을 수립 또는 변경 지정하고 이를 다시 주택지구로 지정하는 절차 없이, 이 법에 근거하여 곧바로 주택지구로 지정할 수가 있게 만든 것이 보금자리주택 건설에 관한 특별법의 주된 골자이다.

〈사례2: 은평뉴타운사업〉 역시 특별법에 의해 추진되는 사업이다. 뉴타운사업은 기성 시가지 광역재개발 방식으로 추진되는 도시재정비촉진사업으로, 서울시 지역균형발전조례로 추진되어 오던 것이 이후 '도시재정비촉진을 위한 특별법'을 제정함으로써 법적인 후속조치를 마련한 것이다.

이처럼 뉴타운사업은 처음에는 지역계획수도권정비계획 상의 균형발전계획으로 추진되어오던 것이 이후 특별법 제정을 통해 국토계획으로 승격된 것으로, 특별법의 우선적용을 받는 도시계획사업의 도시개발 시행사업(재정비촉진사업)이다.

여기서 한 가지 알고 있어야 할 것은, 예전 이명박·오세훈 시장 시절에 서울시 전역을 들쑤셔 놨던 뉴타운사업, 전략·유도정비구역 등이 경기 침체와 함께 그리고 박원순 시장이 들어서면서 초토화됐던 이유도 따지고 보면, 국토계획법에 의한 도시계획사업이 아닌 특별법에 의한 도시개발이었기 때문이다. 국토 및 도시 계획에서 '특별'이란 용어는 그만큼 위험하다.

그와 달리, 앞서 설명한 '종로구 옥인구역 도시재개발사업'과 같은 주택재개발사업은 도시·주거환경정비법에 의해 추진되는 도시계획사업이다. 즉, 도시관리계획으로 실행되는 엄연한 국토계획(즉, 지자체 개별 도시계획이 아닌 국토계획에 따른 도시계획에 의한 도시계획사업 상의 도시개발 시행사업) 주택재개발사업이다.

용어를 풀어쓴 관계로 자칫 말장난처럼 들리겠지만, 그 의미하는 바는 분명 다르다. 뉴타운사업은 어디까지나 서울시가 추진하는 도시계획사업외의 개별 도시개발 시행사업으로 추진되는 것이지, 도시관리계획과 도정법에 적용을 받는 도시계획사업 상의 주택재개발사업으로 추진되는 것이 아니다.

이런 이유로 은평뉴타운은 사업계획단계에서는 도촉법의 우선 적용을 받으며, 이후 사업구역 내에서의 개별 정비사업 추진부터는 도정법의 적용을 받는다. 때문에 도정법의 적용만을 받는 옥인구역 재개발사업과는 각종 사업적용 특례에서 차이난다.

이는 〈사례3: 성수 전략정비구역 정비사업〉을 통해 살펴보면 보다 명확해진다. 서울시는 한강변 새개발·새건축사업구역을 내상으로 이른바 한상 공공성 회복이라는 마스터플랜을 제시했다. 지역 내의 일부를 지구단위계획 특별계획구역으로 지정하여 체계적으로 개발하겠다는 것이 한강변관리기본계획(한강 르네상스 프로젝트)이다. 그중 하나가 바로 성수 전략정비구역이고, 잠실 재건축 5단지가 새로이 계획에 편입되어 추진 중에 있다.

그 핵심은 공공용지 및 시설확보를 위해 대지의 일정부분을 기부채납할 경우에 그 반대급부로 사업 혜택을 부여한 데 있다. 도시관리계획으로 정한 법적상한용적률까지 용적률을 높이는 한편, 최고 50층·평균 40층으로 높이 기준이 대폭 완화된다.

그렇게 해서 아파트를 재건축함으로써 한강 조망권을 최대한으로 확보해주겠다는 것이다. 즉, 지자체가 갖는 권한을 최대한 활용하여 도시개발 시행사업을 추진하겠다는 것이 그 주된 골자다.

물론 기부채납과 사업특례에 따른 득실을 저울질해봐야 하겠지만, 그렇더라도 해당 지자체가 목적과 당위성을 갖고 추진하는 사업이니만큼 당연히 투자가치는 뛰어나다. 사업추진의 주체가 누구이고, 어떤 법적 근거로 추진되는지를 자세히 살펴야 하는 이유가 여기 있다. 단, 특별법에 의해 추진되는 사업이란 점을 반드시 염두에 두어야 한다. 자치단체장이 바뀌면, 법은 언제든지 철회되고 사업은 얼마든지 중단될 여지가 있기 때문이다.

현재 성수 전략정비구역은 4개 구역으로 구성되어 있는데, 이 중 조합이 설립된 곳은 1·4구역이다. 4구역은 2017년 말 48층, 1,542가구를 짓는 건축심의를 서울시에 요청했다. 아직 조합 설립 전인 2구역과 3구역의 지분값이 좀 더 저렴하다.

각각의 적용특례가 부동산 가치를 결정한다

이렇듯 사업의 성격을 따져가며 살펴보는 이유는 **각각의 도시개발 시행**

사업에 따른 적용 특례를 살펴보기 위함이다. 특히 용도지역 세분 변경과 용적률·층수 상향이 그렇다. 즉, 국토계획법 시행령 및 지자체 도시계획조례에 따라 우선적으로 적용되는 용도지역·용적률·층수를 허용 범위 내에서 완화 적용하는 한편, 이에 따른 개발이익을 임대주택·소형주택 건설 등을 통해 일정 부분 환수 조치하는 것이 사업의 주된 골자다. 이것에 따른 득실(즉, 개발이익)을 현 시세를 감안하여 산정해 내는 것이 도시개발사업(특히, 재개발·재건축) 가치 투자의 핵심이다.

다음 [도시개발 시행사업별 용도규제 완화 내용]은 각각의 도시개발 시행사업별 용도규제 완화 및 용적률·층수 상향에 대한 핵심 내용을 요약·정리한 것이다. 별색 글씨는 서울시의 적용 특례를 나타내는데, 이것을 예를 들어가며 설명하면 다음과 같다.

용적률은 국토계획법 시행령으로 정한 용적률 적용한도 내에서 이를 다시 지자체 조례에서 별도로 규정하여 정하게 된다. 예를 들어 서울시 내의 3종 일반주거지역의 경우 국토계획법 시행령으로 정한 용적률 적용 상한은 300%이지만, 이것이 서울시 조례에 의해 250% 이내로 제한된다.

용적률은 도시개발 시행사업별로 허용되는 조건을 달리한다. 이를 기준으로, **사업계획에서 정한 계획(기준) 용적률에 기부채납 등에 따른 인센티브를 높여 개발가능 용적률이 결정된다고** 보면 된다. 따라서 이것을 잘 이해하고 있어야 한다.

층수 역시 도시개발 시행사업별로 달리 적용된다. 예를 들어 예전 지구단위계획에 의해 개발사업을 추진하던 압구정 전략정비구역의 경우, 대지지분의 25%를 공공시설로 기부채납하는 대가로 서울시 조례를 풀어 최고 50층, 평균 40층으로 건설하기로 한 계획이다. 하지만 이 기부채납의 정도를 놓고

도시개발 시행사업별 용도규제 완화내용 — 밑줄은 서울시 적용 용적률

	사업구역	도시개발 시행사업	용적률 상향	높이제한 완화	용도지역 세분변경
원칙			●국토계획법 시행령상 용적률상한 범위 내 → 다시, 자치체 도시계획조례에서 정한 용적률상한+인센티브 범위내 결정 ※서울시의 경우~ • 1종일반: 200%→ 150%+α, • 2종일반: 250%→ 200%+α, • 3종일반: 300%→ 250%+α, • 준주거: 500%→ 400%+α	● 국계법 시행령 →다시,지자체 조례로 정한 범위 안에서 완화 적용 가능 ※국계법 시행령 • 1종일반: 5층 이하 • 2종일반: 평균18층이하 • 3종일반+: 규정 없음	●국토계획법상의 도시관리계획으로 지정·변경 결정 →법: 지정 시행령: 세분 변경
특례규정	지구단위계획구역	• 도시계획사업 중 도시개발법에 의한 민영개발사업·공영개발사업 →제1종지구단위계획구역으로 결정·고시 • 도시계획사업 중 '도정법'에 의한 各 정비사업 ①재개발사업– 전략·유도정비구역 ②재건축사업– 전략·유도정비구역 ③도시환경정비사업– 역세권시프트 ④도시재생사업– 지자체별 지정구역 • 도시계획사업外 사업 중 '도촉법'에 의한 各 재정비촉진사업 ①뉴타운사업(주거지형 재촉사업) ②균형발전촉진지구사업 (+중심지형 재촉사업)	●지자체 조례에도 불구하고, 국토계획법 용적률상한까지 상향 可 –2종일반: 200%→ 250%, –3종일반: 250%→ 300% –준주거: 500%→ 500%+ • 허용조건1 →재정비촉진사업으로 증가된 용적률의 50~75%를 임대주택으로 건설 –역세권시프트 등 도시환경정비사업 –서울시조례에 의한 균형발전촉진사업 –뉴타운사업 外 재정비촉진사업 (→도시재생뉴딜사업으로 편입) • 허용조건2 →구역 내 공공시설 설치+ 기반시설 비용부담+ 용도지역 상향 등에 따른 부지면적의 25~40% 기부채납 –도정법 적용받는 한강고밀도개발사업 • 허용조건3 →정비계획용적률과 법적상한용적률 차이의 30~50%를 전용60㎡ 이하 재건축소형주택으로 건설 –도정법 적용받는 재건축사업(과밀억제권역) ※재개발사업 기준용적률 상향 조건 →정비계획상 기준용적률 20% 상향조정 시에, 20% 전체를 60 ㎡ 이하 소형주택으로 건설 –도정법 적용받는 재개발사업(3종일반+준주거)	●지구단위계획구역 안에서의 건폐율·용적률·높이 완화 적용 가능 →공공시설부지 제공 시 적용용적률의 200% 범위 내에서 완화적용 가능 (1종지구단위계획구역)	●지구단위계획 수립 시 용도지역 세분 변경 가능 →세분된 용도지역 내에서 1·2단계 변경 가능 ※도시개발사업 →다른 법률에 의한 지정·변경 결정 가능 (도계위 심의要) ※지구단위계획구역으로 지정되어 추진되는 재정비촉진사업 →촉진계획 결정에 따름
	정비구역	• 도시계획사업 중 '도정법'에 의한 각 정비사업 ①재개발사업 ②재건축사업 ③도시환경정비사업 ④주거환경정비사업 ⑤주거환경재생사업 ⑥도시재생사업		● 지자체 도시계획 세부기준 적용 완화 ※10%를 공공시설로 기부채납시(서울시 경우) –2종 일반 : 7층 이하 → 평균13층 이하 –2종 일반: 12층 이하 → 평균18층 이하 –3종 일반: 층수제한X	●국계법 시행령상의 세분된 용도지역 내에서 1·2단계 변경 가능 ※공공시설용지(20%±) 기부채납에 따른 용도지역 세분 변경 →서울시 특별계획 결정에 따른 역세권시프트사업 용도지역 상향 변경 (용도지역간 변경도 可)
	재정비촉진지구	• 도시계획사업外 중 '도촉법'에 의한 각 시행사업 ①뉴타운사업(주거지형) – 폐기됨 ②균형발전촉진지구사업(중심지형) ③재정비촉진사업(고밀복합형)		●특례규정 적용 →촉진계획으로 정함 ※2종 일반 층수제한 규정(15층) 폐지 →50~60층도 가능	●특례규정 적용 →세분된 용도지역 내 1·2단계 변경 및 용도지역간 변경 가능 ※도시환경정비사업: 2종·3종일반→준주거

서울시와 지역주민 간의 갈등의 골이 깊어진 결과, 서울시가 조례를 닫고 주민들 역시 사업을 반대하거나 소극적인 자세를 취하면서 오늘에 이른 것이다. 이것이 앞으로는 또 어떻게 될까?

용적률에 가장 크게 영향을 미치는 것이 용도지역의 세분변경이다. 이는 기부채납의 정도에 따라 1단계는 물론 2·3단계까지 상향 가능해진다. 예를 들어 **역세권 시프트의 경우에 2·3종 일반주거지역 모두 준주거지역으로 종 상향이** 가능해진다. 당연히 용적률은 크게 상향된다.

이처럼 **각각의 도시개발 시행사업별로 용적률·층수·용도지역 세분변경(즉, 종 상향)이 달리 적용되는데,** 당연히 시행사업별로 부동산 가격은 차이 날 수밖에 없다. 따라서 도시개발 시행사업별로 이를 자세히 살펴야 투자에 따른 수익성을 가늠할 수 있다.

더불어 한 가지 알고 있어야 할 것이 있다. 도시개발 시행사업은 관련한 법규가 서로 복잡하게 얽혀있어 내용을 정확히 이해하기란 결코 쉽지 않다. 전문용어가 난무하고, 많은 부분이 수치화되어 있기에 이를 읽는 것 또한 적잖게 부담스럽다.

당연히 해석에 어려움이 따른다. 이런 이유로, 도시개발 시행사업과 관련한 각각의 핵심 내용을 별도로 분리해 나가면서 파악하고, 이어서 각각의 사업 내용에 대한 설명을 보태가며 살피는 것이 훨씬 더 이해하기 쉽다. 그렇게 법규와 계획을 읽는 연습을 해나가기 바란다.

사업주체의 추진 의지도 살펴야 한다

특별법으로 실행되는 도시개발 사업계획은 특별한 주의가 필요하다. 왜냐하면 그 계획이 입법화되는 과정에서 중단되거나 축소되면서 당초 계획한 바 그대로 추진되지 않을 수 있기 때문이다. 앞서 설명한 세종시 건설 수정계획이 그 대표적인 사례이다.

지자체 선거 이후 자치단체장이 바뀌거나, 자치단체장과 지자체 의회 간의 당적이 불일치되면서 그동안 추진되어 왔던 도시개발 사업계획이 무산 또는 축소·변경되는 경우가 늘고 있다. 이 경우 특별법에 의해 추진되어오던 계획이나 사업이 중심 타깃이 될 것은 분명하다. 최근에는 특별법 추진 사업에 대한 위험이 늘고 있기에, 이 역시 제대로 살펴야 한다. 박원순 서울시장 당선 이후 초토화되었던 서울 강북지역 재개발 사업이라든가, 압구정 한강 고밀도 개발사업의 연이은 취소 사례를 보면 문제의 심각성을 단박에 확인할 수 있을 것이다.

개발계획과 그 근거가 되는 법규와 마찬가지로 **사업주체(즉, 사업시행자)의 추진의지 역시 주의 깊게 살펴야** 한다. 도시계획의 주체는 국가 즉, 중앙정부와 시도(광역)·시군구(기초) 등의 지자체이지만, 사업시행주체는 여기에 LH공사·지방공사 등의 공공사업자와 건설회사·조합 등의 민간사업자까지 포함된다.

무엇보다 이들의 사업이행 의지를 파악하는 게 중요한 데, 그 이유는 이렇다. 즉, 민선 자치단체장 시대를 거쳐 오면서 지자체별로 무분별한 도시개발 시행사업이 추진됐고, 그 과정에서 많은 부채를 안은 것이 지금 문제가 되고 있기 때문이다.

여기에 더해 중앙정부와 지자체가 추진하는 각종 개발사업의 사업시행자 역할을 자임해 온 LH공사·지방공사의 부채 역시 감당할 수 없는 상황으로까지 진행되고 있다. 그 결과 많은 개발계획이 지연되거나 변경·축소되는 등으로 한 때 홍역을 앓았는데, 그때 정부와 지자체를 믿고 투자한 사람들은 크게 곤욕을 치렀다.

서울시가 추진 중인 용산국제업무지구 개발사업과 마곡지구 워터프론트

개발사업, 인천의 청라·영종신도시 건설사업, 경기 성남의 재개발사업 등이 이에 해당한다. 물론 이것이 문제가 되었던 것은 2015년 이전의 부동산 경기 침체에 따른 영향이 더 컸다. 따라서 경제가 회복되고 여건이 뒤바뀌면 다시 정상적으로 추진될 가능성은 그만큼 높았는데, 이를 반영하듯 부동산 경기 회복과 함께 현재 이들 지역의 많은 곳이 뒤늦은 건설로 몸살을 앓는 중이다.

하지만 문제는 그 과정에서 이를 참지 못하고 서둘러 처분할 경우 투자에 실패를 가져올 수 있음이다. 투자자들이 이것까지 살피기에는 무리가 따른다.

정부가 나서서 추진하는 사업이라 그저 믿고 따를 뿐인데, 이것마저 불확실하다면 어떤 사업이 확실성을 보장받을 수가 있겠는가? 이런 이유로 공공이 시행하고 추진하는 개발사업이라도 어디까지나 사업의 확실성이 보장되는 단계에서 투자를 고려할 필요가 있다. 이를테면 단순히 지구지정이 됐다고 해서 이것이 사업 확정을 보장하는 것은 아니다. 그 이후에도 여건 변화에 따라 언제든지 사업 추진이 축소·변경될 수 있기 때문이다.

마지막으로 지구·구역지정에 대한 부분을 살핀다. 도시개발 사업계획 수립 시에 사업구역 또는 예정구역을 지정하게 되는데, 이는 이후부터 사업이 본격적으로 추진됨을 뜻한다. 따라서 사업(예정)구역으로 지정된 지역과 그렇지 않은 지역은 사업의 확실성과 추진속도, 투자가치 등에 있어 많이 차이가 난다.

서울시가 추진하는 정비사업의 경우, 2011년부터는 정비기본계획(사업계획)을 수립할 때 정비예정구역(사업예정구역)을 더 이상 지정하지 않는다. 만약 정비기본계획이 수립되고 정비예정구역으로 지정된 지역이라면 그리 문제될 것이 없겠지만, 그렇지 않고 정비기본계획에 조차 포함되지 않은 지역이라면 잘 따져봐야 한다.

즉, 정비기본계획이 수립되어 있지 않은 지역의 경우에 앞으로는 매년 기본계획이 수립되고, 곧바로 주거지종합관리계획에 따른 주거환경개선사업으로 전환될 수 있다. 이는 정비·보존·관리를 목적으로 하는 기존 정비기본계획의 주거환경개선사업과 일맥상통한다. 또 도시재생특별법(10년 단위로 수립하고, 필요한 경우 5년 단위로 정비)에 의한 도시재생사업으로 전환될 가능성이 높다. 그 이유를 설명하면 다음과 같다.

도시재생사업은 낙후된 주거환경개선을 위해 노후 저층 주거지, 정비구역 해제지, 지하철 역세권 등을 대상으로 지역 특성에 맞춰 **소규모 주택정비사업, 도시재생 활성화사업, 역세권 개발사업 등을 추진하는** 지역 밀착 도시개발사업이다. **서울시 도시재생 사업과 현 정부 핵심과제인 '도시재생 뉴딜사업' 사업과 맞물려** 활성화될 조짐이다.

서울시 도시재생사업은 대체로 서울시가 자체 예산을 투입해 주민 역량 강화, 시설 구축 등 기반을 확보하는 마중물 사업이 선행하고 이후 지역 주민들의 참여를 통해 지속하는 방식으로 진행된다. 이는 문재인 정부의 '도시재생 뉴딜사업'과도 맥을 같이 한다. 문재인 정부는 도시재생뉴딜 로드맵을 통해 5년간 500곳에서 도시재생 뉴딜사업을 시행하고 이 중 절반인 250곳의 사업지 내에 혁신거점을 조성하겠다고 밝혔다.

이것이 무얼 의미할까? 무엇보다, 서울시에서 추진되고 있는 409곳의 정비사업은 앞날을 장담하기 어렵게 됐다. 이를 반영하듯, 서울 및 수도권의 여러 지자체는 정비구역 해제지역에서 맞춤형 희망지 사업을 추진하는 등 서울시 도시재생 사업과 현 정부 핵심과제인 '도시재생 뉴딜사업' 사업지 선정에 선제적으로 나서고 있다.

그 결과, 현재 구역지정만 되어있는 사업초기의 재개발사업구역은 물론이고 뉴타운 정책 폐기로 인해 정비구역에서 해제되는 곳이 늘고 있다. 따라서 아직 정비기본계획조차 수립되어 있지 않은 지역이라면, 특별한 호재가 없는 경우에는 투자에 그만큼 신중을 기해야 한다.

이상을 염두에 두고서 각각의 도시개발 시행방식 및 관련한 핵심 사항을 요약·정리한 것이 앞장의 [도시개발 사업시행 방식과 도시계획 관련 법체계의 흐름_ 개별 개발법]이다. 도시개발 사업시행에 따른 용도지역지구제의 변경, 부동산의 가치 투자는 이를 이해하는 것으로부터 출발한다.

토지이용계획확인서에서 이것만은 꼭 알아두자

중점 확인 사항과 관련법규 일람

토지이용계획확인서란 토지에 대한 공법상의 제한사항을 확인할 수 있는 서류로 도시관리계획으로 결정·고시된 내용, 다른 법률에 의해 결정·고시된 지역·지구·구역 등의 지정, 토지의 용도 및 도시계획시설의 결정 여부 등에 관한 계획을 확인하는 서류이다.

토지이용계획확인서에는 토지가 어떻게 이용가능한지, 어떤 종류의 건축물을 지을 수 있는지 등 토지이용 전반에 관한 규제사항이 기재되어 있다. 땅의 현재 상태와 활용가능성 여부를 보여주기 때문에 땅 투자를 하려면 반드시 살펴야 하는 중요한 서류다. 토지이용확인서에 나와 있는 제한사항을 정확히 이해하고 해결책을 찾을 수 있는지 여부는 그만큼 중요하다.

이 중 특히 확인 내용 **1번 '도시관리계획' 확인사항 중 용도지역, 지구, 구역을 특히 눈여겨봐야** 한다. 용도계획상의 분류에 따라 땅의 용도와 가치가 결정되고 또 건폐율과 용적률, 건축 가능한 시설물의 종류가 용도지역에 의해 결정되기 때문이다.

토지이용거래확인서 1번'도시관리계획'이 국토의 기본적인 쓰임새 조건을 구분해 놓은 것이라면, 아래의 2번부터 12번까지는 특별조치사항에 해당된다. 특정분야나 시설물을 보호하기 위해 추가로 설정된 지역이다. 그에 따라 농지법, 산지관리법, 문화재관리법 등 관련법규에 의해 다시 또 제약을 받게 된다.

이처럼 토지이용계획확인서 상에 기재사항이 많다는 것은 그만큼 제한사항이 많다는 것을 의미한다. 물론 뉴타운지구, 도시재정비촉진지구처럼 토지가격에 정(正)의 작용을 하는 경우도 있지만, 대부분이 해당되는 내용에 따라 입지나 건축에 제한을 받는다. 따라서 **가능한 한 '해당사항 없음'으로 표기된 땅이 활용도도 크다고** 볼 수 있다.

토지이용계획확인서는 토지가 속해있는 시·군·구청 및 동·면사무소에서 발급받을 수 있다. 또 대한민국정부 민원포털 홈페이지(www.minwon.go.kr)를 통해서도 발급받을 수 있다.

[토지이용계획확인서 상의 중점 확인 사항]

번호	분야	확인사항
1-1	■ 도시관리계획에 의한 용도지역은 어디에 해당되는가? ■ 허용되는 건폐율과 용적률은? ■ 행위 가능한 건축물은?	전용주거지역(1종, 2종) 일반주거지역(1종, 2종, 3종, 준주거) 상업지역(중심, 일반, 근린, 유통) 공업지역(전용, 일반, 준주거) 녹지지역(보전, 생산, 자연) 관리지역(보전, 생산, 계획) 농림지역 지연환경보전지역
1-2	■ 도시관리계획에 의한 용도지구는 어디에 해당되는가? ■ 용도지구에서 할 수 있는 행위는 무엇인가?	경관지구(자연, 수변, 시가지) 미관지구(중심지, 역사문화, 일반) 고도지구(최저, 최고) 방화지구, 방재지구 보존지구(문화자원, 중요시설물, 생태계)

		시설보호지구(학교, 공용, 항만, 공항) 취락지구(자연, 집단) 개발진흥지구(주거, 산업, 유통, 관광휴양, 복합) 특정용도제한지구 아파트지구, 위락지구, 리모델링지구 기타
1-3	■ 도시관리계획에 의한 용도구역은 어디에 해당되는가? ■ 용도지구에서 할 수 있는 행위는 무엇인가?	개발제한구역(안, 저촉) 시가화조정구역 수산자원보호구역
1-4	■ 도시관리계획에 의한 도시계획 시설에 해당되는가? ■ 도시계획시설에 속할 때 할 수 있는 행위는 무엇인가?	도로(저촉, 접합) 공원 기타
1-5	■ 도시관리계획에 의한 지구단위 계획구역에 해당되는가?	지구단위계획구역(제1종,제2종) 건폐율, 용적률, 층수, 건축물 용도 제한
1-6	■ 도시관리계획에 의한 지구단위 계획구역에 해당되는가?	개발밀도관리구역 기반시설부담구역 개발행위허가제한지역 도시개발구역 재개발구역 도시계획입안사항
2	■ 도시관리계획에 의한 군사시설에 해당되는가?	군사시설보호구역 해군기지구역 군용항공기지구역 (비행안전구역, 기지보호구역)
3	■ 도시관리계획에 의한 농지에 해당되는가?	농업구역(진흥, 보호)
4	■ 도시관리계획에 의한 산림에 해당되는가?	보전임지(생산, 공익)
5	■ 도시관리계획에 의한 자연공원에 해당되는가?	공원구역 공원보호구역

6	■ 도시관리계획에 의한 수도구역에 해당되는가?	상수원보호구역 수질보호특별대책지역 수변구역
7	■ 도시관리계획에 의한 하천구역에 해당되는가?	하천구역 하천예정지 연안구역 댐건설예정지역
8	■ 도시관리계획에 의한 문화재,문화재보호구역 내에 해당되는가?	문화재 문화재보호구역
9	■ 도시관리계획에 의한 전원개발구역에 해당되는가?	전원개발사업구역(발전소, 변전소)
10	■ 도시관리계획에 의한 토지거래허가구역에 해당되는가?	토지거래허가구역
11	■ 도시관리계획에 의한 개발사업지구에 해당되는가?	택지개발예정지구 산업단지(국가, 지방, 농공)
12	기타	

[토지이용계획확인서와 관련한 법규 일람]

구분		관련 법규
1	도시관리계획	
	■ 용도지역	국토계획법 外
	■ 용도지구	국토계획법 外
	■ 용도구역	국토계획법/개발제한구역의 지정 및 관리에 관한 법률
	■ 도시계획시설	국토계획법/도시공원법/도시계획시설에 관한 규칙 外
	■ 지구단위계획구역	국토계획법
	■ 개발밀도관리구역	국토계획법
	■ 기반시설부담구역	국토계획법
	■ 개발행위허가제한지역	국토계획법
	■ 도시개발구역	도시개발법/도시재정비촉진법
	■ 정비구역	도시 및 주거환경정비법/도시재정비촉진법
	■ 도시계획입안사항	국토계획법

2	군사시설	군사시설보호법/해군기지법/군용항공기지법
3	농지	농지법
4	산지	산림법/산지관리법
5	자연공원	자연공원법
6	수도	수도법/한강수계상수원수질개선 및 주민지원에 관한 법률/환경정책기본법 外
7	하천	하천법/댐건설주변지역 지원에 관한 법률
8	문화재	문화재보호법
9	전원개발	전원개발에 관한 특조법
10	토지거래	국토계획법
11	개발사업	택지개발촉진법/산업입지개발에 관한 법률
12	기타 ■ 접도구역 ■ 고속국도구역 ■ 행위제한구역 ■ 학교환경위생정화구역 ■ 지적고시 ■ 용도미지정(미세분) ■ 도시계획입안중(인 지역) ■ 토지거래동향감시구역 ■ 토지투기지역	 도로법/고속국도법 고속국도법 원자력법 국토계획법/학교보건법 국토계획법 국토계획법 국토계획법 국토계획법 소득세법

토지이용계획확인서에서 꼭 알고 있어야 할 사항

국토계획의 흐름과 법체계를 알았다면, 이제부터는 개발계획이 진행되고 있는 땅이 어떠한 규제와 제한을 받고 있는지를 파악하는 일이 남았다. 이는 토지이용계획확인서로 확인가능하다. 따라서 먼저 토지이용계획확인서를 보고 이를 정확히 읽어낼 수 있어야 한다.

토지이용계획확인서의 세부 내용에 대해서는 제6장 '꼭 알고 있어야 할 땅 투자 실무 지식'에서 추가로 설명하겠지만, 세세한 내용까지 다 알 필요는 없다. 너무 방대하고 또 내용면에서 쉽지 않기 때문이다. 그보다는 토지이용계획확인서에 들어 있는 분야별 관련 법규의 핵심 내용과 법체계의 흐름을 읽어내는 것이 중요하다. 토지이용계획확인서에서 꼭 알고 있어야 할 내용 몇 가지를 간략히 정리하면 다음과 같다.

도시관리계획에서 꼭 알고 있어야 할 사항

[용도지역]

- 용도지역은 땅의 관리계획이기 때문에 중앙정부인 국토교통부에서 결정하는 것이지, 지자체에서 결정할 사항이 아니다. **하나의 땅에 용도지역은 반드시 하나뿐이다.**
- '관리지역'과 '관리용지'는 다른 개념이다. 즉, 녹지·농림·자연환경보전지역 내의 골프장, 자연취락지구, 놀이시설 등 향후 도시개발 가능성이 있는 토지를 주변과의 조화, 기능 배분 등을 고려하여 지역별 특화된 행위를 할 수 있도록 도시기본계획에서 지정한 용지가 '관리용지'다. 관리용지로 지정된 토지는 보전용지와는 대칭되는 개념으로, 오히려 관리지역 토지보다 훨씬 투자가치가 높다.
- 관리지역은 토지적성평가에 의해 2009년까지 생산·보전·계획 관리지역으로 세분 완료됐는데, 계획관리지역으로 편입된 곳은 도시지역에 준하는 행위가 가능하고, 생산·보전관리지역으로 편입된 곳은 농림업에 편입되는 지역이라고 보면 된다. 그만큼 **계획관리지역이 투자가치가 더 높다.**

[용도지구]

■ 건축물과 관련한 계획으로, 과거 '지구' 제도는 도시지역 내에서만 지정 가능하던 것을 비도시지역인 **농촌지역에서도 가능하도록 규정을 변경한** 것이다.

■ 그에 따라 개발진흥지구(주거개발진흥지구, 산업개발진흥지구, 유통개발진흥지구)는 농촌지역이 곧 도시지역으로 바뀜을 의미한다.

[용도구역]

■ 행위를 제한하는 제도. 즉, 용도구역 내에서는 여러 행위 중 하나의 행위만을 허용하고 그 외의 것들은 규제한다. 특히 **개발제한구역에서의 행위제한, 개발행위허가기준 등을 잘 알고 있어야** 한다.

■ 시가화조정구역과 시가화예정용지를 명확히 구분해야 한다. '시가화조정구역'은 도시와 그 주변지역의 스프롤(무질서한 시가화)을 방지하고 계획적·단계적 개발을 위해 5~20년 기간 동안 시가화를 유보할 필요가 있다고 인정되는 경우에 지정된다. 이 시가화조정구역에서는 해당 용도지역이나 용도지구의 건축제한이 아닌, **시가화조정구역 내의 규제에 적용받는다.** 유사 용어인 '시가화용지'는 이미 주거·상업·공업지역으로 사용하고 있는 지역을, '시가화예정용지'는 앞으로 주거·상업·공업지역으로 사용될 지역을 말한다. 따라서 **시가화예정용지가 더 투자가치 높은 땅이다.**

[지구단위계획구역의 지정]

■ 건물(용도지구)의 행위제한(용도구역)으로, 공간계획과 건축계획의 중간자적 위치를 차지한다.

■ 제1종지구단위계획구역의 지정은 도시지역 내에서 선택적·의무적 지정이며, 제2종지구단위계획구역의 지정은 농촌지역 내(비도시지역)에서의 지정이다.

■ **지구단위계획구역으로 지정되는 지역은 투자가치가 매우 높다.**

[도시개발구역으로 지정할 수 있는 지역]

■ 광역도시계획이나 도시기본계획 상의 개발이 가능한 주거·상업·공업용지, 시가화예정용지, 관리용지로 지정된 지역 내의 용도지역에 한해, 규정에서 정하는 면적 기준에 따라 지정된다.

■ 광역도시계획이나 도시기본계획이 수립되어 있지 않은 경우에는 **자연녹지나 계획관리지역에 한하여 지정** 가능하다.

■ 취락지구나 개발진흥지구로 지정된 지역과 지구단위계획구역으로 지정된 지역으로 지정권자가 도시개발에 필요하다고 인정하는 지역도 도시개발구역으로 지정 가능하다.

■ **도시개발구역으로 지정 가능한 지역은 곧 용도변경이 가능하다는** 것이며, 따라서 그만큼 투자 가치가 높은 지역이다.

[땅값 상승여력이 높은 용도지역, 개발진흥지구]

■ 개발진흥지구는 자연환경보전지역 등에서는 지정할 수 없으며, 특히 농지법에 의한 농업진흥지역 안의 농지와 경지정리, 수리시설 등 농업생산기반이 정비된 농지에는 지정할 수 없게 하여 비도시지역의 난개발을 억제하려는 목적으로 지정되는 용도지구이다.

■ 따라서 **계획관리지역 내에 개발진흥지구로 지정된** 지역의 땅값 상승여력은 그만큼 높다.

■ 농업진흥지역은 농업진흥구역과 농업보호구역으로 구분하여 행위를 제한하는데, 농업을 위한 행위 이외는 강력히 행위규제(이른바 절대농지 개념) 된다.

■ "농업진흥구역"은 농업의 진흥을 도모하기 위해 일정규모로 농지가 집단화되어 농업용 행위를 할 수 있는 농업의 이용강도가 높은 지역(평생 농업용 토지)으로 농작물의 경작, 다년생 식물 재배, 온실농업, 농수산물 가공(3천m^2이내의 부지면적), 농업용 주택의 건축 등의 행위가 가능하다.

■ "농업보호구역"은 진흥구역의 용수 및 수질 보전 등 농업환경을 보호하기 위하여 필요한 지역으로 대기오염물질배출시설, 폐수배출시설, 폐기물처리시설, 제1종·제2종 근린시설(휴게음식점, 일반음식점 등), 숙박시설, 1천m^2 이내의 공장, 2천m^2 이내의 공동주택, 3천m^2 이내의 기타 시설 등의 행위제한을 받는다.

■ 농업진흥지역은 국토계획법에 의해 **녹지지역, 관리지역, 농림지역, 자연환경보전지역에 지정** 가능하다.

■ 토지이용계획확인서 상의 구분 상,

-전·답·과수원 등의 농지로서 토지이용계획확인서 '3번 농지항목'의 맨 우측의 "해당 없음" 표식이 있는 경우→ 농업진흥지역 밖에 있는 농지(이른바, 상대농지)

-토지이용계획확인서 '3번 농지항목'에 '농업진흥구역 또는 농업보호구역' 표식이 있는 경우→ 농업진흥지역 안에 있는 이른바 절대농지

산지에서 꼭 알고 있어야 할 사항

■ 임야는 '보전산지'와 '준보전산지'로 구분, 보전산지는 다시 '임업용산지'와 '공익용산지'로 구분되는데, 산지전용 가능성은 공익용 **'보전산지<임업용 보전산지<준보전산지'** 순이다.

■ 토지이용계획확인서 상의 구분 상 임야가 토지이용계획확인서 '4번 산림항목' 맨 우측의 "해당사항 없음" 표식이 되어 있으면 준보전산지에 해당된다.

자연공원에서 주의해야 할 사항

■ 자연공원은 자연보존지구, 자연환경지구, 자연취락지구, 밀집취락지구, 집단시설지구로 구분.

■ **자연공원은 경우에 따라 개발이 가능한 용도로 자주 변경·고시되므로** 투자에 유의할 것.

부동산 가치 투자의 포인트-3

역세권 땅 투자를 노려라

길이 곧 돈이다

미래 가치를 선점하라

토지 가치가 상승하는 가장 큰 이유는 바로 '용도지역지구제' 때문이다. 국토계획 및 도시계획 상의 개발사업이 추진되면서 용도지역은 필연적으로 바뀌게 되는데, 그 결과 토지가치, 즉 땅값은 오르게 된다.

어떤 의미에서 볼 때, 용도지역지구제와 개발 호재는 마치 동전의 양면과도 같다. 개발 호재가 있어야만 개발사업이 추진되고, 개발사업이 추진되어야만 종전토지의 용도지역과 용도구역은 변경된다.

즉, 용도지역·지구 변경은 개발 호재의 산출물로, 이는 다름 아닌 용도규제 완화에 따른 결과이다. 그 용도규제 완화의 핵심이 바로 용도지역지구제의 변경이다.

물론 어떤 지역 내의 개발 호재가 뛰어나다고 해서 그 지역 전부가 용도지역으로 변경되고 땅값이 뛰는 것은 아니다. 도로가 건설되고 인터체인지(IC)가 나면서 주변지역 땅값이 크게 뛰는 경우도 많다. 이는 개발 호재로 인해 입지적 여건이 크게 좋아지는데 따른 결과이지, 용도지역 변경으로 인한 때문은 아니다.

사실, 도로건설 계획 그 자체만을 믿고 투자하는 데는 적잖은 위험이 따른다. 고속국도 등 광역교통망의 경우에는 특히 더하다. 무엇보다 우리나라의 도로건설이 이미 포화상태에 이르렀기 때문이다.

이제 전국 방방곡곡 웬만한 지역은 도로로 다 연결됐다. 계획·추진 중인 도로만도 부지기수다.

이것이 다 완성될 때쯤이면 자칫 일본처럼 산짐승들만 지나다니는 이른바 '사슴도로'가 생길 판이다. 이런 도로에 IC가 생긴다고 한들 주변 땅값이 크게 오르기를 기대하기는 어렵다.

또 하나, 도로건설이란 게 요즘에는 민자 사업으로 추진되는 경우가 많다. 이것을 뒤집어 말하면, 사업 추진과정에서 지연되거나 변경되는 경우가 자주 발생할 수 있다는 얘기다. 만약 당초 예정된 IC가 사업추진자의 이해에 따라 이웃한 다른 곳으로 변경되기라도 한다면, 이는 분명 큰 문제가 된다. 도로의 특성상 IC이외의 지역은 그야말로 운전하면서 통과하는 그런 지역이 되기 때문이다.

물론 도로건설이 뛰어난 개발 호재임에는 틀림없다. 그렇더라도 이는 도시개발사업(이를테면, 신도시나 신시가지 건설)이 추진되는 지역에 새로이 도로가 건설되면서 개발의 축이 점차 외연으로 확산하는 곳에 한정되며, 단순히 도로가 건설된다고 해서 그 주변지역까지 당연 개발되는 것은 아니다. 이는 대단히 중요하다. 그리고 광역교통계획을 잘 살펴야 하는 이유이기도 하다. (제3장에서 이미 설명했다.)

철도건설 역시 마찬가지다. 단순히 철도역사만 새로 건설한다고 해서 주변지역 땅값이 크게 오를 것이라고 생각해서는 안 된다. 신역사 주변으로 도시개발사업이 함께 추진되면서 주거·상업시설이 들어서야 가능하다. 그냥 스쳐 지나치는 역사는 말 그대로 정류장일 뿐이지, 결코 사람 사는 곳이 아니기 때문이다.

이를테면 지난 2009년에 복선화된 중앙선상의 팔당역이나 운길산역을 생각하면 이해하기 쉬울 것이다. 어디까지나 주변 예봉산이나 운길산 등산객들을 위해 개설한 역이지, 결코 다른 목적을 두고 있는 것은 아니다.

이렇듯 **도시개발사업과 개발 호재(특히, 도로·철도 건설)는 불가분의 관계를** 갖는다. 그렇더라도 그 개발 순서에 있어서는 뚜렷한 차이를 보인다. 도로건설의 경우에는 도시개발사업에 후행하는 경우가 많다.

예를 들어 어디어디에 신도시가 들어선다는 도시계획이 세워지면, 이어서 그 신도시와 연결되는 광역교통계획이 수립되고 도로건설사업이 실행된다.

물론 고속국도·일반국도 등의 광역도로는 국토종합계획에 따라 독자적으로 추진된다. 그렇더라도 이는 개발 축으로서의 역할만을 할뿐이며, 도시개발에 실질적인 영향을 미치는 것은 아니다. **정작 땅값에 크게 영향을 미치는 것은 광역도로와 신도시를 연결하는 주요 간선도로이다.** 이 동선이 바로 도시의 외연을 담당하는 개발축이 되기 때문이다.

이와는 달리 철도건설은 도시개발사업에 선행 또는 사업과 병행하여 추진되는 경우가 많다. 즉, 철도 신역사 건설과 인접지역의 도시개발사업이 함께 이뤄진다. 이는 앞으로의 도시개발사업이 기존의 신도시 건설에서 **철도 신역사를 중심으로 한 역세권 도시개발로 변경됨을** 뜻한다.

이것을 법으로 제도화한 것이 바로 2010년에 제정된 '역세권 개발·이용에 관한 법률'로, 그 핵심은 역세권 개발구역의 용적률·건폐율을 해당 용도지역에서 적용되는 건폐율·용적률의 1.5배까지 상향 조정할 수 있도록 허용한 데 있다.

이 법의 내용에 대해서는 국토교통부 홈페이지에 들어가 직접 확인하는 것으로 하고, 다만 우리가 알아야 할 것이 바로 이 법의 제정 취지이다. 이것을 정확히 이해하고 있어야 만이 앞으로의 도시개발정책의 방향성을 읽어낼 수 있기 때문이다.

이것을 읽어내려면 그동안 추진되어온 주택재개발·뉴타운사업부터 살필 필요가 있다. 결론부터 말한다면 재개발·뉴타운사업은 실패했다고 봐야 하는데, 그 가장 큰 이유가 바로 서민의 주거 안정에 기여하지 못했기 때문이다. (그 결과 서울의 경우, 그동안 추진됐던 강북의 여러 재개발지역 및 주거환경관리지역은 도시재생특별법에 의한 도시재생사업으로 전환됐다.)

재개발·뉴타운사업이 진행되면서 지역 내의 원주민을 몰아내는 주택정책은 심각한 사회문제를 일으키고 있다.

재개발사업으로 도심 내의 주택이 철거되면서 이들 절대 빈곤층, 즉 도시빈민층의 갈 곳, 쉴 곳도 사라지고 있다.

문제는 이들의 일터가 도심 한복판에 있다는 사실이다. 도심 내에서 청소용역·가두판매 등의 일용잡역을 담당하는 사람들이 바로 이들 절대빈곤층인데, 이들이 도심 밖으로 떠밀려나가고 있는 것이다. 가진 게 없어 외곽으로 밀려나야 하면서도 일은 도심 한복판에서 해야 하는 아이러니, 이것을 해결할 수 있는 방법이 있기는 하는 걸까?

이것을 어느 정도나마 해결할 수 있는 방법은 서울 및 수도권 외곽에 임대주택·소형주택을 늘리는 것이다. 그렇기에 고단한 이들 기존 도시 빈곤층을 실어 나르는 수도권 전철노선의 확충은 무척 중요하다. 이들이 의지할 수 있는 교통수단은 도심광역철도 외에는 딱히 없다. 이런 이유로 일본 동경처럼 수도권이 갈수록 광역화되고 있는데, 결과적으로는 도심재생사업의 실패가 이를 촉발한 셈이다.

참고로 서울 도심이나 수도권 인접지역 내에 지어지는 임대·소형주택은 결코 이들 몫이 되지 못할 것이다. 왜냐하면 이들 절대빈곤층은 이것을 마련할 기본 능력조차 안 되기 때문이다. 결국에는 이 역시 다른 이의 몫으로 돌아갈 듯한데, 그들이 누구일까?

정부는 이 같은 상황을 다분히 의식한 듯, 앞으로의 도시개발의 기본 방향을 역세권 개발로 설정하고 이를 법으로 제도화했다. 그리고 이것을 제4차 국토종합계획 수정계획(2011~2020) 발표와 제2차 국가철도망 구축계획(2011~2020) 확정·고시를 통해 뒷받침했다.

물론 여기에는 현실적인 고려도 작용했다. 즉, 도심 내 또는 외곽지역에서 임대주택·소형주택을 늘리되, 지역 내의 주민을 실어 나를 교통 편이를 고려하지 않을 수 없었다. 당연히 역사 주변의 주거밀집도를 높여야 하겠는데, 이것을 해결하는 방법은 용도규제 완화 외에는 달리 방법이 없다. 이런 이유로 예전의 성남 개발과 같은 서민 주거대책이 역세권 개발로 대체된 것 같은 느낌이 없지 않다.

지방도시 역시 마찬가지라고 봐야 할 것이다. 소득이 증가되고 생활여건이 개선되면서 기존의 주택보다는 아파트에 대한 수요가 크게 증가했는데, 이것을 수용할 수 있는 방법이란 게 현실적으로는 일정 규모 이상의 도시개발사업 외에는 달리 방법이 없다. 더군다나 정부의 교통정책이 전국을 하나의 도시권으로 통합하는 방향으로 추진하는 데 있는 점에 비춰 생각할 때 특히 그러한데, 이것이 가능하려면 무엇보다 **역세권을 중심으로 한 도시화가 시급히 이뤄져야** 한다.

어찌됐거나 이로써 그동안에 도시개발법에 따른 도시개발사업 방식으로 추진되어 왔던 기존 개발사업을 일단의 역세권 개발방식으로 전환할 수 있도록 하는 관련한 법적 기반이 마련됐다. 이는 일종의 특별법에 의한 사업추진이라 **용적률을 대폭 높이는 등의 사업특례가 적용되고, 사업추진 또한 상당히 빨라질 수** 있음을 뜻한다. 지금, 이것에 주목할 필요가 있다.

[팔당역 전경]

▲ 중앙선 팔당역 인근 전경. 역사 앞으로는 양수리 수변, 뒤로는 운길산·예봉산으로 둘러싸인 전형적인 주말 레저용 정차역이다.

역세권 땅 투자

부동산 가치 투자의 핵심 키워드

역의 영향력이 미치는 주변지역을 역세권이라고 한다. 상권이 좋아 최고의 투자처로 꼽히는 지역이다. 역세권은 상가와 유동인구의 정도에 따라 범위가 다르지만, 일반적으로는 역에서 500m까지를 1차 역세권, 1km까지를 2차 역세권으로 구분한다. 요즘에는 철도 역사를 건설할 때 역세권 주변으로 도시개발이 함께 이루어지는 경우가 많기 때문에, 상가가 끝나는 지점까지를 1차 역세권, 도시개발 단지 전체를 2차 역세권으로 보고 투자해도 괜찮다.

어느 지역이든 **적시에 투자하면 많은 기대수익을 올릴 수** 있다. 특히 수도권 인근지역이 유망하다.

이를 성남~여주 복선전철화에 따른 경강선 이천 '부발 신역사' 건설과 역세권지역 도시개발을 다시 예로 들어가며 설명하면 이렇다. 이 구간은 2020년 광역도시계획(제2차 수도권정비계획) 및 2020년 이천시 도시계획에 따라 진행되는 개발계획이다. 이에 근거하여 1997년 기본 골격이 구상되었으며, 이후 타당성조사, 기본계획 설계 및 실시계획 설계·승인을 거쳐 2007년 11월부터 공사에 들어갔고, 2016년 완공되었다.

역사주변 신도시 역시 도시계획에 따라 시차를 두고 차질 없이 개발되고 있는 중이다.

기본계획 설계가 한창 진행 중이던 2004년경 이 지역의 땅값 시세는 대략 20~30만 원 전후였다. 그러던 것이 착공에 들어간 2018년 땅값은 중심 역세권은 1천만 원 이상을 호가하고 있다. 그동안 무려 30배 이상이 뛴 것이다.

실시계획이 승인되기 직전인 2007년 초의 이 지역 땅값 역시 대략 50~60만 원 선으로, 실시계획 승인 이후부터의 불과 3~4년 사이에 땅값은 다시 2배 이상 올랐다. 그 후 2016년 완공된 이래 땅값은 다시 가파르게 오르고 있는 중이다. 그러면 얼마까지 오를 것인가? 이것을 예측하는 것은 그다지 어렵지 않다.

우선 이미 개발이 완료된 역세권 지역의 상업지 땅을 예로 들어 보자. 수도권 1급지 역세권 내 상업지역의 경우에는 평당 시세가격이 약 2~3천만 원 이상을 호가한다. 한창 개발바람이 불고 있는 천안·아산역사의 평당 시세가격은 2천만 원 이상이며, 목포·정읍 등 2~3급지 역세권 땅 역시 평당 1천만 원 이상이다. 어느 역세권이든 상업지 평당 가격이 5백만 원 이상인 경우가 일반적이다. 따라서 이곳 부발 신역사 주변 상업지 땅값 역시 최소 5백만 원 이상의 호가를 보일 것으로 예상된다.

만일 개발 초기인 2004년 무렵에 이곳 상업용지 편입예정지 땅을 샀다면, 완공 시점인 지금의 투자수익률은 어느 정도가 될까? 무려 20~30배에 달할 것이다. 단돈 5천만 원을 투자하여 이 지역 내의 땅을 샀다면, 완공과 함께 무려 10억 원 이상으로 부풀려진다. 역세권 반경 범위 내의 도시계획 개발예정지역, 즉 주거지역 편입 예정지역의 경우에도 마찬가지다. 비록 다소 간의 차이는 있겠지만, 투자수익은 여전히 매우 높다.

▲ 경강선 이천역 인근 신도시 예정 부지 전경. 역사 앞으로 새로 지은 아파트가 들어서고 있는 중이며, 그 너머로 이천시 청사가 희미하게 모습을 드러내고 있다. 역사 주변의 녹지지역은 시간의 흐름과 함께 아파트와 상가가 빼곡하게 들어서면서, 이웃한 하이닉스 반도체 공장 확장에 따른 주거 수요를 대폭 흡수하는 배후도시로 성장할 것으로 보인다.

[역세권 개발지역 땅 투자 진행 순서: 성남–여주 복선전철 경강선 이천 부발 신역사의 예]

- 국토계획법 등 상위개발계획, 광역도시계획, 지자체 도시계획 등을 살펴보고 개발의 규모, 시기, 중요도 등을 살펴본다. 제4차 국토종합계획 및 특별법 등에 의한 상위계획– 광역도시계획–지자체(시·군)도시계획에 모두 나와 있는 개발계획은 반드시 실행되는 계획이다. 시행시기와 규모면에 있어서만 차이를 보일 뿐이다.
- 관심 있는 개발 호재지역을 2~3군데 정도로 압축한다. 그리고 그 지역에 또 다른 개발 호재가 있는지 여부 등을 파악한다. 특히 **광역교통계획을 중점적으로** 파악한다. 예를 들어 이천 부발신역사 역세권 개발 호재의 경우에는 성남~여주 복선전철화와 이천~문경간 철도건설로 환승되는 역이며, 여기에 더해 성남~장호원간 도로신설계획 등 많은 개발 호재가 중첩된 지역이다. 이는 그만큼 투자가치가 높다는 의미이다.

- 이어서 **개발의 진행상황을** 파악한다. 추진단계별 해당 지자체나 관련기관의 홈페이지 등에 수시로 들어가서 공람공고를 보거나 직접 방문하여 담당자에게 문의하는 등으로 확인한다. 중요한 것은 한시도 관심의 끈을 놓아서는 안 된다는 것이다. 여기에 더해 해당 지자체 의회 홈페이지와 지역신문 홈페이지 등을 자주 방문한다. 그렇게 되면 많은 개발정보를 남보다 한발 앞서 알 수 있다.
- **노선설명회 등은 반드시 참석하여** 직접 확인한다. 그래야 노선의 변경 가능성 등 생생한 정보를 캐낼 수 있다. 이후 투자시점을 결정한다.
- 투자시점을 결정했다면, 이후 개발 완료에 따른 **투자 기간 등을 충분히 고려하여** 투자금액을 결정한다. 개발지역 투자는 최소 5년 이상을 땅에 묻어두어야 하는 투자이기 때문에 그만큼 신중하게 결정을 내려야 한다.
- 끝으로 개발재료가 주변 땅값에 이미 상당히 반영된, 다시 말해 사업이 상당부분 진척되어 완공을 눈앞에 둔 개발계획은 투자에 신중을 기한다. 그만큼 땅값의 추가상승 여력이 떨어지기 때문이다. 개발재료가 뛰어나다면 개발계획 발표, 착공, 완공의 각 사업단계 직접에 투자하여도 좋다. 안전한 것만큼 이상으로 높은 수익을 기대할 수 있기 때문이다. 이 경우에도 투자지역을 **역세권 중심지 반경 1~2km 이내로 한정하는** 것이 좋다.

[역세권 개발의 예: 양주 옥정 신도시]

- 개발사업 개요

–위치: 경기 양주시 옥정동과 회암동, 고암동 일대

–면적: 1142만㎡

–가구수: 5만 8천 가구

–인구수: 16만 명(판교 신도시의 1.2배, 위례 신도시의 1.7배)

최근 양주 옥정 신도시에 대한 관심이 높아지고 있다. 그 이유는 교통망 확충의 영향 때문이다. 2017년 구리~포천 고속도로가 개통됐으며, 신도시 주변을 관통하는 국도 3호선 대체 우회도로가 뚫렸다. 그 결과, 서울 북부에서 양주 옥정 신도시까지 40분대로 줄었다. 양주 옥정 신도시를 포함한 경기도 2기 신도시들과 택지지구를 연결하는 제2 외곽순환 고속도로는 2022년 개통할 예정이다.

지하철 사업도 속속 추진되고 있다. 2017년 7월 지하철 7호선 연장선인 옥정역(가칭) 신설이 확정됐다. 도봉산역(1·7호선)부터 포천까지 총 29km 구간으로 양주 옥정역까지 15.31km가 우선 건설된다. 2024년 개통되면 양주에서 서울 강남구청까지 50분 정도 걸린다. 그동안 양주 옥정 신도시 최대 약점으로 지적됐던 서울 연결 교통망 확충 계획이 계속 쏟아져 나오면서, 양주시는 수도권의 명실상부한 광역 생활 중심도시로 거듭 날 것으로 보인다.

▲ 양주 옥정 신도시 부지 전경. 양주역 인근에 아파트 단지가 속속 들어서고 있음이 확인된다. 그 결과, 새로이 들어서는 옥정역 인근 지역으로 도시개발이 확산되면서, 사진에 보이는 공장·창고 부지는 앞으로 전부 아파트 숲으로 바뀔 것이다.

■ 옥정역 인근의 시가화예정용지를 주목하라.

수도권 2기 신도시 성패는 교통망 확대뿐 아니라 주변 산업단지가 얼마나 성장하느냐에 크게 영향을 받는다. 양주 옥정 신도시 인근에도 산업단지 조성계획이 발표됐다. 경기도는 남방·마전동 일대 55만 5천㎡에 경기 북부 2차 테크노벨리를 조성하기로 했다. 이 사업으로 2만 3천 명의 일자리가 생겨날 것으로 기대된다.

판교 테크노벨리의 사례에서 알 수 있듯이, 향후 옥정역 인근으로 도시가 팽창할 것은 불을 보듯 뻔하다. 경기도는 이를 염두에 두고 난개발 방지를 위한 작업을 이미 끝마쳤다. 양주 고읍지구와 옥정지구 사이 개발 사각지대였던 220만㎡(66만 5천 평) 부지를 '시가화예정용지'로 지정함으로써, 앞으로 단계적, 계획적, 체계적으로 택지개발사업을 추진해 나갈 예정으로 있다. 이 지역을 눈여겨봐야 하는 이유가 이 때문이다. (PART6 부동산 가치 투자의 포인트-4, 「투자 가치가 높은 땅, 시가화예정용지」 참조)

▲ 동두천 지행역사 인근 역세권 지역 전경. 향후 양주 옥정 신도시의 거점 도시로 성장하게 될 옥정역 신설 부시 내 역세권 전경 역시 이와 크게 다르지 않을 것으로 보인다.

역세권 개발과 관련한 포인트 세 가지

역세권개발법의 제정

역세권 개발사업과 관련한 투자 역시 궁극적으로는 역사를 반경으로 개발되는 도시개발 시행사업에 투자하는 것이다. 이는 노후·불량 건물이 밀집한 기존 역세권 정비구역을 새롭게 개발하는 경우나 또는 철도역사를 신설하고 새로이 역세권을 개발하는 경우에 있어서나 별반 다르지 않다.

전자의 경우에는 기존의 도시개발 사업계획(즉, 재정비촉진계획 및 정비계획)에 따라 추진되거나 역세권 개발구역으로 변경·지정하여 추진하게 된다. 후자의 경우에는 기존에 도시개발법에 의한 도시개발사업으로 추진하던 사업을 이제부터는 **역세권 개발법에 의한 역세권 개발사업으로 추진하게** 된다. 어느 경우이든 **도시개발시행사업의 하나로 추진되기는** 마찬가지다.

이런 이유로, 역세권 개발과 관련한 포인트는 다음 세 가지로 구분된다. 첫째, 기존의 도심 내에서 추진되어 오던 도시개발 시행사업과 역세권 개발사업과의 불가피한 충돌에서 빚어지는 문제이다. 즉, 각각에 적용되는 법규와 사업계획이 경합이 붙을 경우에 어느 법규·사업계획에 우선 적용을 받아 사업을 추진할 것인가가 관건이 된다.

예를 들어 도심 내에서 추진되고 있는 역세권 뉴타운사업·역세권 시프트로 추진할 것인가, 아니면 새롭게 역세권 개발사업으로 변경하여 추진할 것인가 하는 문제가 따른다. 각각의 적용 법규가 다르기 때문에 당연히 사업 특례나 추진 절차에 있어서 차이 난다.

이는 각각의 사업 특례와 그동안의 사업 진척 상황에 따른 득실을 비교하여 결정될 듯하다. 그렇더라도 기존의 역세권 뉴타운·역세권 시프트가 이미 특례적용을 받아 용도지역이 세분 변경되고 용적률이 크게 상향된 점, 그리고 기존에 추진하던 사업을 역세권 개발사업으로 전환하기 위해서는 지구 지정을 철회하고 사업계획도 전면 수정하여 주민공람부터 다시 시작해야 한다는 점에 비춰볼 때 쉽지 않다. 게다가 별 실익도 없다.

따라서 도심 내에서 추진 중에 있는 도시개발 시행사업 중에 역세권 뉴타운·역세권 시프트로 변경될 가능성이 높은 사업구역은 당초 계획대로 추진될 가능성이 높다. 즉, 서울·수도권 내의 노후·불량 건축물이 밀집한 역세권 정비구역은 역세권 뉴타운·역세권 시프트로 변경·지정되면서 용도지역이 세분 변경되고 용적률이 증가될 뿐, **기존의 도시개발 시행사업은 그대로 추진된다고** 보면 된다.

둘째, 그렇다면 새롭게 철도역사가 들어서고 그 주변으로 역세권 개발계획이 함께 수립되는 경우는 어떠할까? 이는 **역세권 개발계획에 따라 추진될** 것이다. 주로 수도권 밖이나 지방 거점도시의 신역사가 들어서는 곳이 이에 해당된다.

만약 이들 지역이 기존의 도시개발사업과 병행하여 이미 추진 중에 있다면, 이는 얼마든지 역세권 개발사업으로 변경될 수 있다. 왜냐하면 사업특례 적용에 따른 개발 이익이 크기 때문이다. 아울러 그동안 도시개발법에 따른 도시개발 사업방식으로 추진되어 왔던 기존 사업이 역세권 개발방식으로 전환할 수 있도록 법적 기반까지 마련됐기 때문이다. 더군다나 **역세권 개**

▲ 평택역사 전경. 상전벽해(桑田碧海)란 말이 이를 두고 하는 말인 듯하다.

▲ KTX 공주역사 전경. 앞으로 역사 앞뒤로 도시개발이 이루어지면서 또 하나의 상전벽해(桑田碧海)를 이룰 수 있을 것으로 기대된다.

발사업은 도시개발사업의 추진 절차를 그대로 옮기되, 여기에 사업 특례만 추가한 것이기에 더욱 그렇다.

따라서 이들 사업예정구역이나 앞으로 새 역사가 들어설 지역이 실질적인 역세권 개발 투자지역이 된다. 이들 지역은 **기존의 도시개발사업을 대체하기 때문에 주택투자가 아닌 토지투자가** 핵심이다. 도시개발 예정지역을 선점하는 토지투자가 그것이다.

셋째, 이 경우 앞으로 추진 가능한 지역은 또 어떻게 알아낼 것인가? 사실상의 정부·지자체의 개발계획이니만큼 **사업구역 지정절차가 곧 투자 가치를 결정짓고,** 이후부터는 토지거래허가구역으로 묶일 텐데 말이다. 그 방법론에 대해서는 뒤에 자세히 살피는 것으로 하고, 다만 그 과정에서 미루어 파악할 수 있는 그 무엇을 살피면 된다.

그것이 바로 철도건설사업계획을 살피는 일이다. 특히 **철도건설기본계획 수립시점을 잘 살펴야** 하는데, 어떤 의미에서 보면 이것이 역세권 개발사업 투자의 실질적인 출발점이 된다. 앞으로는 이 기본계획과 역세권 개발계획이 동시에 추진될 것이기에 더 그렇다.

제4차 국토종합계획 수정계획 (2011~2020) 발표에 담긴 의미

도시를 재편한다

국토교통부는 '4대강 살리기', 'KTX시대 본격화', '5+2 광역경제권형성' 등의 내용을 담은 제4차 국토종합계획 수정계획(2011~2020)을 2012. 1월 확정·고시했다. 제4차 국토종합계획(2000~2020)은 확정·고시된 이후 지난 2005년 말에 1차 수정된 바 있는데, 이때 '녹색성장', '광역경제권 개발' 등 새로운 국가발전 전략이 추가로 제시되었다. 시간이 흐르면서 국토 공간의 많은 변화 요인이 발생함에 따라, 이를 국토종합계획 차원에 반영하기 위해 수정 작업을 실시하게 된 것이다.

계획에 따르면 전국은 '5+2 광역경제권'으로 개편되어 거점도시권별로 특성에 맞게 개발되며, 이를 위해 전국에 KTX망을 구축하고 KTX 정차도시는 거점도시권의 핵심 도시로 성장한다. 교통인프라 역시 철도·해운 중심체제로 전환된다. 광역경제권별 거점 항만 육성, 항공 자유화 확대, 인천공항 허브 기능 강화, 한반도 철도망 및 TSR(시베리아횡단철도)·TCR(중국횡단철도) 연계, 아시안 하이웨이 결손 부분 연결 등, 한반도를 대륙과 해양을 연결하는 글로벌 거점으로 키우기 위한 전략도 강조될 예정이다. 한 마디로 앞으로의 생활·경제의 중심에 철도가 위치한다는 뜻인데, 이에 따라 철도 중심의 저탄소 녹색성장형 교통체계 구축이 가속화될 전망이다.

도시개발 역시 신도시를 개발하여 도시 외곽으로 확장하기보다는 도심 고밀도개발과 도시 재생 등을 통해 압축도시를 만드는 쪽으로 선회한다. 이와 함께 고령화 및 1·2인 가구 증가와 같은 인구구조 변화에 맞춰 고령자 전용 주택이나 도심 소형 주택의 공급을 확대한다. 또 유사하거나 중복된 계획·지구제도를 통폐합하는 등으로, 국토의 수용 능력을 고려한 개발체제로 전환한다.

이상을 종합하면, 앞으로의 국토계획·도시개발 방향은 크게 다음 두 가지로 압축된다.

첫째, **철도, 특히 KTX를 중심으로 한 광역도시권을 육성하여** 지역 발전과 도시권 간 글로벌 경쟁력을 높인다. 이에 따라 KTX **정차역을 중심으로 도시가 확산되고 발전할** 것으로 보이며, 이와 연계된 철도 정차역을 중심으로 도시가 확산될 것으로 기대된다.

둘째, 앞으로의 도시개발 역시 철도 **정차역을 중심으로 이뤄질 것으로** 보인다. 즉, 철도 정차역 내의 **기존의 도시는 이 역을 중심으로 압축고밀도화될 것**이며, **새로이 건설되는 정차역에는 인접한 반경 범위 내에서 도시개발 사업이 함께 이뤄질 것**으로 보인다.

어느 쪽이든 그 개발은 역세권개발법에 따라 추진될 것은 분명해 보이는데, 이것을 국토법상의 최상위계획인 제4차 국토계획 수정계획으로 명문화한 것이다. 우리가 역세권개발법과 역세권 개발계획에 주목해야 하는 이유가 여기 있다.

제3차 국가철도망 구축계획 (2016~2025) 확정·고시

신규 건설되는 철도와 역세권 개발에 주목해야 하는 이유

국토교통부는 2016~2025년 국가철도망에 대한 투자계획을 담은 제3차 국가철도망구축계획(안)을 마련, '철도산업위원회'의 심의를 거쳐 최종 확정하였다. 제3차 국가철도망구축계획은'철도건설법'에 따른 10년 단위 중장기 법정계획으로, 철도망 구축의 기본 방향과 노선 확충계획, 소요재원 조달방안 등을 담고 있다.

제3차 국가철도망 구축계획은 '국민행복과 지역 발전을 실현하는 철도'를 구축하겠다는 비전 아래, 기존 철도망의 효율성 제고, 주요 거점 간 고속이동 서비스 제공, 대도시권 교통난 해소, 안전하고 이용하기 편리한 시설 조성, 철도물류 경쟁력 강화, 통일을 대비한 한반도 철도망 구축이라는 6대 추진방향을 토대로 검토되었다.

3차 철도망 계획의 구체적 내용을 살펴보면 다음과 같다.

첫째, 기 추진 중인 고속철도 사업의 적기 완공, 일반철도 고속화를 통해 고속·준고속 철도 서비스를 전국으로 확대할 계획이다. 우선, 기존 고속철도에 대한 연장구간 건설과 수도권 고속철도 완공(2016년 말)을 통해 전국 주요 거점을 연결하는 고속철도망을 구축하고, 고속열차의 원활한 운행을 위

[제3차 국가철도망 구축계획]

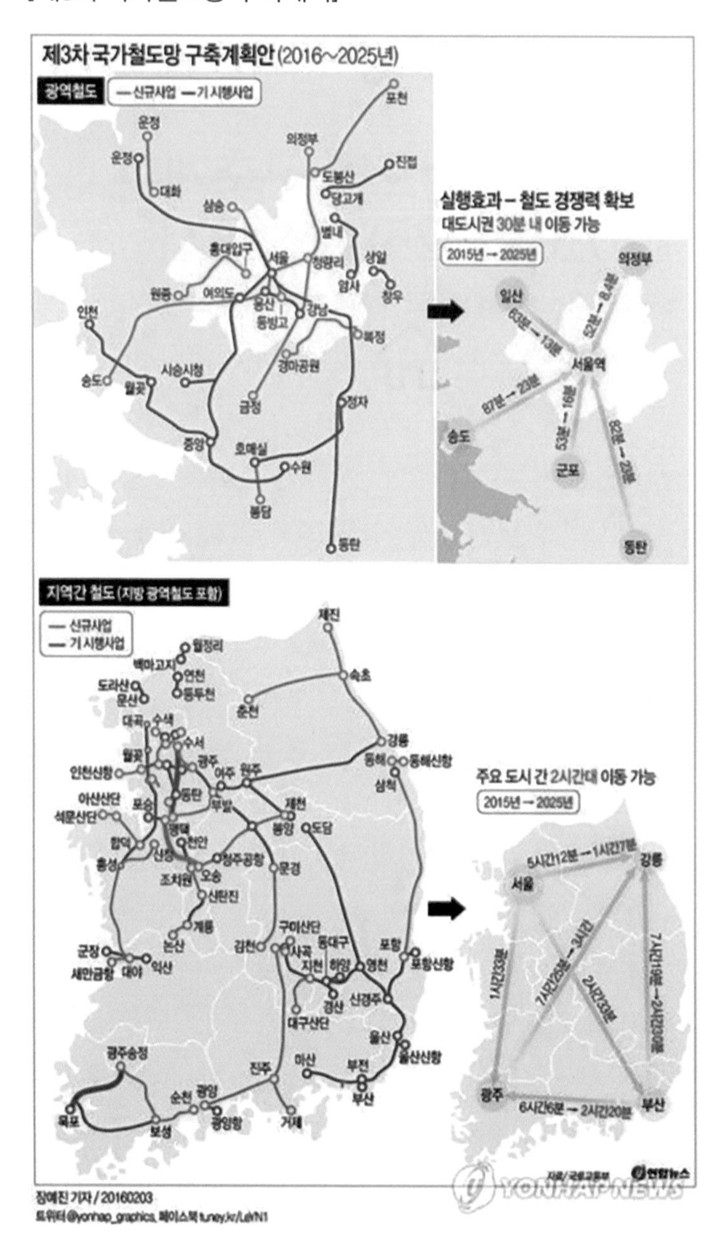

▲ 자료: 국토교통부, 연합뉴스

한 병목구간 해소, 고속철도 서비스 지역 확대를 위한 연결선 사업이 추진된다. 또한 철도서비스가 제공되지 않는 지역에 고속화철도(200km/h 이상)를 건설하고, 낙후된 기존 일반철도를 고속화(230km/h)하는 사업도 추진될 예정이다.

둘째, 광역 교통체계의 혁신을 위한 광역철도(급행노선 포함)를 구축하여 주요 도시에 광역철도 서비스 제공을 확대할 계획이다. 수도권 광역급행철도 건설을 통해 수도권 주요 거점 간 30분 통행을 실현하고, 이미 시행 중인 10개 수도권 광역철도 사업도 적기에 완공한다. 또 대량의 통행 수요가 발생하는 수도권 대단위 택지개발지역에 광역철도망 공급과 충청권·대구권 등 지역 광역통행을 위한 철도망도 지속적으로 확대할 계획이다.

셋째, 비전철과 전철이 혼재되어 전철운행이 불가능한 주요 간선을 전철화시키는 사업도 추진한다. 장항선·경전선·동해선·경북선 비전철 구간의 전철화를 추진하여 해당 노선의 열차속도 향상, 전철운행, 열차운영편성 증가 등이 가능한 환경을 조성함으로써 운영 효율성이 확보될 전망이다.

넷째, 산업단지、물류거점을 연결하는 대량수송 철도물류 네트워크를 구축해 나갈 계획이다. 국내 화물운송에 있어 친환경 운송수단인 철도의 역할 증대를 위해 핵심 물류거점인 항만, 산업단지, 내륙화물기지를 간선 철도망과 연결하는 인입철도 건설을 추진하게 된다.

제3차 국가철도망 구축계획에 따라 철도망 확충이 차질 없이 이루어질

경우 고속·준고속철도 철도망이 전국적으로 확대되며, 철도망의 효율화 사업에 중점을 두어 낮은 비용으로 철도 서비스 수준이 높아질 것으로 기대된다.

제3차 국가철도망 구축계획은 지난 2010. 9월 발표한 '미래 녹색국토 구현을 위한 KTX 고속철도망 구축전략'의 구체적인 실천계획이기도 하다. 또한 제4차 국토종합계획 수정계획에서 철도망을 통해 국토를 통합·다핵·개방형 구조로 재편하여 전국을 하나의 도시권으로 통합하기 위한 구체적인 인프라 구축계획이기도 하다.

이는 특히 고령화 추세가 지속되고 소득격차에 따른 사회 불평등이 보다 가속화될 전망에 대응하기 위함이다. 교통에 불편을 느끼는 자나 빈곤취약층 등 사회적 약자를 위한 대중교통 서비스의 개선이 시급한데, 이것을 해결해 줄 수 있는 것으로 철도교통을 선택한 것이다.

따라서 **앞으로의 인구는 광역경제권의 중심 도시에 집중되고, 통행 발생량은 광역경제권 중심도시를 연계하는** 형태가 될 것으로 예상된다. 그 결과 거대도시권역의 형성을 보다 가속화할 전망이며, 결과적으로 지역 간·거점 간 인구구조의 변화가 불가피해졌다. 즉, **역세권으로의 인구 집중과 도시개발이** 그것이다.

이로써 모든 법적·제도적 조치는 끝났다. 더군다나 세부 실행계획인 교통계획까지 확정된 터라, 그 추진 속도는 급물살을 탈 전망이다. 개발사업에서 가장 크게 관건이 되는 사업의 불확실성이 확실히 제거됨은 물론, 사업의 속도까지도 가속을 밟을 것으로 기대된다. 그렇다면 이것이 의미하는 바가 무엇이겠는가? 이 제3차 국가철도망 구축계획 확정·고시 발표를 통해 앞으로의 정부·지자체별 도시계획 추진 방향을 예측하고, 남보다 한발 앞서 투자 결정에 활용해야 함은 물론이다.

주목해야 할 신설 노선과 투자 시 주의할 점은

제3차 국가철도망 구축계획안의 핵심은 KTX 노선 건설계획이다. 정부는 이미 추진 중인 고속철도 사업을 적기에 완공할 계획으로 있는데, 당연히 정차역 내의 집값·땅값이 크게 오를 것으로 보인다.

여기서 주목해야 할 것이 바로 일반철도 노선의 고속화와 적기 완공 계획이다. 이는 연계 노선인 일반철도의 고속화를 통해 KTX 서비스를 전국으로 확대할 수 있도록 시너지를 높여야 하는 당위성에 따른 것이다. 결과적으로 그동안 진행되어 오던 사업 추진 속도는 더욱 빨라질 것이고, 새로이 착수 예정인 철도사업 역시 확실성이 배가될 것으로 기대된다. 정부는 이를 반영이라도 하듯, 평창 동계올림픽에 맞춰 원주~강릉선을 조기 완공하였으며, 여주~문경선 또한 적기 완공할 계획으로 있다. 따라서 이들 노선에도 주목할 필요가 있다.

이어서 주목해야 할 것이 수도권의 광역도시철도 노선이다. 광역도시철도는 도시철도와 광역철도로 구분되는데, 이 둘의 차이는 크지 않다. 서울·인천 등 대도시 내의 지하철·전철을 도시철도, 이것과 수도권을 연결하는 전철을 광역철도라고 보면 된다.

이 **도시철도·광역철도가 세워지는 구간과 신 역사를 중심으로 역세권이 집중 개발된다.** 따라서 이들 지역 반경 범위 내는 투자 1순위가 된다. 실제, 이것만 잘 찾아 살펴도 역세권 투자의 절반은 성공한 셈이다.

그렇더라도 문제는 많다. 아직까지도 많은 지역이 타당성 또는 예비타당성 조사단계에 있어 사업추진 여부는 여전히 불투명하다. 아직 가시화된 만큼의 구체화된 계획들이 이루어지지 않았기 때문에 사업 중단 및 지연 가능성 또한 그만큼 높다. 따라서 예비타당성 조사 결과가 나와야 투자적격성 여부를 파악할 수 있을 것이다. 국가철도망 구축계획을 수시로 살펴야 하는 이유가 여기 있다.

특히 주목해야 할 것이 최근 핫이슈로 부상하고 있는 GTX(수도권광역급행철도)다. 기존 제2차 국가철도망 구축계획 상의 광역철도 부문 신규 사업에서 GTX 3개 노선을 추가하여 확정·고시한 계획이기 때문이다. 3개 노선은 일산~수서(동탄) 구간, 송도~청량리 구간, 의정부~금정 구간 등 총 140.7km로, 경기도가 제안한 노선이 모두 반영됐다. 또한 일산~수서(동탄) 구간 가운데 수서~동탄 구간은 SRT와 공용화한다.

이에 따라 GTX는 2015년 안에 착공, 2018년 개통을 목표로 두고 있다. 따라서 만약 공청회 등으로 개발사업이 한창 수면 위로 떠오르던 지난 2010~2011년 무렵에 투자를 고려했다면 어떻게 되었을까? 물론 사업의 확실성이 관건이 되겠지만, 말하고자 하는 요점은 분명하다. 개발사업에 따른 투자수익을 기대하려면 **사업의 확실성 여부를 잘 따져, 이것이 사업으로 확정되기 직전에 투자를 결정하는** 것이 바람직하단 점을 거듭 강조한다.

GTX사업과 관련해서 주목해야 할 것이 바로 역세권 복합환승센터 개발이다. 철도역·버스터미널 등 주요 교통시설을 복합환승센터로 개발하는 '제1차 복합환승센터 개발 기본계획'이 확정·고시됐기 때문이다.

▲ 국철 1호선 경인전철이 인천 백운역 고가를 지나고 있는 모습. 인천시는 인천 송도~서울 청량리까지 48.7㎞의 수도권 광역급행철도(GTX) 사업을 추진하면서, 주요 거점 역의 '경인전철 지하화'를 추진 중에 있다. 지하화한 부지 위에는 역세권 복합환승센터가 올라가고, 주변에는 역세권 아파트 및 주상복합상가가 들어선다.

복합환승센터로의 접근성 향상 및 이것과 시설입지, 도시경관, 개발밀도 등이 조화를 이루는 방안을 담고 있는 개발 기본계획에 따라, 복합환승센터를 중심으로 도시계획이 재편될 것이기 때문이다. 중요한 사실은, 이 복합환승센터가 GTX역사를 중심으로 함께 이뤄질 것이라는 데 있다. 즉, 지역 거점으로 거듭난다는 얘기다.

이 모든 것을 고려하더라도 반드시 잊지 말아야 할 한 가지가 있다. 그동안에 땅값이 너무 올랐다. 이런 이유로 자칫 잘못 투자하다가는 낭패 볼 수 있음은 물론이다. 단순히 소문만을 믿어 투자해서는 안 되는 이유가 이 때문이다.

살펴야 하는 계획과 법규는

사실, 토지투자란 게 상당한 불확실성을 담보로 한다. 그것도 장기 투자로 말이다. 그럼에도 그동안 이것이 통했던 이유는 그만큼 개발압력이 높았다. 뜻과도 상응한다. 하지만, 앞으로도 그럴까? 결론부터 말한다면, 이는 기대하기 힘들다. 개발이 그만큼 많이 이뤄졌다는 뜻이고, 우리나라의 국토계획·도시계획이 상당부분 완성되어 가고 있다는 뜻도 된다.

그 결과, 앞으로의 국토계획은 개발할 곳은 확실하게 개발하되, 보전할 곳 역시 확실하게 보전하는 정책으로 선회한 지 오래다. 토지이용계획이 대부분 확정됐다는 뜻이기도 하다. 이것이 의미하는 바는 또 무엇일까?

만약 어떤 지역이 개발된다는 발표가 나더라도, **개발이 되는 곳과 그렇지 않은 곳이 확실하게 구분된다는** 뜻이다. 즉, 개발이 되는 곳과 그렇지를 않고 보전되는 곳이 같은 지역 내에서도 공존할 수 있다. 수도권에서 외곽으로 한참을 벗어난 자연보전권역 내의 지역일수록 더욱 그렇다.

그 때문에 어떤 지역이 개발될 것이라고 해서 이웃한 지역까지 언젠가는 개발될 거라는 막연한 기대감으로 투자해서는 안 된다. 어디까지나 개발사업은 국토계획 및 도시계획의 범위 내에서 이뤄지기 때문이다. 관련한 계획과 법규를 살펴야 하는 이유가 이 때문이다.

그런 측면에서 볼 때, 제4차 국토종합계획 수정계획(2011~2020) 안에 KTX 정차도시를 지방 거점도시권의 핵심으로 육성하겠다는 내용이 추가된 점은 의미심장하다. 왜냐하면 이것을 국토계획상에 명문화함으로써 앞으로의 지방 주요도시 도시개발의 핵심지역이 KTX 정차역을 중심으로 이뤄질 것임을 국가가 명백히 밝힌 셈이기 때문이다.

이런 이유로, 개발 호재지역 토지투자의 경우에는 국토계획을 특히 잘 살펴야 한다. 만약 정부·지자체에서 어떤 개발계획을 구상 중에 있다면, **가장 먼저 확인해야 할 것이 바로 그 계획의 최상위계획인 국토종합계획에 반영됐는지** 여부이다. 만일 그렇다면 이는 반드시 실행되는 계획으로 봐도 무방하다. 그리고 '국토종합계획→광역도시계획→시·군도시계획'으로 이어지는 개발계획은 그 시행시기만 고려될 뿐, 결국에는 실행된다.

이는 중요한 의미를 갖는다. 역세권 개발사업이란 것도 따지고 보면 기존의 도시개발사업을 '역세권 개발·이용에 관한 법률'이라는 특별법으로 명문화한 것에 지나지 않기 때문이다. 따라서 이 사업의 기본계획 및 실시계획 역시 국토계획법에 의한 도시관리계획의 결정에 따라야 한다. 즉, '역세권 개발·이용에 관한 법률'은 용도지역 변경·용적률 상향과 같은 용도규제 완화에 대한 국토계획법상의 특례규정에 지나지 않는다.

당연히 도시계획을 자세히 살펴야 함은 물론이다. 왜냐하면 도시계획(도시기본계획 및 도시관리계획)에서 정한 바 그대로 계획되고 실행될 것이기 때문이다. 특히 도시관리계획 결정에 따라 고시된 지형도면 그대로 실행되므로, 이것에 특히 주목해야 한다. 다시 말해, **역세권 개발사업구역은 지형도면으로 고시된 부분까지다.**

그런데, 이것 역시 문제가 따른다. 도시개발사업과 마찬가지로 역세권 개발 역시 일련의 사업구역으로 지정되면 사업시행자가 수용·사용권한을 갖게 된다. 당연히 수용·사용에 따른 보상가액 문제가 발생한다.

즉, 자칫하다가는 사업구역 주변 땅값보다 낮은 감정가로 보상가격이 매겨질 수 있다. 더군다나 역세권 개발과 함께 주변으로 외연이 확산되어 개발되기라도 한다면, 수용되는 지역 내의 땅을 가진 사람들의 경우에는 그야말로 땅을 칠 일이다. 실제 그런 경우를 염두에 두고 오히려 개발 호재 주변지역에 투자하는 경우도 많다.

이쯤 되면, 앞서 설명한 것과는 다분히 이율배반이다. 개발이 확실하게 보장되는 지역을 한정해서 투자하라고 했는데, 그 지역보다는 오히려 주변지역에 투자하는 게 더 나을지도 모른다고 하니 말이다.

이는 누차 말한 것과 같이, 투자란 게 본래 사업상의 위험을 여하히 수용할 것인가의 정도 차를 따지는 문제이기도 하단 점을 일깨운다. 당연히 개발호재 주변지역 투자 시의 위험성은 더 높은데, 따라서 만약 판단의 확신이 서지 않는다면 **역세권 개발구역에 한정해서 투자해야** 함은 물론이다. 특히 지금처럼 땅값이 많이 오른 상태에서는 더 그렇다.

하지만 **역세권 개발구역을 중심으로 장차 도시개발이 확대될 가능성이 높은 지역이라고 확신한다면, 주변 지역에 장기 투자하는 게 오히려 나을** 수도 있다. 그 지역이 서울 중심에서 가까우면 가까울수록 더 그럴 것이다. 시간이 경과하면서 주변지역으로 계속 확대 개발될 수 있기 때문이다.

그렇더라도 개발사업의 동선, 특히 도로교통계획을 주의해서 살펴야 한다. 도시가 확산되더라도 결국에는 이것이 도로를 따라 이뤄질 것이기 때문이다. 국가기간교통망계획(2000~2019년) 제1차 수정계획이 여기에 해당한다. 신역사가 세워질 곳은 이미 확정·고시된 제3차 국가철도망구축계획(2016~2025)을 통해 살피면 된다. 아울러 인구계획도 살펴야 한다. 인구가

▲ 평택 고덕 신도시 개발부지 전경. 부지 우측으로 삼성전자 단지가 보인다.

창동·상계 신경제중심지로 본격 개발

복합문화·여가기능 복합환승기능 및 창업육성·문화기능
특화산업기반 중심 복합 비즈니스 지원 창업지원 문화시설

▲ 서울 동북권 최대 개발사업으로 꼽히는 창동·상계동역세권 개발사업 아웃라인. 창동 일대를 '창업 및 문화산업단지'로 조성하는 도시개발구역 지정 안이 지난해 서울시 도시계획위원회 심의를 통과, 개발에 박차를 가하고 있는 중이다.

늘어나야 도시가 확산될 것이기에 그렇다. 이것 역시 도시계획을 잘 살펴야 한다.

이상을 염두에 두고 이제부터 무엇을, 어떻게 살필 것인가를 생각하기 바란다. 중요한 것은, **도시계획과 국가철도망구축계획을 항상 함께 살펴야** 한다는 것이다. 그래야만 신역사가 세워질 곳과 철도사업추진 계획은 물론 그 주변지역의 역세권 개발사업 추진계획까지 함께 살필 수 있기 때문이다.

부동산 가치 투자의 포인트-4

꼭 알고 있어야 할 땅 투자 실무 지식 13

한계농지를 눈여겨보자

시세 차익보다는 개발 이익을 노려라

한계농지는 최상단부에서 최하단부까지의 평균 경사율이 15퍼센트(즉, 15도) 이상이거나 집단화된 농지의 규모가 2만 제곱미터(2ha) 미만인 농지를 말한다. 주로 농업진흥지역 밖의 농지 중 영농조건이 불리하며 생산성이 낮은 농지를 말한다. 수도권에서만 약 2,000만 평, 전국적으로 1억 1,400만 평(전국 총 경지의 20%)이 한계농지에 해당한다. 이른바 수도권 인근의 농업진흥지역 밖의 자투리땅의 대부분이 이에 해당한다.

그동안은 '한계농지정비사업'을 통해 3만 평 미만의 땅을 개발할 수 있었으나 그 주체는 지자체나 농업기반공사(KARICO), 농협 등으로 한정됐었다. 그랬던 것이 개인도 한계농지를 개발할 수 있도록 허가하는 한편, 특히 택지나 공장단지, 관광시설, 체육·복지·청소년시설 등으로 다양하게 개발할 수 있도록 농지법을 대폭 손질했다. 보존 필요성이 높은 우량농지는 보호하고 생산성이 떨어지는 비진흥지역 한계농지는 규제를 대폭 풀기로 정부가 농지개혁의 방향을 선회한 것이다.

이는 정부가 앞으로의 부동산 정책, 특히 토지관련 정책을 **규제가 아닌**

▲경기도 인근의 주말농가주택과 한계농지

이용에 초점을 맞출 것임을 우리에게 알려주는 것이기도 하다. 따라서 생산성 낮은 한계농지의 용도변경이 가능토록 규제를 완화하는 방안이 보다 빠르게 추진될 것으로 보인다.

부족한 택지, 공장, 물류부지 등에 필요한 토지공급을 대폭 늘리기 위해서라도 한계용지와 관련한 각종 규제들은 속속 풀리고 있는 중이다. 따라서 이제는 한계용지를 깊이 눈여겨볼 필요가 있다. 특히 **수도권 인근지역과 대규모 개발예정지 주변의 규제 완화 가능성이 높은 한계용지 투자를** 적극 검토할 필요가 있다.

최근 골프장 등 여가휴양 시설이 부동산의 새로운 테마로 떠오르고 있다. 그에 따라 특히 골프장 예정지 땅값이 큰 폭으로 오르고 있다. 한계농지에도 골프장을 건설할 수 있는 길이 열렸기 때문이다. 만약 투자를 고려한다면, 골프장이 이미 많이 들어서 있는데다가 딱히 새로이 건설할만한 땅이 남아

있지 않은 수도권보다는, 아직 개발여력이 있고 땅값 또한 비교적 저렴한 충청권을 겨냥하는 것이 좋다. 서울에서 대전을 정점으로 자동차로 2시간 이내의 산지 가운데 골프장 입지로 괜찮은 곳에 선투자하면 장기적으로 크게 이익을 볼 수 있을 것이다.

그렇더라도 무조건 덤비는 자세는 곤란하다. 다른 토지와 마찬가지로 투자와 관련한 모든 내용을 빠짐없이 꼼꼼히 살피는 한편, 개발가능성, 도로여건, 자연 경관 등과 같은 제반여건을 충분히 고려한 후 투자를 결정토록 한다. 특히 한계농지정비사업지구로의 지정가능성 등을 해당 지자체를 통해 확인하는 작업은 무척 중요하다.

[한계농지 투자의 메리트]

■ 대체농지조성비 부담이 없다

→수도권·광역시에 속하지 않는 읍·면지역의 한계농지를 개발할 경우에 대체농지조성비가 면제되며, 임야의 경우에는 산림법에 의한 대체조림비가 면제된다.

■인·허가 절차가 쉽다

→지방자치단체가 지역 경제를 살리기 위해 해당 사업을 적극 지원하므로, 사업시행인가에 따른 농지전용 허가, 건축 허가 등 법적 인·허가 과정은 일괄 처리된다.

■ 다양한 방식으로의 개발이 가능하다

→전원주택, 펜션 등 소규모 건축이 가능하다. 또 한계농지정비사업지구로 지정받아 택지, 공장단지, 관광휴양단지, 체육시설 등을 3만 평 이내에서 조성할 수 있다. 전시장, 박물관 등의 문화시설이나 병원, 실버타운 등의 복지시설 건립도 가능하다.

■ 농어촌정비법의 적용을 받는다

→한계농지정비사업으로 조성된 농지와 농촌주택(택지) 등에 부속된 농지를 분양 또는 임대할 경우에는 농지매매 등에 관한 제약을 받지 않는다.

■ 구입 자격 제한이 없다

→소자본의 공동투자로 적합하다. 공동투자 시 매입가도 낮출 수 있어 그만큼 투자 가치도 높아진다.

토지거래허가구역 정리

실수요자만 허가구역 내의 땅을 살 수 있다

'개발이 있는 곳에 규제가 있다'는 말이 있다. 그 대표적인 규제가 바로 토지거래허가구역 지정이다. 개발 호재가 있는 지역은 대체로 토지거래허가구역으로 묶는다. 투기 목적의 거래가 성행하고, 이로 인해 땅값이 급등하는 지역을 대상으로 지정하기 때문이다. 토지거래허가구역은 토지이용계획확인서의 10번 항목 '토지거래' 칸에 그 해당 여부가 기재된다.

토지거래허가구역 안의 땅을 매입할 경우 관할지역 시장·군수의 허가를 받지 않으면 소유권이전등기를 할 수 없다. 매매뿐만 아니라 부담부증여, 채무면제나 채무인수, 지상권 설정 등의 거래 역시 토지거래허가를 받아야 한다. 허가받은 사항을 변경하고자 할 때에도 마찬가지다. 아래의 면적기준 이상인 경우 반드시 허가받아야 한다.

[토지거래허가를 받아야 하는 면적기준]

구분	용도지역	면적
도시지역	주거지역	180㎡(54.5평)
	상업지역	200㎡(60.6평)
	공업지역	660㎡(200평)
	녹지지역	100㎡(30.3평)
	용도 미지정	90㎡(27.3평)
비도시지역 (관리, 농림, 자연환경보전)	농지	500㎡(151.5평)
	임야	1,000㎡(303평)
	기타	250㎡(75.7평)

해당 면적 이내의 땅인 경우에는 허가를 받지 않아도 된다. 또 대가성 없는 상속, 증여의 경우에도 허가대상에서 제외된다. 국가로부터 국공유지를 매입하거나, 법원 경매로 땅을 구입하는 경우 역시 토지거래허가를 받을 필요가 없다. 하지만 자산관리공사에서 공매로 낙찰 받은 땅은 토지거래허가를 받아야 한다.

[토지거래허가구역 안의 농지취득 관련 허가·증명 사항]

구분	매매	증여	상속	경매	공매	법원판결
농지취득자격 증명	×	O	×	O	O	×
토지거래 허가	O	O	×	×	O	

농사를 짓거나 건물, 공장을 짓는 등 실수요가 있으면 토지거래허가를 받을 수 있다. 이때 실수요 여부는 땅을 매입하려는 사람이 현지에 거주하는

지를 중심으로 판단한다. 또 20km 이내에 거주하는 농어민이 농·축산업을 위해 농지를 매입하는 경우에도 허가를 받을 수 있다. 하지만 비농업인이 농업 목적으로 농지를 구입할 경우에는 전세대원이 6개월 전부터 현지에 거주하고(주민등록 이전), 1회 이상의 수확이 인정되어야 한다.

이는 임야의 경우에 있어서도 같다. (단, 20km 거리제한은 없지만, 5년간의 영림계획서를 제출해야 한다.) 따라서 거주요건 등이 충족되지 않으면 도시민이 토지거래허가구역 내에서 농지나 임야를 구입하는 것은 사실상 불가능하다. 주말농장이나 임대를 목적으로 한 농지 구입 역시 마찬가지다.

[토지거래허가구역 안의 땅 구입 기준]

구분	기준
농지	■ 면적 150평(500㎡이상) 이상, 주말농장은 불가. 타인과의 공동소유 불가 ■ 매년 1회 직접 자경여부 등 사후 점검 ■ 거주지로부터 20km이내의 농지만 가능(통작거리 제한), 연접구역 가능 ■ 세대주와 세대원이 1년 이상 실제 거주 ■ 토지거래허가 및 농지취득자격증명을 함께 심사
임야	■ 면적 300평(1,000㎡) 이상(비도시지역) ■ 5년간 영림계획서 제출로 자영 여부 확인 ■ 세대원이 1년 이상 실제 거주, 거주지로부터 20km이내의 연접구역도 가능
택지	■ 면적 55평(180㎡) 이상, 무주택세대주만 가능

토지거래허가는 '유동적 무효'

"토지거래허가를 불허할 때는 모든 거래를 무효화한다", 즉 '유동적 무효'라는 단서조항을 기재한 계약서와 허가신청서를 관할 시군구에 제출하면, 관할 시군구는 15일 이내에 서류일체를 검토하여 신청인에게 허가여부를 통보한다. 그 결과, 허가가 나지 않을 경우 모든 거래는 법적으로 무효화된다.

시군구의 토지거래허가 불가 통보에도 불구하고 당사자 간에 임의로 토지를 거래할 경우 2년 이하의 징역 또는 개별공시지가를 기준으로 거래한 토지가격의 30%에 해당하는 벌금이 부과된다. 또 토지거래허가를 받았더라도 허가받을 당시 제출한 허가신청서상의 목적을 벗어날 경우, 그리고 허가구역 내에서 실거주용 주택을 구입하고 실제로 살지 않거나 농업 목적 이외의 다른 용도로 사용할 경우에는 500만 원 이하의 과태료가 부과된다.

건축허가를 받으면 땅 매입이 가능하다

토지 구매자가 주소지를 토지거래허가구역 내로 옮기지 않는 방법으로 허가구역 내의 땅을 사기 위해 가등기, 가처분, 근저당권 설정 등을 해놓는 경우가 있는데, 이런 경우 해당 시군구에서는 대부분 허가를 내주지 않는다. 또 위장 증여나 경매에 부쳐 경락받는 등의 편법을 사용하기도 하는데, 이 역시 허가구역 내 땅을 취득할 수 있는 정상적인 방법은 아니다.

하지만 **허가구역 안의 농지나 임야에 건축허가를 받으면** 현지에 주소를 옮기지 않고도 소유권이전등기를 할 수 있다. 이 경우 건축허가를 받아 1년 이내에 건축해야 한다. 단, 1년간 연장 가능하다.

토지거래허가구역 내의 땅은 장기적인 안목으로 구입하는 것이 좋다. 개발 호재 등으로 인해 발전 가능성이 있는 땅이 장차 토지거래허가구역으로 지정될 가능성이 높기 때문이다. 따라서 기왕 땅을 구입할 요량이면 토지거래허가구역으로 지정되기 이전에 미리 사두는 것이 좋다. 그렇더라도 허가구역으로 묶여있는 동안에는 이를 다시 되팔기가 결코 쉽지 않으므로, 땅을 매입할 때에는 그만큼 신중해야 한다.

여기서 우리가 잊지 말아야 할 땅 투자의 불변의 진리 하나가 있다. 그것은 바로, "땅 투자는 장기적인 안목을 가지고 임해야 한다"는 것이다.

개발제한구역 해제의 의미

해제될 가능성이 높은 소규모 단절 토지를 눈여겨보자

개발제한구역, 즉 그린벨트는 국토이용관리법상 도시지역에만 적용되는 용도구역의 하나다. 도시가 외곽으로 무질서하게 확산되는 것을 방지하고 자연환경을 보전하기 위하여, 보전가치가 높은 녹지지역 일부를 개발제한구역으로 지정한다.

개발제한구역으로 지정되면 지역 내의 토지이용은 엄격히 규제된다. 때문에 대도시 주변의 개발제한구역으로 지정된 땅 소유자들이 그동안 많은 불이익을 받아왔던 것 또한 사실이다. 개발제한구역은 도시자연환경 보전 등 당초 도입 목적에 충분히 기여해왔으나, 주민의 재산권 제한에 따른 불편과 불이익, 그리고 도시 관리 측면상의 여러 불합리한 문제점들이 연이어 일어나고 있다.

그 결과, 도시 성장에 불가결한 도시용지의 공급과 누적된 민원 해소를 위한 제도 개선의 필요성이 부각되면서, 정부는 부동산 규제 완화의 일환으로 개발제한구역을 대거 해제했다. 특히 신도시 및 역세권 등 대규모 개발계획이 추진되고 있는 지역이 서민주택의 안정적인 공급을 위한 조치로 개발제한구역에서 대거 해제됐다.

최근 개발제한구역의 해제 권한이 국토교통부에서 지방 정부로 이전됨에 따라, 관할지역 **시·도지사가 30만㎡ 이하의 개발제한구역을 자유롭게 해제할 수** 있게 되었다. 그 결과 개발제한구역과 그 경계에 있는 소규모 토지 중 환경보전 가치가 낮은 지역, 3년 내 공사착공이 가능한 지역, 그리고 교통이 편리한 도심 내의 그린벨트 토지 활용도가 높아졌으며, 이들 지역을 중심으로 도시개발사업이 활발히 추진되고 있다.

개발제한구역에서 해제된 땅을 노리자

개발제한구역에서 풀리면 **토지 용도는 일단 자연녹지지역으로** 변경된다. 개발제한구역에서 해제되는 곳은 인근 녹지지역과 비슷하게 땅값을 형성할 가능성이 높으며, 이를 기준으로 볼 때 **개발제한구역 해제와 동시에 땅값은 약 3~4배가 오른다고** 생각하면 된다. 그린벨트와 자연녹지와의 시세 차이만큼 땅값이 일시에 오르는 것이다. 이후 토지의 활용과 함께 땅값은 다시 한 번 크게 오르는데, 만약 도시개발사업이 추진되거나 추진될 가능성이 높은 지역이라면 땅값은 보다 가파르게 상승할 것이다.

그 대표적인 지역으로 경기도 시흥시를 꼽을 수 있다. 전체 면적의 약 70%가 개발제한구역인 경기도 시흥시는 현재 5개의 고속도로와 1개의 전철망을 갖추고 있다. 이것이 2024년까지 총 9개의 고속화도로와 5개의 전철망을 개통할 계획으로 있어, 시흥시는 바야흐로 수도권 서남부지역 중심지로 재평가되고 있다.

특히, 2016년 7월 개통한 강남순환고속도로를 이용하면 강남까지 30분대 진입이 가능하며, 소사-원시선(2018년 개통 예정)과 신안산선(2018년 착공 예정), 월곶-판교선(2019년 착공 예정)까지 개통될 경우 여의도와 신도림,

판교 등에서 시흥시청까지 각각 20분대 진입이 가능해지는 등, 도로·철도를 망라하여 교통편의는 크게 증대된다.

시흥시는 교통 호재와 더불어 배곧신도시 및 목감·은계·장현 택지지구 조성과 같은 각종 개발 계획이 줄을 잇고 있다. 2017년 신세계 프리미엄 아울렛과 복합쇼핑몰 등도 완공됐으며, 2018년 착공을 목표로 서울대 시흥캠퍼스 유치사업을 추진 중에 있다. 이러한 대규모 개발사업으로 시흥은 인구 증가, 교육 수준 향상에 교통까지 잘 트임으로써, 갈수록 살기 좋은 도시로 인식되고 있다.

시흥시는 낙후된 교통망으로 인해 주변도시에 비해 그동안 상대적으로 미개발되었지만, 지속적인 교통망 확충과 더불어 정부의 부동산 정책 전환으로 개발제한구역이 대거 해제되면서, 최고의 투자처로 각광받고 있다.

이를 감안이라도 하듯, 개발규제 완화와 함께 전국적으로 개발제한구역이 계속 해제되면서, 건설사들은 개발제한구역 해제지역을 활용한 사업을 활발하게 전개하고 있다.

건설사들이 개발제한구역 해제지역의 확보에 앞다퉈가며 뛰어들고 있는 이유는, 이들 지역이 녹지 환경이 풍부해 쾌적한 주거 환경을 갖추고 있는데다 도심과 비교적 가까운 입지 조건을 갖췄기 때문이다. 전원 환경과 도시 인프라를 동시에 보유한 노른자위 부지가 개발제한구역으로부터 해제되는데 따른 이점을 최대한 활용하려는 것이다.

개발제한구역 해제지역은 쾌적한 녹지공간을 바탕으로 새로운 생활 인프라가 조성이 되기 때문에 **'희소성' 및 '투자 가치'는** 그만큼 뛰어나다. 그만큼 투자자로부터의 수요가 많다. 수도권 그린벨트 해제지역의 아파트가 주목받고 있는 이유가 이 때문으로, 주거환경·분양가·서울 접근성의 삼박자가 맞아떨어져 수요자들로부터 높은 관심을 받는 것이다. 실제 개발제한구역 해제지역 내에 건설되는 아파트는 분양가 프리미엄이 높게 붙는 것으로 나타났다.

정부의 규제완화 정책에 따라 입지가 좋은 수도권 주변 개발제한구역은 속속 해제되고 있다. 하지만 무분별한 해제를 방지하기 위해 환경등급 높은 지역은 제외되는 등으로 갖가지 안전장치가 마련되어 있기에, 입지 조건과 교통망, 향후 개발 호재를 잘 따져보고 토지 투자에 나서야 한다.

개발제한구역에서 해제된 지역 내의 땅 투자는 어디까지나 개발 호재가 중첩된 곳이면서 상대적으로 저평가된 곳을 중심으로 신중하게 찾아나서야 한다. **개발제한구역에서 해제되는 지역으로, 향후 역사가 들어서고 역세권 도시개발사업이 추진되는** 지역이 여기에 해당된다.

토지수용과 이에 대처하는 방법

어마어마하게 풀린 토지보상금이 주변 땅값을 올린다

정부의 대규모 개발계획에 필연적으로 따르는 것이 바로 토지수용에 관한 사항이다. 신도시는 물론이고 산업단지, 도로, 철도, 기업도시, 행복도시 건설 등으로 토지보상 '붐'이 일고 있는 지금, 이로 인해 대규모의 보상금이 풀리고 있는 중이다. 문제는 이러한 토지보상과 관련한 사항을 일반인들이 체계적으로 접하기 어렵다는 점이다. 그렇다고 정부의 공권력에 대항해서 수용당하는 토지를 지켜내기도 어려운 것 또한 현실이다. 이 보다는 차라리 좀 더 많은 보상금을 기대하는 것이 오히려 현실적일 수도 있다.

토지수용을 법률적인 용어 그대로 풀면 '공익사업에 필요한 토지와 건축물 등에 대하여 협의취득(매매)이 불가능한 경우 보상을 전제로 사업시행자(즉, 국가)가 소유권을 강제로 취득하는 것'이다. 이는 사유재산권에 대한 소유권 변동을 수반하게 되므로 반드시 '공입사업을 위한 토지의 취득 및 보상에 관한 법률(이하 토지보상법)' 등에서 정한 요건을 구비한 후 적법한 절차를 거쳐나가면서 토지를 수용해야 한다.

토지수용의 대상은 토지보상법 제4조와 다른 개별 법률에서 정한 공익사업 등에 필요한 토지와 건축물, 지상권 등으로서 협의취득(매수)이 불가능한 경우의 다음 사업이 이에 해당된다.

- 도로, 철도, 주차장, 공공청사, 택지개발지구, 하천, 공원, 운동장, 전기 등의 사업구역 내 토지·건축물
- 재개발사업구역 내 토지 등(단, 조합이 시행하는 재건축사업은 토지수용이 불가)
- 법률에 의하여 사업자 지정을 받은 민간사업자의 도로, 택지개발, 공업단지 조성 등에 필요한 토지·건축물

보상제도의 핵심은 보상평가다

토지수용권을 정부만 행사하는 것은 아니다. 도시개발 등을 위해 민간사업자가 필요한 토지의 2분의 1 이상을 매입하면 나머지 땅은 수용할 수 있다. 관광단지를 조성할 경우에도 필요한 땅의 3분의 2 이상을 매입하면 나머지 땅은 수용할 수 있다. 또 재건축의 경우에도 토지소유자의 5분의 4의 동의를 받으면 나머지 땅 소유자에게 매도청구권을 행사할 수 있다. 그 결과 대규모의 개발계획이 연이어 이어지면서 이처럼 예기치 못한 상황에서 본인의 의도와는 상관없이 자신의 땅이 수용될 가능성은 더욱 늘고 있다.

특히 철도·도로 건설이나 신도시개발계획 등을 예상하고 어떤 지역 땅을 샀는데 그것이 수용된다면 이로 인한 손실은 매우 크다. 더군다나 자신의 땅만 수용당한다면 실망감 또한 더욱 클 것이다. 따라서 수용될 경우를 대비해서 미리부터 높은 보상가를 받을 수 있도록 준비하는 것도 한 방법이 될 수 있다. 여기서 핵심이 되는 것이 바로 '토지보상평가'다.

수용에 따른 보상가는 공시지가를 기준으로 감정평가액이 결정된다. 이

감정가를 높이려면 먼저 **지목변경이나 형질변경 등을 통해서 농지나 산지를 대지로 바꾸는** 것이 최선책이다. 수용되는 땅이 대지로 바뀌어 여기에 건물까지 지어진 상태라면, 토지보상에 더해 영업 손실에 따른 추가 보상은 물론이고, 잘만하면 상가분양권까지도 받을 수 있기 때문이다. 이 경우 사업지구 지정일 이전에 건물을 지어 사용승인을 얻어야만 가능하다. 만일 건축허가를 받기 어렵다면 농가주택을 짓거나, 과수, 정원수 등을 심어 놓으면 더 많은 보상을 받을 수도 있다.

이와 함께 보상 대상에 누락되는 재산이 있는지 여부를 꼼꼼히 확인할 필요가 있다. 예를 들어 토지수용으로 인해 못 쓰게 된 나머지 잔여지의 경우에도 보상 대상이 될 수 있기 때문이다. 일반적인 영업활동에 따른 손실과 영·농 손실, 축산업에 대한 보상 및 관행적 영업도 보상대상이 된다. 비록 허가를 받지 않고 영위하였던 구멍가게라 할지라도 사업인정고시일 이전부터 영업을 해왔다면 손실 보상의 대상이 된다.

토지보상을 잘 받으려면 무엇보다 토지평가 전부터 이에 필요한 실거래 자료를 수집해 두어야 한다. 실거래 계약서는 시가 산정의 결정적인 산정기준이 되기 때문이다. 보상받는 당사자들이 시가 계산에 필요한 증빙 자료를 철저하게 취합·제시해서 제대로 된 가격을 평가받도록 해야 한다.

수용되는 땅이나 건물, 영업권에 대한 보상은 '사업인정고시일'을 기준으로 한다. 이는 지구지정일이나 실시계획승인일처럼 정부에서 지정 또는 승인하여 발표한 날을 말한다. 건축허가를 받았더라도 사업인정고시일까지 건축물의 사용승인을 받지 못했다면 무허가 건물로 인정될 수 있으므로 주의할 필요가 있다. 보상가를 많이 받으려는 일환으로 수용될 지역에 가건물을 마구잡이식으로 짓는 등의 편법이 늘자 정부는 이를 막기 위해 개발행위 제한 시점을 '개발지구지정일'에서 '주민공람일(사업인정고시일)'로 앞당겼다.

따라서 수용될 토지 위에 건축물을 짓는 행위는 주변 상황을 보아가며 결정해야 한다.

양도세 줄이는 장기보유 혜택 요건 챙겨야

수용에 따른 보상금 수령 후 가장 신경을 써서 챙겨야 할 것이 바로 세금 관련 사항이다. 일반적으로 수용지역에 있는 부동산은 대부분 장기간 보유하기 때문에 양도 차익이 크고 양도세도 많이 나온다. 대부분의 개발지역은 투기지역으로 지정되는 경우가 많은데, 투기지역 부동산은 실제 보상가액과 실제 취득가액과의 차이를 기준으로 양도 세액이 계산되므로 많은 세금이 부과될 수 있다.

하지만 토지수용에 의한 보상금은 비록 **그 땅이 토지 투기지역 내에 있더라도 양도소득세가 공시지가로** 산정된다. 투기지역 안에 있는 땅이라 할지라도 토지 소유자가 오랫동안 그 토지를 보유한 경우가 일반적이어서(당연히 처음부터 그 토지가 투기지역으로 지정되지 않았을 것이다), 자신의 의사와는 상관없이 수용되는 경우가 많다. 이 때문에 자칫 억울할 수 있는 토지 수용자들을 배려하여, 일정 요건에 해당하는 경우 실제 보상가가 아닌 수용 시점의 기준시가 또는 개별공시지가로 양도세를 납부할 수 있게 조처하고 있다. 당연히 세금 부담은 줄어든다.

양도소득세 감면혜택을 받으려면 일정 요건을 충족해야 한다. 먼저 부동산을 취득한 시점이 **개발사업이 고시된 날 이전이어야** 기준시가 등으로 양도세가 계산된다. 개발사업고시일로부터 사업인정고시일까지의 기간이 2년 미만일 경우에는 사업인정고시일로부터 소급해 2년이 되는 날 이전에 취득한 부동산이어야 한다. 또 개발사업 등의 고시일 이전에 투기지역으로 먼저 지정되는 경우에는 투기지역 지정일 이전에 취득한 부동산이어야 양도세 감면대상에 해당한다.

이 같은 조건을 갖췄다 하더라도 수용당하는 주택의 보상가액이 9억 원을 넘으면 얘기는 달라진다. 양도가액이 9억 원을 넘으면 고가주택으로 분류된다. 고가주택은 실거래가, 즉 실제보상가로 양도세를 계산한다. 고가주택은 1가구 1주택일 때에도 양도세를 낸다.

여기서 주의할 것이 있다. **주택의 보상가와 부속 토지의 보상가를 합해 고가주택을 판정한다.** 수용되는 주택은 낡고 보잘것없는 것이 일반적이어서 값은 얼마 나가지 않는다. 하지만 1가구 1주택이라 하더라도 부속 토지를 합한 보상가가 9억 원을 넘으면 양도세를 부담해야 한다. 도시개발법에 따라 수용되는 지역의 경우 주택의 보상가는 수천만 원에 불과하지만, 토지 보상가가 9억 원을 넘는 탓에 본의 아니게 고가주택에 해당하는 경우가 많다. 이러저러한 불합리한 점을 없애기 위해 최근 고가주택 기준금액을 기존 6억 원에서 9억 원으로 상향 조정했지만, 그렇더라도 유념할 필요가 있다.

이 경우, 만일 낡고 초라한 집이 세법상 고가주택으로 분류된다면 건물을 허물어 멸실하는 것도 절세방법의 하나가 될 수 있다. 건물을 허물면 나대지로 바뀌어 개별공시지가로 양도세를 내면 되기 때문이다. 철거에 든 비용과 받지 못하게 된 건물 보상금을 합친 금액과 양도세가 줄어드는 액수를 비교해서 판단하면 된다.

대토는 양도세 감면의 가장 큰 혜택이다

강제 수용에 따른 토지보상과정에서 주어지는 또 다른 세제상의 혜택이 바로 **'대토(代土)'에 의한 세금 감면** 혜택이다. 대토란 대체토지의 줄임말로 수용되는 토지 보상금으로 지역 인근의 다른 토지를 매입하는 것을 말한다. 토지수용으로 인해 발생하는 피수용인의 피해를 줄여줄 수 있는 대책의 하나가 바로 대토 제도다. 최근 공익사업 등으로 땅을 강제 수용당한 경우에 대체 토지 취득기간이 당초 1년에서 3년으로 연장되고, 대체농지 취득범위도 당해 시·군 또는 인접 시·군에서 주소지까지 80km 이내로 확대되었다.

부동산 거래 시 대토로 인정받게 되면 기존의 수용되는 부동산 매각 시에 부과되는 양도소득세와 신규 부동산 취득 시에 부과되는 취득세, 등록세를 감면받을 수 있다. 최근 대토를 통해 양도세 감면혜택을 받기 위한 요건도 종전 농지의 2분의 1 이상 또는 매도·보상가액의 3분의 1 이상으로 완화됐다. 이에 따라 수용지구에서 10억 원을 보상받은 사람이 대토에 따른 세제 혜택을 받으려면 이전에는 최소 5억 원 분의 대체농지를 매입해야 했지만, 이제는 3억 원 정도만 땅을 매입하더라도 가능해졌다.

한편 8년 이상 직접 경작한 농지가 공익사업 등의 목적으로 수용되는 경우에는 양도세가 2억 원을 넘는 경우에만 세금이 매겨진다. 따라서 보상대금으로 다른 농지를 구입해 농사를 계속 지을 생각이라면 **양도소득세가 비과세되는 대토를 구입하는** 것이 더 유리하다. 대토는 수용되는 농지소재지 및 인접 지역에서 3년 이상 거주하면서 농사를 지었어야 자격이 있다. 또 양도일부터 1년 이내에 새로운 농지를 취득해 3년 이상 농지소재지에 거주하면서 경작을 해야 하는 등의 요건도 충족해야 한다.

토지보상에 따른 양도소득세 감면비율 및 감면한도

토지보상과 관련한 감면혜택도 눈여겨봐야 한다. 이는 크게 **공익사업 감면, 8년 자경농지 감면, 3년 대토감면** 3가지가 있다. 공익사업 수용 시에는 당해 연도에 한해 1억 원까지 감면된다. 3년 대토감면 시에는 5년간 1억 원까지 감면된다. 또 8년 자경 시에는 당해 연도 2억 원, 5년간 농지의 대토와 합산하여 3억 원까지 감면된다.

공익사업 수용 시의 양도세 감면비율도 확대된다. 현금보상은 20%, 채권보상은 25%, 채권을 만기보유하기로 약정한 경우에는 30%를 감면받을 수 있다. 또한 보상금 수령일과 소유권 이전등기 접수일 중 빠른 날을 기준점으로 2개월 이내에 예정신고 후 양도세를 납부하면 세금의 10%가 추가 공제된다.

[공익사업 수용에 따른 양도세 감면비율]

보유시점		감면비율
사업인정고시일 또는 양도일로부터소급하여 2년 이전에 취득한 토지	채권 수령분	양도소득세 산출세액의 25% (만기보유 시 30%)
	현금 수령분	양도소득세 산출세액의 20%
사업인정고시일 또는 양도일로부터소급하여 2년 이내에 취득한 토지	채권 수령분	감면 없음
	현금 수령분	

하지만 이런 혜택이 마구잡이로 주어지는 것은 아니다. 누가 보아도 수긍할 수 있는 경우에 한해서 엄격히 적용하고 있다. 만일 정부나 지방자치단체에 토지가 수용될 줄 알면서도 보상을 노려 땅을 취득한 경우는 토지보상비에 대한 양도소득세를 실거래가 기준으로 내야 한다.

토지수용에 따른 보상은 이밖에도 많다. 사업인정고시일 이전에 그 지역에 주택을 소유하고 주민등록이 되어 있을 경우 아파트 분양권을 받을 수도 있다. 사업인정고시일 이전부터 현지에 살고 있던 주택을 협의 양도하면 이주자 택지를 받을 수도 있다.

개발예정지 주변의 생산녹지지역에 주목하자

개발예정지 주변 농지를 주목하자

앞으로 예상되는 토지정책 중의 하나가 바로 농지·산지의 이용규제 완화다. 이는 '거래'가 아닌, 그 '이용'에 초점을 맞추고 있다. 특히 규제완화 가능성이 큰 대규모 개발예정지 주변의 농지에 적잖은 변화가 감지된다. 규제는 과감하게 풀되, 효율적인 이용 즉 개발 목적에 맞는 땅에 한해서 규제를 풀겠다는 뜻으로 해석된다.

투자 유망 농지에 투자자들의 관심이 모아지고 있는 것도 이와 같은 맥락에서이다. 하지만 이는 구별하는 것은 그리 녹록하지 않다. 어디 땅을 사야 할지, 어떤 지역 땅을 매입해야 할지를 일반 투자자들이 알아내기란 결코 쉽지 않다. 더욱이 땅은 환금성이 떨어지는 재화임을 감안할 때, 장기투자는 불가피한 선택일 수밖에 없다. 이런저런 것들을 감안한다면, 상대적으로 덜 오른 땅을 구입하거나 또는 개발이 확실한 안전한 땅을 매입하되, 투자수익을 얼마나 많이 올릴 수 있을 것인가를 잘 따져야 한다. 그러면 어떤 땅이 유망할까?

농림지역에서 해제되어 생산녹지지역으로 용도 변경된 곳을 노려라

투자 유망한 대표적인 농지는 **개발지역 인근에 자리 잡고 있는 농업지역 안 농지**다. 특히 수도권 등 대도시 주변 농지는 규제 해제의 최대 수혜자로 떠오르고 있는 중이다. 신도시와 구도심의 중간 지역은 이 가운데서도 으뜸이다. 이들 농지는 우선 가격대가 상대적으로 낮고 또 규제에서 풀릴 가능성이 높기 때문에 매우 유망한 투자처다.

그렇더라도 까딱하다가는 자칫 현지 부동산 중개업자의 말을 그대로 믿어 투자를 그르칠 수 있다. 같은 지역 반경 이내더라도 어떤 지역은 도시지역으로 편입될 예정지역인 반면, 어떤 지역은 그 지역 밖에 있는 탓에 개발이 제한될 가능성이 높기 때문이다. 둘을 비교할 때 땅값은 크게 차이가 난다. 초보 투자자가 개발될 지역과 그렇지 않은 지역을 구분해 내기란 결코 쉽지 않다.

그렇더라도 이를 알아낼 방법은 분명 있다. **용도지역의 변경 과정을 잘 살펴보면** 된다. 농림지역이 개발되면서 도시지역으로의 편입이 예정된 경우, 그 토지는 일련의 용도지역 변경 과정이 따른다. 우선 농사만을 목적으로 하는 농업보호구역 안의 용지는 제외된다. 이 농지는 이른바 '절대농지'로, 앞으로 타 용도로 지목이 변경될 소지가 거의 없기 때문이다. 만일 이 땅을 샀다면 자식 대까지 묶어 둘 각오로 마음을 비우는 것이 좋다.

하지만 농업진흥구역 안의 땅은 개발 여건에 따라 향후 용도지역이 바뀔 수 있다. **농업진흥구역에서 해제될 예정인** 땅이 이에 해당한다. 따라서 이 농업진흥구역 안의 농지 가운데 향후 개발이 진행될 예정인 땅을 주의 깊게 살펴야 한다. 1000분의 1 지적·임야도를 보면 **노란 사선으로 빗금 쳐진 부분이** 있다. 이 지역은 **'생산녹지지역'으로 표기되어** 있다. **바로 이 지역이 농림지역 중에서 생산녹지지역으로 용도지역이 변경된 지역**이다. 이는 곧 개발이 진행되면 향후 주거지역, 상업지역 등의 도시지역으로 변경될 수 있음을 암시한다. 자연녹지 지역의 경우에도 마찬가지다.

반면, 같은 녹지지역이라도 보존녹지지역은 사정이 좀 다르다. 이들 지역은 향후 개발이 진행되더라도 공원 등 녹지지역으로 묶일 가능성이 높은 지역이다. (자연녹지지역은 생산녹지지역과 묶어서 함께 도시지역으로 편입될 가능성이 높은 땅이 많다. 개발이 진행되면서 진흥구역내의 농지는 생산녹지, 임야 즉, 토임은 자연녹지로 용도지역이 바뀐다.) 물론 이들 지역도 도시화가 진행됨에 따라 용도지역이 바뀔 수 있지만, 그럼에도 자칫하다가는 낭패 볼 수 있다. 따라서 현지 부동산업자의 말만을 믿지 말고 **반드시 지적도로 이를 직접 확인해야** 한다.

땅의 형태를 볼 때, 경지 정리가 잘된 곳보다는 안 된 곳이 좀 더 유리하다. 이런 지역은 경지가 반듯하게 잘 생긴 곳보다 농업생산성이 낮기 때문에, 같은 조건이라도 좀 더 일찍 풀릴 가능성이 높다. 따라서 이것도 잘 살펴야 한다.

역세권 개발예정지 주변 농지로 생산녹지 지역인 곳을 살펴라

앞으로 도로 및 철도가 들어설 역세권 예정지역은 더더욱 유망한 투자처다. 고속철 역사 주변이나 전철역 부근이 이에 해당한다. 새로 개통될 도로 주변 나들목이나 교차로 주변 지역도 개발 여건에서 앞서나갈 수 있어 투자에 유망하다.

역세권 예정지역은 역사 주변의 상업지구개발과 인근 지역 도시개발이 함께 진행될 가능성이 높다. 특히 역사 인접지역은 향후 상업지역으로 될 가능성이 매우 높다. 따라서 이곳에 투자할 경우 높은 투자수익을 올릴 수 있다. 10년 전 경강선 곤지암역사가 들어설 예정지역 땅을 구입한 어느 분은 현재 이곳 지역이 상업용지 예정지로 편입되면서 수십 배 이상의 투자 수익을 올렸다.

[녹지지역에 대한 이해]

국토계획법에서 규정하고 있는 녹지지역이란 도시의 무질서한 확산을 방지하기 위한 목적으로 지정된 용도지역을 말한다. 녹지지역은 용도지역 중 도시지역에 해당하며, 보전녹지, 생산녹지, 자연녹지로 구분된다.

- ■ '자연녹지지역' 은 녹지공간을 헤치지 않는 범위 내에서 제한적 개발이 불가피할 때 지정하는 지역이다. '생산녹지지역'은 전·답 등 농경지 보전과 농업생산 보호를 위해 지정된 지역을 말한다.
- ■ '보전녹지'는 도시의 자연환경, 경관, 수림 및 도시녹지의 보전을 위하여 지정한 지역이다. 따라서 일반적으로는 자연녹지지역에서는 개발이 제한적으로 허용되므로 땅값이 상대적으로 비싸다.

이와는 다른 의미에서의 부동산 용어상의 녹지지역도 있다. 이는 다음과 같다.

- ■ 먼저 '완충녹지지역'이란 녹지를 기능에 따라 세분화 한 것의 하나로, 대기오염·소음·진동·악취, 기타 이에 준하는 공해, 각종 사고, 자연 재해 및 기타 이에 준하는 재해 등의 방지를 위하여 설치하는 녹지지역이다.
- ■ '시설녹지지역'은 도시계획구역 안에서 도시의 자연환경을 보전·개선하거나 공해·재해방지를 통하여 양호한 도시경관의 향상을 위해 지정한 지역으로, 주로 철도나 도로 등의 연도에서 10~20m 내의 범위에서 지

정된다. 시설녹지는 주로 공공시설보호를 위해 지정되기 때문에 시설녹지지역으로 결정되면 건축이 규제된다. 시설녹지지역은 국토계획법상의 용도지역은 아니다.

- '경관녹지지역'은 녹지의 기능을 분류할 때 일컫는 지역으로, 도시자연환경을 보전하거나 이를 개선함으로써 도시의 경관을 향상시키기 위해 지정한다. 주로 도시경관이 양호한 지역에서 지정된다.

녹지지역 안에서 도시계획시설로서의 녹지조성에 필요한 시설 이외의 시설이나 건축물 의 건축 및 형질변경 등의 행위를 할 때에는 관할 행정기관의 담당부서의 허가를 받아야 한다.

투자 가치가 높은 땅, 시가화예정용지

시가화예정용지는 도시에 편입되는 땅이다

시가화예정용지란 도시가 팽창하면서 도시와 이웃한 자연녹지 등 보전지역을 주거·상업·공업지역 등으로 개발하기에 앞서 도시기본계획상의 개발예정지로 미리 지정하는 땅을 일컫는다. 이는 도시기본계획에 의한 도시관리계획을 수립할 때 지구단위계획구역으로 지정하여 체계적으로 도시계획을 추진하게 될 일단의 예정용지를 포함한다.

시·군·구 등 각 지방자치단체는 개발이 필요한 지역에 대해 도시기본계획에서 이를 시가화예정용지로 먼저 지정한 후, 시간을 두고 이에 대한 세부계획을 수립하고 시행한다. 시기화예정용지로 지정할 수 있는 땅은 주로 **자연녹지지역이나 계획관리지역에** 해당한다. 이 지역 가운데 아직 개발계획이 수립되지 않은 지역을 중심으로 시가화예정용지를 지정하게 된다.

각 지자체가 시가화예정용지를 지정할 때는 주변지역 개발 상황, 도로 여건 등 도시기반시설의 현황과 수요 등을 먼저 고려한 후, 각 지역권 및 생활권 별로 개발 목적과 수용 인구, 개발 방법, 적정 인구밀도 등을 함께 제시하여 이를 도시기본계획상에 반영한다. 이때 각 지자체 인구 배분, 지역균형발전 계획 등을 감안하여 개별 시가화예정용지 개발의 우선순위를 결정하게 된다.

시가화조정구역과는 다르다

흔히 시가화예정용지와 시가화조정구역을 같은 개념으로 알고 있다. 하지만 이는 분명 다르다. 시가화조정구역은 도시지역과 그 주변 지역의 무질서한 시가화를 방지하는 한편, 도시를 계획적·단계적으로 개발하기 위해 일정 기간 시가화를 유보할 필요가 있다고 인정되는 경우, 이를 시가화조정구역으로 지정 또는 변경할 수 있도록 한 "국토의 계획 및 이용에 관한 법률 제39조"에 의거하여 도시관리계획으로 결정할 수 있도록 한 지역을 말한다. 주로 **신도시개발 이전 단계에서 해당 토지에 대한 개발 및 건축 제한을 규제하는** 지역이 이에 해당한다.

유보기간은 사안에 따라 차이 나지만 대략 5년에서 20년 이내의 기간으로, 용도지역지구에 관계없이 개발 및 건축 시에 허가를 받아야만 하는 지역이다. 이 시가화조정구역 안에서는 **법에서 정한 일련의 행위 제한을 받게** 된다. 위반 시에는 관련법에 의거 처리된다.

반면, 시가화예정용지는 장기적인 발전 방향을 제시하는 정책계획으로 도시기본계획 수립지침에 의거하여 각 지자체별로 지정하게 되므로 **별도의 행위 제한을 받지는 않는다.** 그렇더라도 지구단위계획 등에 의한 개발행위 제한지역으로 묶여 신·증축 등의 개발행위가 일정 기간 제한될 수도 있다.

사업추진단계를 반드시 확인해야 한다

시가화예정용지는 2020년까지의 제4차 국토종합계획 수정계획에 의해 그 개발의 중요성과 시급성의 정도에 따라 각 단계별로 순차적으로 개발된다. 현재 마지막 추진단계인 4단계(2016~2020년)가 진행되고 있다.

시가화예정용지에 속하는 지역이나 그 주변지역에 투자할 때는 **그 시가화예정용지의 개발시기가 어느 단계로 잡혀 있는지를 반드시 확인해야** 한다. 이는 관할 시군구청 도시과를 방문해서 도시기본계획 도면을 열람하면 확인할 수 있다. 시가화예정용지의 지정 역시 각 지자체별로 수시로 지정되기 때문에, **관할 지자체별로 발표하는 도시기본계획을 정기적으로 확인하는** 것이 중요하다. 토지이용계획확인서에 시가화조정구역은 표시되지만, 시가화예정용지는 표시되지 않는다.

시가화예정용지에서 해제될 수 있으니 주의해야 한다

시가화예정용지는 장차 도시를 개발할 필요가 있다고 판단될 때 이를 도시계획에 편입한다. 하지만 인구 증가, 도시 발전이 예상보다 더딘 경우에 시가화예정용지는 계속해서 개발계획에 편입되지 않거나, 5년마다 재검토되는 도시기본계획에서 탈락할 수도 있다. 따라서 계획만을 무작정 믿고 투자하는 것은 자칫 위험할 수 있으니 주의를 요한다.

시가화예정용지는 도시계획 확장에 따라 향후 주택이나 상가 등으로의 개발이 예정된 땅이어서 그만큼 **투자 가치가 높고 또 땅값이 크게 상승할 여지가** 많다. 따라서 투자자들이 이곳 땅에 관심을 갖는 것은 당연하다. 하지만 시가화예정용지의 대부분은 토지거래허가구역으로 묶여 있어 외지인이 이를 구입하기란 그리 쉽지 않다.

시가화예정용지는 이렇듯 토지 투자자라면 누구나 관심을 기울여야 할 대상이다. 각 지자체별 도시계획을 꼼꼼히 들여다보고, 예정지역은 물론 인근지역까지 범위를 확대하여 주의 깊게 살펴본다면, 기대 이상의 투자수익을 올릴 수 있을 것이다.

가치 있는 땅으로 변화시키는 지목변경, 형질변경, 용도변경

용도변경은 땅 투자의 핵심

토지를 쓸모 있고 가치 높은 땅으로 변모시키는 방법에는 여러 가지가 있다. 그 대표적인 방법이 **지목변경, 형질변경, 용도변경으로 토지의 내재가치를 높이는** 것이다. 토지는 외관상 비슷하더라도 그 지목이 무엇이냐에 따라, 개발행위 허가여부에 따라, 그리고 그 땅의 용도지역이 어디에 속하느냐에 따라, 그 가격은 달라진다.

지목의 경우를 예로 들어보자. 먼저 건축이 가능한 지목이 있고, 그렇지 않은 지목이 있다. 또 건축이 가능한 지목이라 하더라도 주택, 창고, 공장을 건축할 수 있는 지목은 각각 다르다. 개발행위에 의한 형질변경 가능지역이나 용도 변경된 지역 또한 마찬가지다. 토지 가격은 지목별로 당연히 차이난다. 지목변경, 형질변경, 용도변경 행위의 실행 그 자체만으로도 높은 수익을 올릴 수 있다. **용도지역이 변경되면** 특히 더하다.

[지목·형질·용도의 변경 요건]

구분	내용	요건
지목변경	공부상의 지목을 다른 지목으로 바꾸는 작업 → (예) 전·답→ 대(垈)	-건축허가·개발행위허가 등으로 땅이나 건축물의 용도 변경
형질변경	절토, 성토, 정지작업 등으로 땅모양을 바꾸는 작업 →농지전용, 산지전용	-개발행위 허가
용도지역 변경	땅의 용도지역을 바꾸는 작업 → (예) 농림지역→관리지역	-도시관리계획 변경

지목변경

지목변경은 지적공부에 등록된 지목을 다른 지목으로 바꾸어 등록하는 것을 말한다. 즉, 형질변경 등을 통해 토지의 성질을 바꾼 후에 지목을 현실에 맞게 정정하는 것을 말한다. 지목변경은 개발행위 허가(형질변경 허가)를 득하고 목적한 사업을 완료했을 때 가능하다. 무턱대고 아무 때나 할 수 있는 것은 아니다. 예를 들어 농지의 경우, 전용허가를 받은 경우를 제외하고는 전·답·과수원 이외의 지목으로 변경하지 못하며, 산지 역시 전용허가를 받아 이를 전용하는 경우를 제외하고는 지목을 변경할 수 없다.

지목변경 행위 그 자체만으로도 많은 투자수익을 올릴 수 있다. 예를 들어 농지나 산지를 전용하여 건축할 수 있는 지목으로 변경할 경우, 투자금액 대비 높은 기대수익을 올릴 수 있다. 도로변의 농지나 산지전용은 특히 그렇다. 지목이 변경되면 그 토지는 거래하기 쉬워져 그만큼 환금성도 좋아진다.

[지목변경이 가능한 토지]

-국토계획법 등 관계법령에 의거하여 인·허가 등을 받은 사업의 수행으

로 형질변경되거나 건축물의 공사가 완료된 토지
-건축물의 용도가 다른 용도로 변경되어 시목이 다르게 된 토지
-기타 토지의 사용목적이 변경된 토지

[근린생활시설로의 지목변경 절차의 예]

-토지이용계획확인서를 발급받아서 해당 토지의 용도지역을 확인한다.
-해당 시·군·구의 도시계획조례에 들어가서 당해 용도지역에서 건축할 수 있는 건축물을 확인한다.
-농지나 산지의 전용 가능 여부를 확인한다.
-연접개발제한에 저촉되는지 여부를 확인한다.
-진입로를 확인한다.
-건축하고자 하는 건축물의 입지 가능여부를 해당 시·군·구에서 확인한다.
-전용 후의 지목은 '대(대지)'가 된다.

형질변경

형질변경이란 토지의 형태를 바꾸는 행위를 일컫는다. 즉, 농지전용이나 산지전용 허가를 받은 후 흙을 깎아내는 절토, 흙을 쌓거나 매워 넣는 성토, 땅을 고르게 다듬는 정지 등의 방법으로 토지의 형상을 바꾸는 행위를 말한다. 예를 들어 경사진 임야를 깎아 건축이 가능한 평지로 만드는 행위, 구덩이나 수로가 있는 전답을 흙으로 메워 건축이 가능한 평지로 만드는 부지조성공사 등이 형질변경에 해당한다.

임야나 전답 등을 형질변경하기 위해서는 사전허가를 필요로 하는데, 이를 '개발행위허가'라고 한다. **개발행위허가에 관한 내용은 국토계획법에 규**

정되어 있다. 토지를 형질변경 하고자 할 경우에는 **관할 시군구의 개발행위 허가를 받아야** 한다.

[허가 없이 토지 형질변경을 할 수 있는 행위]

-높이 50cm 미만의 절토·성토 또는 정지하는 경우(녹지지역인 경우에는 지목변경을 수반하지 않는 경우에 한함)

-건축법 제49조 및 동법 시행령 제80조의 규정에 의한 범위 안에서 건축조례로 정한 대지 면적 최소한도 미만의 토지를 절토, 성토 또는 정지하는 행위

- 주거지역: 60㎡ 미만
- 상업지역 및 녹지지역: 150㎡ 미만
- 공업지역: 200㎡ 미만

※토지의 지목을 변경하지 않으면서 높이 50㎝ 미만을 절토·성토 또는 정지하는 경우로, 개발제한구역으로 지정된 토지에 대하여는 위 규정을 적용하지 않는다.

-자연재해 등으로 훼손된 토지를 본래의 형상대로 복구하기 위하여 절토·성토 또는 정지하는 경우

-국가 또는 지방자치단체가 공익상의 필요에 의하여 직접 시행하는 사업을 위하여 절토·성토 또는 정지하는 경우

토지의 경우, 최종 지목으로 변경되기 이전에 **단순히 형질변경을 하는 것만으로도 해당 토지 가격이 상승할 정도로** 그 가치가 높다. 형질변경을 한 토지는 그렇지 않은 토지에 비해 보통 2~3배 비싼 가격으로 시세가 형성되기 때문이다.

하지만 형질변경은 결코 쉬운 절차가 아니다. 특히 형질변경을 통한 농지 전용은 원칙적으로 농지 주인만이 신청할 수 있다. 그리고 해당 토지가 형질변경이 가능하려면, 해당 토지에 접한 도로 폭이 4m 이상인지, 맹지인지, 주변이 농림지역으로 둘러싸여 있는지 등등을 꼼꼼히 따져야 한다. 맹지인 경우에는 진입로 토지 주인의 토지 사용승낙서를 제출해야 한다.

용도변경

■ 토지의 용도변경(용도지역 변경)

토지의 용도변경, 즉 용도지역 변경은 지목변경이나 형질변경과는 차원이 다르다. 지목은 건물을 지으면 곧바로 바뀌지만, **용도지역은 해당 시·군의 도시관리계획에 의해 결정되므로** 일반 개인이 바꿀 수 있는 성질의 것이 아니다. 용도지역을 변경하려면 먼저 도시관리계획이 변경되어야 하는데, 이 도시관리계획의 수립·결정 및 변경 절차는 매우 까다롭다. 실제 개인이 용도지역의 변경에 참여할 수 있는 방법은 해당 시·군에서 도시관리계획을 수립할 때 의견을 제시하는 정도로 한정된다. 용도지역 간 변경은 도시관리계획으로 가능하며, 용도지구 간 변경은 지구단위계획으로 변경 가능하다.

따라서 불가능한 토지의 용도변경에 목매기보다는, 용도지역의 변경 과정을 살펴 이를 잘 활용하는 방법이 보다 현실적이다. **용도지역이 변경될 만한 곳을 예측하고 미리 선점하는** 것이 바로 그것이다. 우선 용도지역이 변경될 지역은 **정부의 대규모 개발이 예상되는** 지역이다. 신도시 예정지, 역세권 부지, 택지개발 예정지구, 산업단지 후보지, 경제자유구역 부지 등이 이에 해당한다. 이들 지역은 개발과 함께 모두 도시지역으로 용도 변경된다. 하루가 다르게 성장하는 대도시 인근의 그린벨트지역이나 관리지역도 같은 범주에 속하는 땅이다.

도시지역 내에서의 주거지역 세분화 과정도 눈여겨봐야 한다. 전용주거지역이 일반주거지역으로 바뀌거나, 일반주거지역 내에서도 1종에서 2종 혹은 3종으로 바뀌는 것이 그것이다. 이 경우 **건폐율, 용적률과 건축물 등이 달라지므로(즉, 상향되므로)** 땅의 가치는 그만큼 오른다.

지구단위계획이 수립되는 지역이나 시가화예정용지로 편입될 가능성이 높은 지역 또한 눈여겨볼 필요가 있다. 특히 공공개발이 아닌, 민간이 주체가 되어 개발하는 지역은 건설회사나 시행사가 사업 시행에 앞서 미리 땅을 매입하는 경우가 많다. 따라서 이들의 움직임을 면밀히 파악하는 것도 투자에 많은 도움이 된다.

■ 건축물의 용도변경

건축물의 용도변경은 변경하고자 하는 용도의 건축기준에 적합하게 만들어 사용승인을 얻은 후, 이를 시장·군수·구청장에게 신고하여야 한다. 다만 다음의 경우에는 신고 없이 용도 변경할 수 있다.

-동일한 시설군에 해당하는 건축물의 용도를 변경하는 경우
-상위시설군에 속하는 건축물의 용도를 하위시설군에 해당하는 건축물의 용도로 변경하는 경우
-당해 용도로 변경하기 전의 용도로 다시 변경하는 경우(단, 증축·개축·대수선을 수반하는 경우 제외)
-용도 변경하고자 하는 부분의 바닥면적의 합계가 100㎡ 미만인 경우
-동일한 건축물 안에서 면적의 증가 없이 위치를 변경하는 용도변경인 경우

건축물의 용도변경 가운데 하위시설군에서 상위시설군으로의 변경은 신고 사항이다. 그에 비해 상위시설군에서 하위시설군으로의 변경은 신고 없이 기재 내용의 변경 신청만으로도 가능하다.

[시설군별 건축물 용도 변경 신고 및 변경 신청]

<table>
<tr><td rowspan="6">◀ 상위시설군 -
하위시설군 ▶</td><td>①영업 및 판매시설군</td><td>-위락시설
-판매·영업시설
-숙박시설</td></tr>
<tr><td>②문화 및 집회시설군</td><td>-문화·집회시설
-운동시설
-관광휴게시설</td></tr>
<tr><td>③산업시설군</td><td>-공장
-위험물저장·처리시설
-자동차관련시설
-분뇨·쓰레기 처리시설
-창고시설</td></tr>
<tr><td>④교육 및 의료시설군</td><td>-교육연구·복지 시설
-의료시설</td></tr>
<tr><td>⑤주거 및 업무시설군</td><td>-단독주택
-공동주택
-업무시설
-공공용시설</td></tr>
<tr><td>⑥기타시설군</td><td>-제1종근생시설
-제2종근생시설
-동물·식물관련 시설
-묘지관련시설</td></tr>
</table>

농지를 대지로 바꾸는 작업, 농지전용 허가

까다롭지만 농지를 주택지·공장부지로 전용할 수만 있으면 최고

농지전용이란 농지를 농사 또는 농업인 관련용도 이외의 목적으로 사용하는 것을 말한다. 이는 농지를 농작물의 경작, 다년생 식물의 재배 등 농업생산 또는 농지개량 이외의 목적으로 사용하는 것뿐만 아니라, 농가주택이나 전원주택 등을 짓기 위해 그 땅의 지목을 대지로 바꾸는 것을 포함한다.

농지를 대지로 바꾸는 것을 **도시지역 내에서는 '개발행위 허가', 그 외의 지역에서는 '농지전용'으로** 부른다. 도시지역 내의 농지의 경우 개발행위 허가를 받으려면 기존 농지전용 허가 관련서류에 건축허가 관련서류가 추가된다. 물론 도시지역 이외의 지역에서 농지를 전용할 경우에도 개발행위 허가를 받아야 한다. 이것이 바로 '농지전용'으로, 도시지역 내의 개발행위 허가와 같은 개념으로 이해하면 된다.

하지만 농지라고 해서 모두 대지로 전용될 수 있는 것은 아니다. 농사짓기에 적합한 농지는 농업진흥구역으로 정해 철저하게 보호받기 때문이다. 따라서 도시지역 이외의 지역에서 주택을 지을 수 있게끔 **대지로 전용 가능한 땅은 주로 관리지역 내의 농지나 임야로** 보면 된다. 그렇더라도 시·군마다

전용허가 규정이 다르므로 사전에 관할 시·군의 농지전용담당자에게 전용허가 가능 여부를 확인해야 한다. 일반적으로 해당 토지에 접한 도로 폭이 2m 미만인 맹지, 주변이 농림지역으로 둘러싸인 곳, 인적이 없는 외진 곳은 농지전용 허가를 받기 어렵다.

물론 신고만으로도 농지전용이 가능한 경우도 있다. 농업진흥지역 밖에 설치하는 농업인주택 세대당 660㎡ 이하의 건축과 농업인 세대당 1,500㎡ 이하의 농업용 시설의 설치가 그것이다. 하지만 농업인주택의 건축은 소유주가 무주택자일 경우에 한한다. 다시 말해, 도시민이 시골 농지에 집을 지으려면 반드시 농지전용 허가를 받아야 하고, 도시 밖 지역에 거주하는 집 없는 농업인이 농지에 집을 지으려면 농지전용 신고만 하면 된다. 이 경우 농지전용부담금이 면제된다.

농지전용은 사실상의 농지 기능의 상실을 의미하기 때문에, 관할 행정관청의 엄격한 전용심사를 받는다. 이는 뒤집어 말한다면, **농지전용 허가를 받아 전원주택이나 펜션 등을 지을 경우 많은 수익을 올릴 수** 있다는 뜻과도 통한다. 특히 **더 이상 농지로서의 기능을 상실한 대도시 인근 한계농지에 주목할** 필요가 있다. 한계농지의 경우 농지전용허가 관련 규제가 완화되면서, 도시민이 농지를 구입하여 전원주택을 짓는 등으로 농지전용은 보다 활발해질 것으로 보인다.

농지전용허가 철차는

농지 전용허가를 신청할 때는 토지소유자(지주)로부터 토지사용승낙서와 인감증명서 등을 받고 여기에 가설계도 등을 첨부한 서류 일체를 해당 읍·면사무소에 제출해야 한다. 해당 읍·면사무소의 농지관리위원회는 제출받은 신청서류를 확인한 후 이를 관할 시장·군수에게 송부한다. 일반적으로 농지관리위원회의 위원장은 해당 읍·면장이 되고 마을 이장이 위원이 된다.

관할지역 시장·군수는 농지관리위원장으로부터 받은 서류 가운데 농지전용신고서를 살펴 전용허가 여부를 결정한다. 농지전용 허가권자가 시·도지사인 경우에는 심사의견서 등을 첨부하여 15일 이내에 시·도지사에게 송부한다. 시·도지사는 이를 받은 날로부터 10일 이내에 종합심사의견서를 작성하여 허가여부를 결정한다. 농지전용의 최종 허가권자는 농림축산식품부장관이지만, 실제 그 권한의 일부는 시·도지사나 시·군·구청장에게 위임되어 있다.

전용허가를 받은 이후라도 곧바로 대지로 바뀌는 것은 아니다. 2년 이내에 계획대로 건물을 신축하여 준공검사를 신청하지 않거나, 1년 이상 공사가 중단된 경우에는 전용허가가 취소된다. 소유권이전등기 역시 그렇다. 건물을 신축하여 준공검사를 받아야만 대지로 지목 변경할 수 있고 또 소유권이전등기도 가능하다. 따라서 토지 거래에서 매매 잔금을 치러 실질적인 토지소유권을 갖고 있더라도 건물이 신축된 이후에나 소유권 이전등기가 가능하므로, 실질적으로 소유권이 이전되기까지에는 적어도 1년 이상의 시간이 걸린다는 점을 반드시 염두에 두고 있어야 한다.

전용허가를 받은 후 **건물을 짓지 않은 상태에서 소유권 이전등기를 하려면 농지취득증명을 받아야** 한다. 전용허가를 받았더라도 지목은 여전히 농지이기 때문이다. 이 경우 전용허가를 받은 사람은 이미 그 토지의 이용·개발 목적이 뚜렷하므로 농지취득자격증명을 받는 것은 비교적 쉽지만, 이 역시 복잡한 절차를 거친다.

농지전용허가 시 관할청은 농지전용허가대장에 이를 기재하고 농지전용허가증을 교부한다. 이때 농지보전부담금의 납입을 조건으로 허가한 경우에는 농지보전부담금의 납입을 확인한 후 이를 교부한다. 농지전용부담금은 농지를 전용하고자 하는 사람에게 식량자급 기반유지 및 우량농지 보전에 소요되는 비용을 부담토록 한 것이다. 납입의무자는 농지전용허가를 받은 사람과 농지전용협의신청서류에 기재된 사업시행자 등이다.

공시지가의 30%에 해당하는 농지전용부담금이 부과된다

2006년 농지법 시행령 개정에 따라 땅값과 무관하게 일률적으로 물리던 대체농지조성비가 **공시지가를 기준으로 하는 농지보전부담금으로** 바뀌었다. 그에 따라 땅값이 비싼 수도권은 농지전용비 부담이 커진 반면, 땅값이 싼 지방은 비용부담이 줄어들게 되었다. 따라서 지방의 농지를 대지로 전용해 전원주택이나 주말용 주택을 짓는 실수요자에게 보다 유리하다.

농지전용부담금은 **전용면적 대비 공시지가의 30%이며,** ㎡당 한도금액은 5만 원이다. 예를 들어 공시지가가 ㎡당 10만 원이라면 여기에 30%를 적용하여 ㎡당 부담금은 3만 원이 된다. 만약 공시지가가 ㎡당 20만 원이라면 여기에 30%를 적용할 경우 6만 원이 되지만, 한도금액이 5만 원이기 때문에 부담금은 ㎡당 5만 원이 된다. 이 경우 농업진흥구역 여부와 관계없이 농업용주택을 짓거나 농업용 시설을 설치할 경우에는 농지전용부담금이 100% 감면된다. 만일 허가권자가 농지전용신청자가 신청한 면적을 줄여 허가를 내 줄 경우에는 그 줄어든 면적만큼 농지보전부담금은 환급되며, 농지전용허가의 취소나 원상복귀를 명할 경우 농지의 회복여부를 확인한 후 이를 환급한다.

농지전용은 원칙적으로 땅주인만 신청할 수 있다. 소유권을 이전한 해에는 전용허가가 나지 않으므로 그 해에 집을 지으려면 소유권을 이전할 때 토지 소유주의 인감을 첨부한 '토지사용승낙서'를 받아서 전용허가를 받는 것이 좋다. 토지사용승낙서는 땅의 사용권을 갖기에 소유권이전등기와 같은 효력을 지니기 때문이다.

만일 사전에 농지전용허가를 받지 않고 무단으로 농지를 훼손하여 집을 짓거나 지형을 변경하는 행위는 농지의 불법전용이라 하여 형사 처벌받게 되고, 또한 원상 복구 의무를 진다. 허가목적이나 허가조건을 위반한 경우, 농지보전금을 내지 않은 경우, 정당한 사유 없이 2년 이상 대지조성이나 시설물의 설치 등 농지전용 목적사업에 착수하지 않은 경우, 농지전용 목적사업에 착수한 뒤 1년 이상 공사를 중단한 경우에는 허가가 취소된다.

2006년 농지법 시행령 일부 개정으로 농지전용심사기준은 보다 명확하고 구체적으로 규정되었다. 이는 다음과 같다.

[농지전용심사기준: 농지법시행령 제38조]

- 법률상 전용이 가능한 농지인가
- 전용목적에 적합한 사업인가: 시설·규모 및 용도, 도로·상하수도 관계 등
- 전용가능면적의 적정성 여부: 건폐율 등 건축법 규정, 건축물의 기능·용도 및 배치계획
- 농지보전가치 여부: 경지정리·수리시설 등 농업기반정비사업 시행 여부, 농지집단화정도, 연쇄적 농지잠식 우려 여부, 인근 농지의 농업환경 저해 여부, 농지축의 절단·배수·유수 지장 여부
- 피해방지계획: 농지개방시설, 도로폐지·변경 시, 토사유출·폐수배출·악취소음 발생, 일조·통풍·통작지장, 용수와 취수로 인한 피해
- 사업계획의 실현가능성

도시개발사업, 추진 방식을 살펴라

법령에 의해 개발사업이 계획

도시계획은 장기계획인 도시기본계획(20년 단위로 수립)과 이를 집행하는 도시관리계획(5년), 광역도시계획(20년), 도시주거정비기본계획(10년)으로 구분된다. 도시계획사업은 도시계획시설사업(국토계획법), 도시개발사업(도시개발법), 정비사업(도정법)의 셋으로, 각각의 법령에 의해 개발사업이 계획되고 집행된다. 각각의 도시계획사업의 내용을 간략히 살피면 다음과 같다.

도시계획사업

[도시계획시설사업]

국토계획법상의 도시개발은 도시기본계획과 도시관리계획으로 구분되며, 도시계획시설사업은 도시관리계획으로 결정한다. 도시지역을 확산·개발할 경우, 20년 단위의 장기계획인 도시기본계획을 토대로 하고 있다. 그 실시계획인 도시관리계획을 통해 개발은 추진되고 집행된다. 이때 개발사업을 도시계획에서 수립했다고 하여 이를 도시계획시설사업이라 부르는 것이다.

해당 지자체(특·광·시·군)에서 주거·상업·공업·녹지지역 등을 도시계획선으로 구분하여 지정하면, 이후 토지 소유자들이 알아서 택지를 개발하거나 또는 LH토지주택공사에서 도시기본계획상에 수립된 내용에 근거하여 택지를 개발하게 된다. LH토지주택공사의 경우에는 택지개발촉진법에 의해 협의 매수 또는 강제 매수하는 방식, 이른바 **수용사용방식으로 택지를 개발하기** 때문에, 토지 소유자들의 강한 반발을 불러오고 집단 민원을 유발하는 경우가 많다.

[도시개발사업]

도시개발법에 의한 도시개발사업은 광역도시계획 또는 도시기본계획에 의거, 개발이 가능한 용도로 지정된 지역에 한하여 이를 도시개발구역으로 지정하여 개발하는 사업을 말한다.

이는 국토계획법에 의한 도시계획시설사업과는 달리 민간업자에게도 개발사업이 허용되며, 이 경우 도시개발구역으로 지정을 받으려면 해당 지역 내 토지가 반드시 도시기본계획이나 광역도시기본계획에 포함되어 있어야 한다. 그렇더라도 도시계획시설사업이 반드시 공공 개발사업으로 추진되고, 도시개발사업이 반드시 민간 개발사업으로 추진되는 것은 아니다.

[도시정비사업]

도시 및 주거환경정비법(도정법)에 의한 도시정비사업은 도시주거정비기본계획이 수립되어야 개발 가능하다. 신규택지의 개발보다는 기존의 개발된 시가화지역 내 건축물이 노후하거나 도시기반시설이 열악한 지역에서의 개발사업이 여기에 해당한다.

특별법에 의한 도시개발

택지개발촉진법에 의한 택지개발사업 실시계획을 승인받은 때에는 이를 도시관리계획에서 결정된 것으로 보고, 개발행위 허가를 받은 것으로 간주한다. 주택법에 의한 제1종 지구단위계획 또한 같다.

하지만 농촌지역은 도시지역과는 달리 도시개발계획이 없다. 용도지역 구분상의 도시지역에 해당하지 않기 때문이다. 때문에 농촌지역을 개발하려면 도시와 같이 주거·상업·공업 기능을 새로이 부여하는 개발계획을 수립해야 한다. 이것이 바로 제2종 지구단위계획이다. 즉 **농촌지역 내의 도시개발은 제2종 지구단위계획에 따라 제2종 지구단위계획구역으로 지정·개발하는** 것이다.

제2종 지구단위계획이란 기존의 비시가화구역(비도시지역인 농촌지역) 중에서 계획관리지역, 개발진흥지구를 체계적으로 개발 또는 관리하기 위하여 용도지역의 건축물 및 그 밖의 용도와 규모 등에 관한 제한 및 건폐율·용적률 등을 완화하여 수립하는 계획을 말한다. 농촌지역의 난개발 방지를 위하여 개별 개발 수요를 집단화하고, 기반시설을 충분히 공급·설치하여 해당 지역을 체계적으로 개발·관리하기 위해 도시관리계획으로 결정하는 것이다. 제2종 지구단위계획구역으로 지정되기 위해서는 **먼저 계획관리지역 또는 개발진흥지구로 지정되어야** 한다. 그 이유는 이렇다.

주거·상업·공업지역 등의 용도지역은 도시지역에만 지정된다. 토지인 '용도지역'에 기능을 부여할 수는 없으므로, 건물인 '용도지구'에 주거기능, 상업기능, 공업기능을 부여한 것이 바로 개발진흥지구다. 즉, 주거개발진흥지구(주거지역), 산업개발진흥지구(공업지역), 유통개발진흥지구(상업지역)로 지정하여 비도시지역인 농촌지역에서도 도시와 같이 주거, 상업, 공업 기능을 부여하고 있는 것이다.

계획관리지역 안에 지정된 개발진흥지구와 계획관리지역, 생산관리지역 및 농림지역 안에 지정된 산업개발진흥지구, 유통개발진흥지구, 복합개발진흥지구(주거기능 해당 없음), 그리고 비도시지역에 지정된 관광휴양개발진흥지구 등이 이에 해당한다.

택지개발지구로 지정된 주변지역을 노려라

택지개발지구로 지정되면 해당 지역 땅은 국가에서 수용·매입하게 되고, 이 땅을 다시 LH토지주택공사나 건설사에서 사들여 개발하게 된다. 그 과정에서 주거용 단독필지나 상업용지를 개인에게 분양하기도 한다. 이는 LH토지주택공사, 각 지자체 홈페이지 등을 통해 직접 확인할 수 있다.

택지개발지구 내의 주거·상업용지가 좋은 점은 **도시기반시설이 잘 갖춰졌기** 때문이다. 인기가 높은 만큼 경쟁률도 치열하다. LH토지주택공사 등 공기업이 해당 용지를 공급하기 때문에 그만큼 투자 위험도 낮고 또 공급가도 시세보다 낮다. 단독주택지는 공급가격을 미리 공고하고 추첨을 통해 분양한다. 특히 인기가 높은 상업용지나 근린시설용지는 경쟁 입찰 방식으로 분양한다.

택지지구로 지정되면 지역 내의 땅은 수용되는데, 이때 **주변지역 땅을 잘 고르면 뜻밖의 대박을 칠 수** 있다. 택지개발지구는 도시기반시설이 잘되어 있어 도시개발이 완료된 이후에도 주변으로 계속해서 도시가 확대되고, 그 과정에서 주변지역으로 계속 개발이 확산되기 때문이다. 따라서 택지지구를 반경으로 새로이 도로가 나는 곳을 잘 살펴 그 도로가 연장되는 동선을 중심으로 토지를 선별 투자한다면, 높은 투자수익을 올릴 수 있다.

도시개발사업을 살피는 방법

도시개발사업은 도시기본계획의 실행계획인 '도시관리계획'의 하위 계획으로 추진되는 사업이다. 따라서 어떤 지역 내에 도시개발사업이 예정되어 있다면 다음 순서로 이를 살피면 된다.

①해당 지자체의 도시기본계획 상에 반영된 사업인가?
  만약 그렇다면, 사업 규모나 위치 등을 개략적으로 파악할 수 있다.
②해당 지자체의 도시관리계획에 포함되어 확정·고시되었는가?
  만약 그렇다면, 용도구역 등이 이미 확정된 상태이다. 이 무렵을 전후로 땅값은 가장 크게 오른다.
③그 지역이 수용되는지, 아니면 환지방식인지를 언제쯤, 무엇을 보고 알 수 있는가?

일반적으로 수용사용방식은 해당 지역 땅값 급등을 우려해 먼저 지정해 놓고 이후 개발하는 것이 일반적이다. 따라서 신도시 등 대규모 택지개발사업은 100% 수용사용방식으로 추진된다고 봐도 무방하다. 지역적으로는 수도권 과밀억제권역, 성장관리권역 내의 개발사업이 이에 해당한다(그만큼 땅값 상승폭이 크기 때문에). 그리고 해당 지자체 등이 직접 시행사(예를 들어, 인천 도시개발공사)를 만들어 사업을 추진하는 경우가 대부분이다.

이때 중요한 것은, 해당 지자체에서 대상 부지를 도시기본계획을 수립할 때 **'시가화예정용지'로 먼저 지정해 두거나**(예를 들어, 양주 옥정 신도시의 경우), 시가화예정용지로 단계적으로 지정한다는 사실이다(해당 지역 역시, 개략적으로는 도시기본계획에 다 나와 있다).

시가화예정용지는 도시개발사업에 의해 곧 도시지역으로 바뀐다는 의미와도 같다(시가화예정용지가 돈 되는 땅이라는 이유가 여기 있다). 따라서 해당 지역이 도시기본계획상에 시가화예정용지로 편입되었다면, 그 지역은 민간 사업자 주도의 혼합개발 방식으로 추진된다고 봐도 무방하다. 해당 지역 토지는 이후 도시관리계획이 확정·고시되면서 시가화용지로 바뀌고, 개발이 진행되면서 주거지역, 상업지역 등으로 용도지역이 변경된다.

이 경우, 민간 사업자는 일부 지역(이를테면 향후 개발과 함께 주거지역으로 편입될 곳)은 자비로 매입하여 개발하고, 일부 지역은(이를테면 상업지역으로 편입될 지역)은 환지방식 등으로 개발에 착수하려 드는 것이 일반적이다. 따라서 **해당 지역 내 토지를 민간 사업자보다 먼저 매입하거나, 또는 그 인근 지역의 유망 토지를 매입한다면**, 높은 투자수익을 올릴 수 있다.

도시개발사업 추진지역 내의 토지 지분 투자를 적극 고려하자

도시개발 사업구역 내의 땅 투자가 돈을 부른다

도시개발사업은 도시개발 구역에서 주거, 상업, 산업, 유통, 정보통신, 문화, 생태, 보건 및 복지 등의 기능 있는 단지 또는 시가지를 조성하기 위하여 시행하는 사업을 말한다. 도시개발사업은 도시개발과 도시환경 조성을 목적으로 하며, 도시개발 구역을 지정을 할 경우에는 개발계획을 동시에 수립해야 한다.

도시개발사업에서 중요한 것은 사업주체와 사업방식이다. 사업주체가 민간일 경우, 사업 속도는 더디고, 불안정하며, 환지율도 낮은 편이다. 그에 비해 사업주체가 정부 및 지자체와 같은 공공기관일 경우, 사업 속도가 빠르고 안정적으로 진행되며, 환지율도 높다. 따라서 개발 호재지역 내의 땅이나 인근 지역 땅 투자를 고려하되, **사업주체가 공공기관인데다가 환지방식으로 개발사업이 추진되는 지역, 특히 역세권 도시개발사업 추진지역**을 눈여겨볼 필요가 있다.

[도시개발사업이란]

■ 과거 도시계획사업부분과 토지구획사업을 통합·보완하여 도시개발에 민간부문의 참여를 활성화함으로써 다양한 형태의 도시개발을 가능하도록 한 제도

→택지개발사업을 국가나 공공기관(LH공사)에서 개발하면 공영개발, 민간사업자가 개발하면 도시개발사업

■ 근거법령: 도시개발법

■ 지정권자: 시·도지사

■ 시행자: 민간조합, 민간법인, 민관합동법인 등

■ 사업방식: 수용사용방식(공영개발방식), 환지방식(구획정리방식), 혼용방식(수용+환지)

→예를 들어, 2017년 구역지정 및 개발계획이 고시된 '평택 가곡지구 도시개발사업'의 경우, 사업주체는 공공기관인 평택시이고, 사업방식은 환지방식으로 추진 중에 있다.

[도시개발 사업방식 중 환지방식]

대지 및 공공시설의 효용증진을 위하여 토지의 교환·분할·기타의 구획변경, 지목·형질변경이나 공공시설의 설치·변경이 필요한 경우 및 도시개발사업을 시행하는 지역의 지가가 인근의 다른 지역에 비하여 현저히 높아 수용사용방식으로 시행하기 어려운 경우에 시행하는 방식. 한마디로 토지를 먼저 개발사업 부지로 조성하고 나서, 그 조성된 땅을 토지소유자에게 제공하는 방식이다.

→환지방식으로 도시개발사업의 개발 계획을 수립하면 크게 두 가지 조건이 있다. 적용되는 지역의 토지면적 3분의 2 이상 해당하는 토지 소

유지와 지역 토지소유자 총수의 2분의 1 이상의 동의가 필요하다.

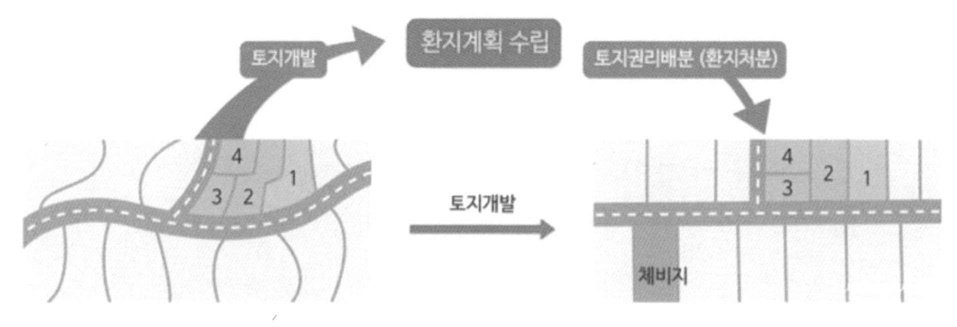

☞출처: 서울시 도시계획국

토지 지분투자를 적극 고려하라

도시개발사업에서 택지개발지구로 지정되면 지역 내의 땅은 수용되는데, 이때 **개발지역은 물론이고 주변지역 땅을 잘 고르면** 의외의 대박을 칠 수 있다. 왜냐하면 택지개발지구는 도시기반시설이 잘 되어 있어 도시개발이 완료된 이후에도 주변으로 계속해서 도시가 확장하고, 그 과정에서 주변지역의 개발이 불가피하기 때문이다. 따라서 도로가 새로 나고 신설역이 들어서는 곳을 잘 살펴 그 도로와 역사가 연장되는 동선을 중심으로 투자처를 선별한다면 많은 투자수익을 올릴 수 있다.

이때, **토지지분투자를 적극 고려할** 필요가 있다. 토지지분투자란 말 그대로 여럿의 투자자들이 한 필지의 지분을 나누어 투자하는 방식으로, 공유지분투자라고도 한다. 토지지분투자는 단필지를 혼자 투자하기에는 경제적으로 부담스러운 경우에 소액투자로 부담 갖지 않고 접근할 수 있는 유용한 부동산 투자방법이다.

혹자는 토지지분투자는 한 필지에 대한 지분투자자가 많은 탓에 개발 및 매각에 따른 어려움을 이유로 거부감부터 앞세우지만, 반드시 그렇지만은 않다. 역세권 투자처럼 대규모 개발사업이 이루어지는 지역 내의 토지 투자의 경우에는 토지지분투자가 오히려 더 유리할 수도 있다.

토지지분투자는 합유등기와 공유지분등기의 두 방법으로 등기를 행하는데, 이때 역세권 개발사업 내의 토지투자의 경우에는 공유지분등기를 하는 것이 일반적이다. 합유등기의 경우, 토지를 다시 시장에 내놓고 매각하기 위해서는 등기한 모든 토지소유자들 모두의 동의가 필요하다. 따라서 매각 과정에서 여러 문제가 발생할 수 있고, 각자의 이해가 다를 경우 매각은 지체될 수 있다.

하지만 공유지분등기의 경우에는 그렇지 않다. 합유등기가 모두의 의견을 합하여 하나의 필지를 운용하는 경우라면, **공유지분등기는 공동의 소유지 중 나의 지분만 내가 원하는 시점에 언제든지 처분할 수 있으며,** 타 공동소유자들의 동의 또한 필요치 않다. 게다가 역세권 개발은 비록 그 지역 내에 많은 토지소유주들이 존재하지만, 환지방식으로 추진되는 탓에 일반 토지와는 다르게 과반수의 동의만 있으면 사업은 무리 없이 진행된다. 경우에 따라서는 오히려 합의에 이르는 과정이 더 빠를 수 있다. 이런 이유로, 도시개발사업을 거치면서 토지가격이 크게 상승하는 역세권 개발지역에 대한 소액 투자를 적극 검토할 필요가 있다.

새롭게 뜨고 있는 농가주택, 전원주택, 주말농장

베이비붐 은퇴 시대의 새로운 주거 트랜드

농지법이 개정되면서 도시민이 소지할 수 있는 농지 면적 제한이 없어졌다. 최근 부재지주에 적용되는 비업무용 토지 양도세 중과규정 제도는 부활되었지만, 1가구 다주택자에 적용되던 양도세 중과규정은 종전 그대로다. 많은 세제 변화에도 불구하고 최근의 주거 트랜드 변화에 따라 농가주택이나 전원주택, 주말농장을 구입하려는 투자자는 여전히 늘고 있는 추세이다. 각각의 내용을 설명하면 다음과 같다.

농가주택

농지법에서 말하는 농가주택(농어촌주택)이 되려면 다음 조건을 갖춰야 한다. 우선 농민이 영농을 목적으로 거주하는 주택이어야 한다. 즉, '농업인'이 소유한 행정구역상 읍·면 지역에 위치한 주택으로, 대지면적 660㎡(약 200평), 건축면적 150㎡(45평)을 넘겨서는 안 된다. 면적요건을 충족하더라도 행정구역상 광역시나 시 지역에 위치한다면 일반주택이 되어 1가구 2주택에 해당하여 매도 시 양도세가 부과된다. 읍·면 지역에 위치했더라도 해당 지역이 토지거래허가구역·토지투기지역·관광단지개발지역으로 지정된 경우 역시 농가주택에서 제외되어 1가구 2주택에 해당된다. 물론 면적요건을 충족하지 못한 경우에도 농가주택에서 제외되어 1가구 2주택에 해당된다.

이러한 기준은 용도지역과는 관계없다. 즉, **용도지역상 도시지역에 속하더라도 행정구역상 읍·면 단위 지역에 위치할 경우 농가주택이 될 수** 있다. 반대로 용도지역상 농림지역이라도 행정구역상 시에 속한 경우 농가주택이 될 수 없다.

농가주택을 지으려면 이상의 요건을 갖춘 후에 농지전용허가를 받아야 한다. 하지만 농업진흥지역(절대농지)밖에 농가주택을 지을 경우에는 전용허가 없이 농지전용신고만으로 가능하다.

도시민이 농가주택을 구입할 경우 얻는 혜택에는 어떤 것이 있을까? 무엇보다 세금혜택이 크다. 1세대 1주택자가 농가주택을 취득하여 2주택이 된 경우에 기존주택 양도 시 1주택 양도로 간주되어 비과세 혜택을 받게 된다. 따라서 양도세 부담이 없으며, 취득세, 종합토지세 등의 지방세도 면제된다. (단, 2003년 1월 1일부터 2017년 12월 31일까지 취득한 주택으로 3년 이상 보유하고 취득가액 2억 원 이하인 주택에 한한다.) 또 농지나 임야를 전용할 때는 농지(산지)보전부담금(대체농지조성비와 대체조림비)가 면제된다.

농가주택은 토지와 주택을 함께 매입할 수 있는 이점도 있다. 이 경우 기존 농가주택을 허물고 새로 짓는 것도 좋지만, 이를 잘 개조해 주말주택 등으로 이용하다가 되팔거나, 이후 확신이 선 경우에 신축해도 늦지 않아 그만큼 경제적이다.

농가주택 투자에 성공하려면 입지 선정이 무엇보다 중요하다. 농가주택은 규모가 대부분이 작기 때문에 나중에 다른 용도로 바꾸기가 쉽지 않기 때문이다. 자칫 잘못 투자했다가는 그만큼 자금회수가 어려우므로 신중을 기해야 한다.

또 하나, 농촌이라는 점도 감안해야 한다. 특히 동네 한가운데 있는 농가주택을 구입하여 개조하거나 신축하려고 할 때 동네 주민들의 민원을 받지 않아, 이후의 생활에 어려움이 없도록 유의해야 한다.

전원주택

최근 교통여건이 크게 개선되고 주5일근무가 정착되면서 전원주택 수요가 크게 늘고 있다. 지역적으로는 도심에서 자동차로 1시간 이내에 갈 수 있는 지역이 적당하다. 이는 지리적 거리가 아닌, 시간적 거리를 일컫는데, **그만큼 도로조건이 중요하다는** 것을 의미한다.

경치가 뛰어나고 개발 호재가 있는 입지라면 더욱 좋다. 어차피 부동산이라는 것이 투자가치를 외면하기는 어렵기 때문이다. 아무리 직접 살 전원주택을 짓는다고 해도 향후 땅값이 오를 지역을 고르는 것이 옳지 않은가? 그런 면에서 공시지가가 비교적 싸면서도 수도권과의 접근성이 좋은 양평, 여주, 가평 등의 경기도 일원과 수도권과 가까운 강원도, 충청도 인근의 농지가 유망하다.

이미 대지로 조성된 곳이 아닌, 직접 땅을 사서 전원주택을 지을 경우에는 다음 사항에 주의해야 한다. 일단 허가가 가능한지 따져 본다. 특히 산지의 경우에는 토지이용계획확인서뿐만 아니라, 산지 이용구분도 등을 반드시 확인하고 해당 지자체에 개발 가능 여부를 일일이 확인한 후 구입해야 한다.

이와 함께 **가급적 4차선 도로가 지나가는 지역 인근을** 고른다. 도로에서 너무 멀면 출퇴근이 불편할 뿐 아니라 땅값 상승 가능성도 떨어진다. 도로, 전기, 수도 등 집을 지을 때 수반되는 비용도 정확하게 따져봐야 한다. 도로는 본인이 직접 내야하고, 전기는 전신주까지의 직선거리 200m까지는 추가 비용 없이 인입이 가능하지만 초과할 경우 m당 5만 원 내외의 시설비용을 부담해야 한다. 만일 기존 설치된 전신주에서 1km 떨어진 곳이라면 약 수천만 원의 추가비용이 든다. 이는 결코 적은 돈이 아니다.

전화의 경우에는 이미 설치되어 있는 통신주에서 80m(통신주 1개당 40m)까지는 무료이지만, 80m를 초과할 경우에는 초과 후 200m까지는 통신주 1개당 약 10만 원의 비용이 발생하며, 200m 이후에는 통신주 1개당 약 40~50만 원의 비용이 발생한다. 또 상수도가 공급되지 않을 경우 지하수를 파야 하는데, 만일 지하수가 나오지 않는 땅이라면 그만큼 땅의 가치는 떨어진다.

전원주택을 매입할 때 추가적으로 알고 있어야 할 것이 있다. 그동안 폐지됐던 양도세 중과 규정이 2018년 4월 1일부터 부활됨에 따라, 전원주택 또한 다주택의 적용을 받는다. 특히 경기도 성남, 하남, 고양, 광명, 남양주, 동탄2는 다주택자 조정대상 지역으로 주택 양도 시 기본세율 6~42%에 더해 2주택자는 10%p, 3주택자 이상은 20%p가 중과된다. 이 점을 꼭 알고 투자를 고려해야 한다.

주말농장

최근 각 지자체에서 도시민들의 주말농장 소유를 권장하고 있어 최적의 농지투자로 각광받고 있다. 주말체험 영농목적을 농지를 취득하는 경우에는 논·밭·과수원 모두 어디든지 취득 가능하며, 논을 밭으로 전환하는 것도 가능하다. 따라서 농지를 그냥 놀리기보다는 주말농장으로 활용하여 전원생활을 즐기는 것도 바람직한 투자법의 하나이다.

주말체험영농을 위한 1,000㎡(약 300평) 미만의 농지취득은 '농업인' 자격

요건을 갖추지 않아도 되기 때문에 외지인인 도시민이 손쉽게 취득가능하다. 그렇더라도 농지취득자격증명은 갖추어야 하며, 도시 면적 계산은 세대원 전부가 가지고 있는 땅을 기준으로 한다. 또 주말농장에 짓는 33㎡(10평) 이하의 소형주택에 대해 농지보전부담금(예전 대체농지조성비로 공시지가의 30% 부담)을 50% 감면한다. 바닥 면적이 33㎡(10평)이면 수도권(또는 광역시) 이외 지역에서는 1가구 2주택 산정 대상에서 제외된다.

이때, 소형주택으로 완성형 목조주택을 짓는다면, 많은 혜택을 볼 수 있다. 목조주택(미니 전원주택)은 상대적으로 중대형에 비해 건축 규제가 덜하다는 장점도 있다. 바닥면적 20㎡(6평) 미만의 농막형인 경우 별도의 인허가 없이 가설물 설치신고만 하면 그린벨트를 제외한 농지면 어디든지 설치가 가능하다.

주말농장을 구입할 때 집에서 당일로 다녀 올 수 있는 거리 내에 있는 지역을 선택하고, 가급적이면 원주민이 많이 거주해 농사에 관한 궁금증을 물어 볼 수 있는 곳이 좋다. 지역에 따라 도시민들이 땅을 전부 매입해 주민이 없는 곳도 있기 때문이다. 아울러 **진입도로가 나 있는지, 전기를 끌어오기 손쉬운지 여부도 살펴봐야** 한다. 영농 법인을 통해 주말농장을 구입하고, 농업 전문가로부터 지도를 받는 것도 한 방법이다.

도시민의 농지투자①

농지 취득요건과 취득한도

도시민이 농지를 취득하려면

농지는 미래를 내다보고 투자하는 상품이다. 그만큼 미래가치가 높다. 다른 부동산에 비해 환금성은 떨어지지만 어느 상품보다 투자수익률이 높기 때문이다.

하지만 농지는 일반 투자자가 접근하기 쉽지 않은 투자 상품이다. 그만큼 까다롭다. 따라서 충분한 정보를 가지고 투자에 임해야 한다. 농지정책 변화에 대한 지속적인 관심과 열정으로 미래가치에 대한 불확실성을 제거할 때라야만 다른 여타의 투자 상품보다 고수익을 올릴 수 있다.

최근 일련의 농지법 개정으로 농사를 짓지 않는 도시민도 사실상 무제한으로 농지 취득이 가능해 졌다. 2002년부터 슬금슬금 풀기 시작한 농지소유 규제가 확 풀린 것이다. 하지만 도시민이 농지를 취득하려면 '경자유전의 원칙'에 따라 먼저 농업인 자격을 갖추어야 한다.

농업인 자격은 의외로 간단하다. 1,000㎡(약 300평) 이상의 농지를 갖고 연간 90일 이상 농사를 지으면 된다. 또 축산업이나 비닐하우스, 버섯재배사 등으로 영농하려면 330㎡(100평) 이상이면 가능하다.

농지소유에 대한 규제가 완화되었다 하더라도 농지를 살 때는 **영농계획서를 내고 농지취득자격증명을 발급받아야** 한다. 농지취득자격증명을 받지 못하면 농업인이 아니므로 설령 농지를 샀더라도 소유권 이전등기를 할 수 없다. 이는 법원 경매를 통해 농지를 경락받는 경우에도 동일하다.

농지취득자격증명은 해당 농지 소재지 읍면사무소에 가서 신청하면 되는데, 이때 농업경영계획서를 첨부해야 한다. 하지만 이 절차가 형식적인 측면인 것을 감안할 때 실제 도시민의 농지소유는 크게 자유로워질 것으로 보인다.

도시민이 농지를 취득하려면 먼저 농업인이 되거나 또는 농지 법인에 조합원으로 가입되어야 한다. 자격요건은 다음과 같다.

[농업인과 농업법인의 자격]

■ 농업인

-1,000㎡(약 300평) 이상의 농지에서 농작물(다년생식물)을 경작하는 자

-1년 중 90일 이상 농업에 종사하는 자

-330㎡(100평)이상의 온실, 버섯재배사, 비닐하우스 등을 설치하여 농작물을 재배하는 자

-농산물 매출이 연 100만 원 이상인 자

■ 농업법인

-영농조합법인: 농업인 5인 이상 출자하여 직접 영농

-농업회사 법인: 농산물의 유통, 가공, 농기계 임대 등

2006년부터는 연간 90일 이상 농사짓지 않더라도 **한국농촌공사가 운영하는 '농지은행'에 농지를 위탁해 농민에 5년 이상 임대를 주면** 소유 상한

(1ha) 제한 없이 농지를 살 수 있다. 단, 도시지역이나 계획관리지역, 개발예정지 농지는 위탁할 수 없다. 농업진흥지역 안의 1,000㎡(약 300평)이나 농업진흥지역 밖의 1,500㎡ 미만인 농지도 위탁이 불가능하다.

도시민이 농업인이 되어 실제 농지를 취득하는데 별 어려움이 없더라도 토지거래허가구역 내에 있는 농지는 그 취득이 쉽지 않다. 통상 **토지거래허가구역 내에서 계약 허가를 받으면 농지취득자격증명을 받은 것으로** 간주되기도 한다. 그만큼 토지거래허가구역 내에 있는 농지 취득이 어렵다는 뜻이다. 토지거래허가구역에서 허가기준 면적 이하의 농지를 취득하면 토지거래허가는 받지 않아도 되지만, 농지취득자격증명은 발급받아야 한다.

농지의 취득한도와 농지취득 자격증명

우선 도시민이 주말·체험농장용으로 1,000㎡(약 300평) 미만의 농지를 자유롭게 살 수 있다. 이 경우 농지취득자격증명을 받아야 하지만 농업경영계획서는 작성하지 않아도 된다. 그렇더라도 일정 기간 직접 농사를 지어야 한다.

농어촌정비법상의 '한계농지개발사업'에 따라 한국농촌공사가 개발한 **1,500㎡ 미만의 한계농지(농업진흥지역 밖의 농지 중 경사도가 15° 이상으로 사실상의 영농이 불가능한 농지) 역시 도시민의 취득이** 가능하다. 단, 농지취득자격증명이 필요하다.

농지취득자격증명을 받지 않고 살 수 있는 농지도 있다. **8년 이상 농사를 짓다 도시로 이농하면서 계속 갖고 있는 농지, 국가로부터 취득하는 농지, 상속농지** 등이 그것이다. 상속과 이농으로 취득 가능한 농지 면적은 1만㎡(약 3,000평) 이내로, 초과할 경우 처분해야 한다. 하지만 농지은행에 임대하면 제한 없이 소유 가능하다.

[농지 취득한도 및 농지취득자격 증명 유무]

구분	취득 한도	농지 취득 자격 증명	비고
농업인	제한 없음	×	
주말농장	1,000㎡	○	농업경영계획서 필요 없음
상속	10,000㎡	×	농지은행에서 임대 시 3만㎡
이농	10,000㎡	×	농지은행에서 임대하면 제한 없음
한계농지	1,500㎡	○	
농지전용허가	제한 없음	○	농업경영계획서 필요 없음
담보농지	없음	×	

도시민의 농지투자②

투자 유망 농지와 구입 시의 유의점

투자 유망 농지는 이것

■ 지역특구 지정 예정지

농지개혁(안)이 전면 시행되기 시작한 2006년부터 농지전용 허가 권한이 지자체로 대폭 이양됐다. 특히 지역특구로 지정된 지역은 농지의 소유와 이용이 전면 자유화됐다. 그 결과, 지역 내의 땅값은 이미 오를 때로 올랐다. 따라서 이들 지역에 대한 투자는 신중해야 하는데, 그 대안으로 **추가로 지역특구로 지정될 곳이 어딘가를 알아내어** 이를 선점하는 것이 더 낫다.

■ 그린벨트 해제지역 농지

도시 주변 그린벨트 해제지역 농지 또한 유망한 투자처다. 특히 **취락지구로 지정될 가능성이 높은 곳이나 지구단위계획 수립이 진행 중인** 농지가 투자가치와 환금성이 좋다. 하지만 그린벨트 지역은 토지거래허가구역이어서, 구입자가 해당지역으로부터 20㎞ 이내에 거주해야 하며, 실제 주민등록상에 기재되어 살고 있어야 한다.

또 해제지역이 3만 평(10만㎡) 이상이면 지구단위계획에 의한 개발용지로 수용될 가능성이 있으므로 대규모로 해제되는 지역은 피하는 것이 좋다. 아울러 그린벨트 지역 내 농지는 그만큼 가격이 비싸고 건축규세가 많기 때문에 신중에 신중을 기해야 한다.

■ 개발예정지 인근 농업진흥구역 내 절대농지

아직 경지정리가 완료되지 않은 개발예정지 인근 절대농지 역시 좋은 투자처다. 특히 도시 근교의 경지 정리가 되지 않은 농업진흥구역 농지는 상대적으로 저평가된 경우가 많으므로, 장기투자용으로 구입할 경우 높은 수익을 기대할 수 있다. 신설되는 역세권 주변 농지, 고속철 역사 주변지역, 개통예정인 도로 주변 농지 및 도시계획에 의한 신도시 예정지 인근 농지 등이 특히 유망하다.

■ 한계농지

농업진흥구역 밖에 위치한 한계농지 역시 좋은 투자처다. 주5일 근무와 함께 늘고 있는 펜션이나 전원주택단지, 주말농장 등의 조성이 한계농지정비사업으로 시행 가능해졌기 때문에 그만큼 수요가 늘어날 것으로 기대된다. 특히 최근 일련의 규제완화 조치로 골프장 설립요건이 완화됨에 따라 한계농지에 대한 투자자의 관심은 계속 높아지고 있다.

한계농지는 농지보전부담금 등이 감면되고 농지전용허가, 건축허가 등을 일괄 처리할 수 있는 이점이 있다. 그밖에 저수지나 댐 주변에 있는 농업구역 안의 농지 또한 경치가 빼어나 투자자로부터 인기가 높다. 주로 전원주택, 주말농원 등의 용도로 이용 가능하다.

농지 투자 시 고려할 점은

■ 건축행위 등을 미리 파악한다

농지는 용도지역에 따라 지을 수 있는 건물이 다르다. 따라서 사전에 이를 잘 알고 있어야 한다. 일반적으로 관리지역 중 **계획관리지역 안에 있는 농지가** 주택, 근생시설, 공장, 창고, 음식점 등을 지을 수 있는 폭이 넓기 때문에 그만큼 선호된다.

또한 농지는 건물의 종류에 따라 전용할 수 있는 면적이 제한되어 있다.

단독주택이나 1·2종 근생시설 건물을 지으려면 1,000㎡(303평) 밖에 전용하지 못한다. 때문에 음식점처럼 넓은 주차장을 필요로 하는 건물을 지으려는 경우에는 303평으로는 자칫 부족할 수 있다. 농지 구입 시에는 용도지역별 건축행위 등을 미리 파악한 후 구입해야 리스크를 줄일 수 있다.

■ 구입 목적을 명확히 한다

농지는 환금성이 낮아 그만큼 사고팔기가 쉽지 않다. 전원주택을 짓는 등의 뚜렷한 목적이 아닌 경우라면 **장기적인 안목으로 투자하는** 것이 바람직하다. 무엇보다 투자금액이 큰 데다가 환금성도 떨어지기 때문에 여유를 갖고 투자할 필요가 있다.

■ 세금 문제를 고려한다

토지거래는 **공시지가(토지투기지역 제외)로 세금이 산정되므로** 절세 측면에서 그만큼 유리하다. 특히 토지로 상속이나 증여를 할 경우에는 공시지가로 세금이 부과되므로 현금으로 상속·증여하는 것보다 세금을 낮출 수 있다. 농지의 또 다른 이점의 하나는 양도소득세 감면 혜택을 받을 수 있다는 점이다. 여기에는 **공익사업 감면, 8년 자경농지 감면, 3년 대토감면** 3가지가 있다.

하지만 도시지역 안에 있는 농지는 '재촌'이나 '자경'을 하더라도 재산세 종합과세 합산대상이 되므로 주의할 필요가 있다. 이를 피해 투자 가치가 높은 도시지역 밖의 녹지지역이나 그린벨트 내의 농지에 눈을 돌리는 것도 효과적인 투자 방법이다.

■ 토지경계와 진입로를 직접 현장 확인한다

다른 토지에 비해 농지는 진입로가 없을 경우 건축허가를 받기가 무척 어렵다. 또 경지 정리가 되어있지 않은 농지의 경우에는 **지적도 상의 경계와 실제 경계가 일치하지 않은** 경우가 종종 있다. 특히 동네에서 오랫동안 공동으로 이용하고 있는 토지라면, 이 토지에 자칫 관습법상 지상권이 설정되어 있을 가능성도 있으니 특별한 주의를 요한다. 이런 유형의 토지일 경우에는 반드시 현장을 방문하여 확인하는 작업이 필요하다.

■ 계약 체결 시 대리권 유무 등을 확인한다

농지거래에서 토지 소유자가 고령자이거나 부재지주인 탓에, 자칫 대리인과 거래계약을 체결하는 상황이 발생한다. 이 경우 그 대리인이 정당한 권한을 갖고 계약을 하려 드는지를 반드시 확인해야 한다. 부득이 지주의 위임장이 첨부되는 경우에는 토지

소유자의 인감도장 날인여부를 반드시 확인하는 동시에 인감증명서를 첨부하는 등으로, 거래의 안정성을 확보한다.

역세권 땅 투자
:돈이 보인다

동은주 정원표 지음 | 신국판 | 284쪽 | 15,000원
ISBN | 978-89-6502-268-8 03320

미래 가치를 선점하고 투자자들의 수익을 올린다

역세권을 이해하고 부동산에 투자하는 사람과 그렇지 못한 사람 간의 투자 결과는 크게 차이가 난다. 그래서 "길이 곧 돈이다"라는 말이 있을 정도로 부동산에서 역세권은 아주 중요하다. 역세권은 상가와 유동 인구의 정도에 따라 범위가 다르지만, 상가나 주상복합건물이 끝나는 지점까지를 1차 역세권, 도시개발단지 전체를 2차 역세권으로 보면 된다. 어느 지역이든 적시에 투자한다면 기대 이상의 투자 수익을 올릴 수 있다. 역세권 땅 투자는 앞으로도 한 동안 투자자로부터의 관심을 끌 것이다. 땅값이 상대적으로 저렴하면서도 역세권 도시개발 사업으로 추진될 지역이다. 따라서 이 지역을 남들보다 먼저 선점하는 것이 투자의 지름길이 될 것이다. 모름지기 투자를 할 때에는 남들이 하는 대로 무작정 따라하려 들어서는 안 된다. 정확한 이유와 근거에 더해 소신을 갖고 남들보다 한발 빠르게 움직일 때 크게 성과를 볼 수 있다. 지금이 바로 그때다. 부동산 투자로 미래 가치를 선점하고, 이를 통해 높은 수익을 올리고자 하는 투자자들을 위해 쓴 책이다.

매수 타이밍이 무엇보다 중요

부동산 경기가 회복 조짐을 보이는 초기 단계, 다시 말해 부동산 불황기를 벗어나는 시점을 찾아 바닥끝까지 내려가기를 무작정 기다리다가 자칫 투자 시점을 놓쳐서는 안 된다. 이보다는 주식투자의 격언처럼 '무릎과 바닥 사이'의 어느 한 시점을 택해 투자를 고려하는 지혜가 필요하다. 땅 투자, 특히 개발재료를 보고 하는 투자는 경기의 순환 주기에 크게 영향을 받지 않는다는 점을 감안할 필요가 있다. 수익률을 기대하고 개발호재 지역에 투자하기에는 뭔가 아쉽지 않겠는가? 불과 5~6년 전만 하더라도 이곳 시세가 평당 40~50만 원 수준인 점을 감안하면 더욱 그러하다. 만약 이곳에 투자를 고려했다면, 개발계획 주민공청회가 열린 이후의 어느 한 시점을 적정 투자시점으로 잡아 투자했다면 어떠했을까? 땅 투자는 매수 타이밍이 그만큼 중요하다.

— 목차 —

땅의 가치를 높이는 지역과 투자 포인트

땅은 여러 조건에 따라 가치를 달리한다. 그렇더라도 용도지역이 상향 변경되거나, 개발이 이뤄지면서 입지적 여건이 크게 호전되는 경우에 땅값은 가장 크게 요동친다. 땅의 가치를 높여주는 구체적인 지역과 투자 포인트는 다음과 같다. 입지는 부동산 투자의 성패를 결정짓는 가장 중요한 요인이다. 부동산이라는 것은 결국 입지 싸움으로, 얼마나 좋은 지역에 위치하느냐에 따라 향후 부동산의 가치가 결정된다. 때문에 입지 분석은 철저하고 꼼꼼하게 이루어져야 한다. 그러면 유망한 입지란 어떤 곳일까 우선 앞으로의 개발 여지가 많아 투자 수요가 크게 늘어날 것으로 예상되는 지역이다. 이런 지역은 다른 지역보다 상대적으로 유리한 점이 많아 상승폭이 클 수밖에 없다. 전철역 주변이나 명문학교 인근, 학원 밀집 지역과의 접근성이 좋은 지역도 그만큼 투자에 유리하다. 반면, 쓰레기 소각장이나 납골당 등 유해시설은 부동산 가격을 떨어뜨리는 최대의 적이므로 이런 곳의 투자는 적극 피해야 한다.

집중투자와 분산투자
정보의 오답풀이

땅 투자는 어디까지나 장기투자의 관점에서 접근해야 한다. 토지 재화는 짧게는 3~5년, 길게는 7~10년 이상 묶어두어야 하는 장기투자 상품이다. 그만큼 오랜 기간에 걸쳐 개발이 추진되기 때문이며, 몇 차례의 단계를 밟아가며 땅값은 크게 오른다. 모든 땅값이 다 오르는 것은 아니다. 오를 곳만 오른다. 더군다나 크게 오르는 곳은 한정적이다. 즉, 개발호재가 있는 지역 내의 땅이 그것인데, 개발에 따른 시간의 흐름과 함께 그 가치, 다시 말해 땅값도 덩달아 크게 뛴다. 해답은 바로 그들의 뛰어난 정보선점 능력에서 찾을 수 있다. 이는 그들이 상호 간에 '관계맺음'하고 있는 인적과 물적 네트워크에 의해서 만들어진다. 그들이 다른 사람들과 서로 교류하는 과정에서 얻게 되는 정보를 분석하고 활용하는 능력은 일반인들보다 훨씬 뛰어난데, 이것이 뛰어난 재테크 능력으로 발현된다. 그들이 수집하는 정보는 무엇보다 확실하고 또 정확하며, 그렇게 해서 그들은 정부의 각종 부동산 개발정보를 누구보다 빨리 접할 수 있는 위치에 선다. 확실한 개발정보를 남들보다 한발 앞서 취득하고, 이를 재테크로 활용하는 기술, 이것이 바로 부자들의 재테크 노하우다.

▣ 책 속으로

실제 땅값 상승률과 아파트 가격 상승률은 비교가 되지 않는다. 물론 땅 투자는 환금성이 떨어지기 때문에 장기적인 관점에서 접근해야 한다는 점, 게다가 아파트는 주거 공간으로써의 뚜렷한 현재 가치를 지녔기 때문에, 이 둘을 단순 비교하기에는 분명 무리가 따른다.

_〈23쪽〉에서

우선은, 신문에 나오는 부동산 개발과 관련한 기사를 정확하게 분석할 줄 아는 능력이 필요하다. 하지만 이는 주의가 필요하다. 왜냐하면 확실하지도 않은 기사를 그대로 믿어 투자할 경우, 자칫 일을 그르칠 수 있기 때문이다. 그저 분위기에 휩쓸려 '묻지 마'식으로 투자한다면, 경우에 따라서는 낭패를 볼 소지가 다분하다.

_〈31쪽〉에서

일단은 사려는 부동산이 있는 현장을 방문해 직접 사람들을 만나보고, 더불어 부동산 중개업소에도 들러 가격을 물어본다. 그렇더라도 이들의 말을 액면 그대로 믿어서는 안 된다. 사람마다, 부동산 중개업소마다 말하는 가격대가 제각각 다르기 때문이다. 적어도 5명 정도의 사람들로부터 물어 시세를 확인하는 것이 좋다. 이때 해당 지역은 물론 인근 지역으로까지 범위를 넓혀 물어보는 것이 좋다. 같은 지역일 경우 가격에 대해 서로 입을 맞출 가능성 또한 배제할 수 없기 때문이다.

_〈42쪽〉에서

도로건설이 뛰어난 개발호재임에는 틀림없다. 그렇더라도 이는 도시개발사업(이를테면, 신도시나 신시가지 건설)이 추진되는 지역에 새로이 도로가 건설되면서 개발의 축이 점차 외연으로 확산되는 곳에 한정되며, 단순히 도로가 건설된다고 해서 그 주변 지역까지 당연 개발되는 것은 아니다. 뒤에 가서 좀 더 설명하겠지만, 이는 대단히 중요하다. 그리고 광역교통계획을 잘 살펴야하는 이유이기도 하다.

_〈63쪽〉에서

여기서 주목해야 할 것이 바로 일반철도 노선의 고속화와 적기 완공계획이다. 이는 연계 노선인 일반철도의 고속화를 통해 KTX 서비스를 전국으로 확대할 수 있도록 시너지를 높여야 하는 당위성에 따른 것이다. 결과적으로 그동안 진행되어 오던 사업 추진 속도는 더욱 빨라질 것이고, 새로이 착수 예정인 철도사업 역시 확실성이 배가될 것으로 기대된다.

_〈85쪽〉에서

보기에도 좋고 모양도 좋은 사각형 모양의 반듯한 땅이 투자 가치가 더 높다. 집을 짓거나 상가를 올릴 경우 그만큼 활용 폭이 크기 때문이다. 하지만 개발이 예정되어 있는 지역 내의 땅은 이와는 별 관계없다. 그보다는 개발 중심지역에서 얼마나 가까운가가 관건이 된다. 개발 중심구역에서 가까울수록 그만큼 땅값이 높아질 것이 분명하기 때문이다.

_〈105쪽〉에서

아직도 **땅**이다

:역세권 땅 투자

발행일 2018년 7월 27일 1판 1쇄

지은이 동은주 정원표
발행인 최봉규

발행처 지상사(청홍)
등록번호 제2002-000075호
주소 서울특별시 용산구 효창원로64길 6(효창동) 일진빌딩 2층
우편번호 04317
전화번호 02)3453-6111 **팩시밀리** 02)3452-1440
홈페이지 www.jisangsa.co.kr
이메일 jhj-9020@hanmail.net

ISBN 978-89-6502-283-1 (03320)

이 도서의 국립중앙도서관 출판시도서목록(CIP)은 e-CIP홈페이지(http://www.nl.go.kr/ecip)와 국가자료공동목록시스템(http://www.nl.go.kr/kolisnet)에서 이용하실 수 있습니다. (CIP제어번호: CIP2018017998)